未来呈现 CHEERS

与最聪明的人共同进化

HERE COMES EVERYBODY

Why We Drive

[美]
马修·克劳福德 著
Matthew B. Crawford

徐婳 蒋楠 译

当放弃了方向盘，我们失去了什么

浙江教育出版社·杭州

你对"驾驶"了解多少？

- 如果路面上新出现了一个大坑，我们应该将驾驶权交给：（ ）
  A. 人类
  B. 车载计算机

- 空间和环境的探索会影响大脑哪一部分的发育？（ ）
  A. 海马
  B. 杏仁核
  C. 小脑
  D. 脑干

- 将驾驶的权利完全交给机器，从司机变为乘客，会导致人类情感的丧失吗？（ ）
  A. 会
  B. 不会

扫码激活这本书
获取你的专属福利

扫码获取全部测试题及答案，
一起了解驾驶的未来

扫描左侧二维码查看本书更多测试题

WHY WE DRIVE

在参加波特兰成人肥皂盒汽车大赛之后,
我去胡德山山麓徒步旅行。
我在小径上走了一会儿,
不久就听到有人走近了。
但他们没有说话,也没有唱歌。

听了几秒后,
我意识到他们在努力模仿二冲程摩托车的声音。
我看到一块巨石的边缘,
一男一女在沿着小路奔跑,
他们双手放在面前,就像抓着车把。

当声音提高时,他们会扭动右手腕,
小小地跳跃一下,然后把屁股扭到一边,
就好像用力蹬自行车时那样夸张,
他们在模仿摩托车越野风格(这也是油门加速的时刻)。
这对中年夫妇在他们自己的秘密世界里,
放弃了自己的发动机并且用空气吉他来代替它。
显然,他们比大多数12岁以上的人过得都要愉快。
我将本书献给他们。

WHY WE DRIVE
序　曲

我们正走进无路可走的困境

　　现在户外的温度是 9 摄氏度，汗水顺着我的后背流下来，护目镜蒙上了一层水汽，使我很难看清四周。我骑行到了铁路公司附近，这里是美国弗吉尼亚州里士满的一片林区，啤酒罐被丢得到处都是，时不时还能看见无家可归者的营地——人们通常把它们称作"马丁家的后院"。我骑着一辆越野摩托车，穿行在崎岖泥泞、狭窄蜿蜒的小径之间，四周都是凸起的树根、倒伏的树枝以及汇聚的溪流，还有陡坡和急转弯。虽然速度只有每小时 24 千米，但我的心理承受能力差不多已达到极限。除了选择行进路线以外，我还要考虑如何控制油门、离合器、转向、刹车以及我的肢体动作，并在发生意外时第一时间做出调整，所以我必须全神贯注，绝不能分心。而在遇到某些复杂的地形时，我决定挑战自己，加速前进——让我大胆一试吧。

或许我对这一切充满不确定。是对我自己，还是对昏暗的小径？这完全是突发情况，我得先看看事态如何发展再说。如果接下来的几秒内我平安无事，甚至还能玩出一些新花样，那就证明我赌对了。在我的印象中，这是最出彩的一次赌注。在那一瞬间，我觉得我是"真正"存在着的。为追求这种感觉，我曾在一年内四次前往急诊室：两次是因为肋骨骨折；一次是因为跟骨骨折——原本我担心跟腱会撕裂，幸好只是肌肉拉伤；还有一次是因为中暑。

越野骑行与我们平常驾车完全不同，在一本主要探讨驾驶体验的图书中我选择以这桩轶事作为开篇，或许略显奇怪。不过骑越野摩托车的那种让身体完全暴露在外面的感觉让我想起了一个基本事实：人是脆弱、有形的生命。无论通过何种方式移动，风险都在所难免，有责任心的人会尽他所能把这种风险降至最低。然而，风险是否与人性存在某种联系呢？

散文家加内特·卡多根（Garnette Cadogan）在一篇别致的文章中描述了他儿时行走在牙买加金斯敦危机四伏的街道上，长大后行走在美国新奥尔良危机四伏的土地上的感受："在我们第一次学习走路时，周遭的事物可能会撞上蹒跚学步的我们，可谓步步惊心。为了避免走路时被撞到，我们一边要注意自己的动作，一边要留心周围环境。"对成年人来说，走路有时候仅仅是因为街道上充满"机缘巧合"（serendipity）：行走在城市中，你永远不知道自己会看到哪些人或哪些事。"某位导师曾经告诉我，'机缘巧合'可以理解为'意外之喜'。行走是一种信仰的实践。毕竟，在连续行走过程中，人们学会了防止跌倒。"

越野骑行时会遇到许多意想不到的情况，这就像人们按照自己心中的信仰来行走一样——满怀希望投身于这个世界。当前途未卜时，古希腊人用 aporia（困境）一词来形容"无路可走"的状况，这个词描述了某种不期而至的时刻。

这些"机缘巧合"的体验和信仰在当代文化中略显稀缺，而表述它们的语言似乎正在逐渐淡出我们的日常用语。我们甚至可以预见此类时刻在今后几乎不会再现。商界精英和科技巨擘决心消除生活中的偶然性，代之以机器产生的确定性。无论自动化是否会带来其他结果，它的作用就在于此。突然之间，这一现象在移动领域得到了体现；突然之间，驾驶成了一个亟待批判和开展人文主义探究的话题。

WHY WE DRIVE
目 录

序曲　我们正走进无路可走的困境
引言　驾驶，一种亟待批判与人文主义探究的话题　001

01　自力更生，当我们自己组装一辆车　047

抛锚：1972 款吉普斯特突击队　048
"鼠杆"项目，人类为何驾驶　059
旧车：未来的一个烫手山芋　066
极简设计的回报递减　086
感受道路，与驾车产生快感和掌控感的关联　109
自动驾驶汽车带来的道德困境　119
成为一名民间工程师　132

02　赛车运动和游戏精神　167

　　汽车是一种竞赛的等价物　168
　　自行车道德家的出现　185
　　两场大赛和一场混战　191
　　沙漠中的民主：卡连特250　208

03　自治，或不自治　221

　　车辆管理局的经验　222
　　鲁莽驾驶　224
　　理性的三个对立版本　253
　　路怒症、心不在焉和交通社区　261

04　我们如何看待自动驾驶　275

　　街景：用谷歌的视角看世界　276
　　绚丽且无撞车事故的生活方式　289
　　如果谷歌造车　308

目录

结语　　道路上的最高权力　329
后记　　通往拉洪达的路　335
致谢　　337
注释　　341

WHY WE DRIVE
引 言

驾驶，一种亟待批判与人文主义探究的话题

2016年9月19日，美国国家经济委员会和交通部联合召开了新闻发布会。国家经济委员会主席杰弗里·齐恩茨（Jeffrey Zients）表示："我们设想，有朝一日我们开车时可以不必手握方向盘。通勤会变得惬意且高效，不再令人疲惫和烦躁。"同一天，总统奥巴马在《匹兹堡邮报》（Pittsburgh Post-Gazette）上发表专栏评论，表明自己对自动驾驶汽车的大力支持。而在入主白宫后不久，第45任美国总统唐纳德·特朗普便明确表示会优先发展自动驾驶汽车。[1]

自动驾驶技术把人类对汽车的控制权交给客观的程序算法，从而使人们能够以最高效率出行。官方认为，这项技术最终有望控制住混乱而危险的交通状况。交通堵塞很可能成为明日黄花，交通事故也将大大减少。

在这方面，我们可以发现一种熟悉的模式。自动驾驶汽车彰显了人类与现实世界的关系已经发生了更广泛的转变，在这种转变中，对能力的要求让位于对安全和便利的保证。技艺娴熟的从业者成为自动驾驶这类更具系统性的事物的被动"受益者"，同时，这类事物会使他们掌握的技能变得过时。"人类是糟糕的司机"这种说法屡见不鲜。

这一点很难否认。我们在开车时心不在焉，好像自己开的是自动驾驶汽车，但事实并非如此。如果司机没有被包裹在安全气囊越来越鼓、重量日益增加的现代汽车里，那么后果可能不堪设想。尽管交通工具中的安全防护措施层出不穷，然而因交通事故而丧生的人数仍然直线上升。2013年至2015年，全球因公路交通事故死亡的总人数以50年来最快的速度增长，[2] 事情发展到这种地步，背后的因果链不难确定。最重要的原因便是从20世纪90年代起，开车变得枯燥且无趣至极，[3] 这是首要且致命的原因。问题不仅在于汽车的重量显著增加，还在于人们试图通过减少手动操作使驾驶车辆的人最大限度地与道路隔绝开来。这种理念之前仅体现在豪车设计中，后来逐渐推广到汽车制造商的全线车型。[4] 没有变速杆和离合器令人们在开车时感到无所适从，这种参与感缺失的情况随着巡航定速等部分自动驾驶功能的出现而变得更加严重。[5] 而在安装全球定位系统（Global Positioning System，GPS）导航后，我们开车时既不必注意周围环境，也不必费心把我们看到的路况在脑海中转化为不断变化的路线图。那种平静、安宁的状态以及得到周围某些不太确定的事物关照的感觉，使得我们驾驶现代汽车如鱼得水。

引言　驾驶，一种亟待批判与人文主义探究的话题

2007年，智能手机问世。在以新方式出行的同时，我们如今总算有了打发无聊时光的手段，而且事实证明，人们难以抗拒智能手机的诱惑。硅谷以此为基础建立起一种新的商业模式，那就是获取司机的注意力并从中牟利。我们安然蜷缩在1 800千克重的毛绒玩具里，感觉道路遥远而朦胧，此时要想获取我们的注意力并不难。挡风玻璃似乎成为又一块屏幕，但它的吸引力远不及智能手机。硅谷目前致力于研发自动驾驶汽车，正是为了解决智能手机造成的司机在驾驶时分心的问题。考虑到现实情况，这或许是件好事。

然而，自动驾驶汽车也代表了一场悄然而至、具有某种意义的变革，我们最好停下脚步去思考下一步的前进方向。动画电影《机器人总动员》（*WALL·E*）展示了一种未来可能出现的场景。影片中，肥胖的乘客坐在类似于汽车的吊舱里，穿梭于悬浮的交通网络之间，他们终于不用再关注周围的环境了。乘客们从巨大的杯架上拿起饮料啜饮，目不转睛地盯着屏幕，在这个没有纷扰的世界，他们不会感到困扰。他们的脸上流露出放松的神情，从远处传入驾驶舱的新奇画面给他们带来了巨大的快乐。这些生物绝对安全、心满意足，但在某种程度上他们已经变得不像人类。

这一幕之所以让人感到震撼，是因为我们从中看到了自己的影子，这让人产生了一种触目惊心的极度厌恶感。然而这种厌恶只是审美上的吗？或者说，这是不是一种心理暗示，让我们意识到某些重要的事情一旦发生，我们就可能处于危险之中，所以我们应该努力消除那些会使人类退化

的威胁？倘若如此，这幅反乌托邦的汽车图景中缺少哪些积极的可能性？驾车的好处何在？

解决这个问题的一种方法是对比驾车出行与航空旅行。最近在电视上播放的一则汽车广告中，一个男子在回家的长途航班中被拉扯推搡，还不时遭到辱骂。这则广告用了短短数秒便传递了他们希望表达的情绪，因为我们都很熟悉那种任凭美国各家航空公司摆布的无助感。美国航空公司是由美国企业和政府联合创建的不透明混合组织，为安抚乘客，它们不断重申保证旅客的安全和便利是其头等大事。那位晕头转向、受到不公待遇的男子终于从航站楼的污浊空气中走出来，来到阳光明媚的停车场。他看着自己的车，脸上又浮现出放松的笑容。男子手握方向盘并换挡，驾车通过一连串起伏的弯道，沿着他面前的一条蜿蜒峡谷疾驰而出。

诚然，汽车广告会夸大驾车的好处，同时弱化遇到交通堵塞的烦恼、汽车尾气给环境造成的污染，以及单位距离内比航空旅行更高的事故风险。但这则抨击航空公司的广告十分出色，虽然内容有些片面，但它反映了航空旅行某些真实的情况。

那么驾车有什么特别之处呢？本书将就这个具有启发意义的问题进行深入探讨，我会尝试运用诸如"哲学人类学"这样的理论进行剖析。驾车是一项丰富多彩的实践活动，与所有此类实践活动一样，仔细思考驾驶问题更能让我们理解它对人类的意义。驾车还揭示了人类面临的技

引 言　驾驶，一种亟待批判与人文主义探究的话题

术挑战，人们声称这些技术能体现文化的权威，但它往往使人精疲力竭。自动驾驶汽车的拥护者不以快乐为最终目标，他们用怀疑的眼光看待个人判断。

如果从广义上理解"驾驶"一词，那么本书本质上要表现的是人工驾驶和自动驾驶的博弈。随着人们生活的方方面面变得越来越有条理、越来越平和，我打算抓紧时间探索"驾驶"这样一个涉及技巧、自由与个人责任的领域，并为之辩护，以免人工驾驶彻底被自动驾驶取代。要使自动驾驶汽车充分发挥缓解交通堵塞和减少交通事故的潜力，就不能让暴戾的异见人士绕过他们所建立的协调体系。[6] 自动驾驶汽车的内在逻辑促使人们必须强制性地接受国家颁布的法令，或接受保险公司的高额保单，而保险公司不得不把风险转嫁给数量更少的人类司机，或是将稀缺的路面资源优先分配给自动驾驶汽车。归根结底，自动驾驶汽车所显露的殖民化特征源于人工智能与人类司机的格格不入，而且这种状态很可能一直持续下去。根据探讨自动化的"人为因素"文献，我们了解到指望人工智能与人类司机优雅地共享道路难如登天。

如果我们注定要成为乘客，就先得弄清楚我们要放弃什么。设想你为油箱加满了油，检查了轮胎。你是否会让你的老板知道你要提前下班？他理解你为什么会这么做。你和其他人一起出城，经过几个收费站。运气好的话，穿过郊区时你可能正赶上夜幕降临，华灯初上。最终，你驶过商业街，经过农田，沿着一条昏暗的乡间小路蜿蜒向前。你把手伸出窗外，享受微风拂过的感觉。你长舒了一口气。

没有人盯梢，也没有人发号施令或对你指手画脚。驾车兜风是摆脱工作和家庭束缚的绝佳选择。你随心而行，油门和方向盘由你控制，没有人在旁边说三道四。

孩子的生活被安排得井井有条，消费者的偏好由算法获取，员工的绩效根据平均水平而定。我们常常觉得生活过于具体化、模式化和套路化，而道路则具有不确定性。我们心中通常都有一个目的地，而当手握方向盘时，我们会面临难以预料的风险，也会有意想不到的发现。驾车时你会遇到平常不了解的风土人情，令人耳目一新。驾车的过程中你会发现许多未曾考虑过的可能性，以及本可以经历但还没有经历的生活。

当然，驾车在大多数情况下不是这样的。驾车属于例行公事，而且例行公事本身就可能给我们带来诸多限制。尽管如此，驾车时不被遥控还是很重要的。日常通勤途中，我们也许会在酒吧外看到一两辆熟悉的车，并在下班回家前停下来在酒吧坐一坐。调酒师特洛伊告诉我，某位常客经常会把刚点好的饮品放在吧台上，然后驾车绕着街区缓缓开几圈，接着回到酒吧继续闲聊——他的妻子刚才与他视频通话，而他认为还是开车时接听最保险。在这种挣脱家庭束缚的"常规操作"中，他可以指望自己的自动语音系统车不会突然播报什么不太好的信息。（哈尔用舒缓的声音说道："戴夫，你好。你在找杂货店吗？我注意到你家的牛奶快喝完了。"[1]）

---

[1] 哈尔是科幻小说《2001：太空漫游》中的智能计算机，戴夫为小说的主人公。——译者注

引 言 驾驶，一种亟待批判与人文主义探究的话题

当计划存在漏洞时，我们不会过多考虑什么时候出去放松。但是在我看来，如果能更好地做到步调一致，我们就会错过放松的时刻。某些情况下，"交通"一词并不能很好地反映我们在驾车时的所作所为，因为这个词只是用来描述以最有效的方式从一地前往另一地。为了把新领域置于技术专家的控制之下，用一个词来概括一种行为的这种简化向来是人们为此付出的代价。

随着市政部门与科技公司合作投资并规划公共基础设施，美国学者伊恩·博格斯特（Ian Bogost）提出了一个令人信服的思想实验，内容与公共道路通行条件有关："不难想象，城际交通部门可能很快就会颁布没有商量余地的服务条款，即允许自动驾驶汽车制造商收集并销售乘客信息，包括乘客去往何处、出行时间、同行者以及出行目的。"可想而知，拆除自动驾驶汽车不需要的路标会使我们更加依赖垄断组织。博格斯特写道："还可能出现其他更离奇的情况。假如过马路时需要微交易来保证安全，想想看会出现什么情况呢？违规者也许会收到罚单，但是当地交通部门更有可能已经根据智能手机确定了违规者身在何处，并从收费服务计划中扣除相应的罚款。"[7]

上述场景不太符合美国的自由主义政治传统，而且造成的问题会越来越多。人类是可以自主移动的生物，行动自由似乎是最基本的自由，对动物而言，自由是感觉快乐并使生活变得美好的根本。

令人欣慰的是，自由主义传统拥有批判这一趋势所需的概念框架，

尽管它只是存在于某些已经淘汰的自由主义思想——多元主义中：这是托克维尔式（Tocquevillian）意识，也就是当人们因为某种共同利益走到一起时，这种联系会与权力中心形成对抗关系，从而抑制集权的加剧。权力中心不一定是国家，也可以是技术资本主义的工具，其目标是使日常生活变得更加舒适和便利，从而哄我们开心。我打算从托克维尔的角度来思考这些相互对立的观点，这些观点来自本书准备讨论的汽车发烧友群体。

本书将用部分篇幅探讨各类汽车亚文化，包括美国南部的拆车大赛、内华达州南部的沙漠竞速赛、职业漂移巡回赛、弗吉尼亚州的野兔争夺赛①以及俄勒冈州波特兰的肥皂盒汽车大赛。虽然这些比赛看起来可能颇有异国情调，但是参赛者热情高涨，彼此并不感觉陌生。这些比赛从不同角度体现了驾驶对大多数人的吸引力，其亚文化属性从技术进步的视角看，恰好说明了自由驾驶存在的危险性。而这个过程不仅涉及法律权利的修改，还涉及人类通过行使自身权利来寻找解决方案的倾向。

这种特殊的吸引力把我们与机器密切联系在一起，所以它不仅仅是普通人的力量。如果用"人类"一词来形容最纯粹的人，那么本书并不

---

① "野兔争夺赛"是一种英式幽默叫法，并不是指骑着摩托去追逐野兔。由于这类比赛通常在崎岖的山路、泥地或林地中举行，选手们驱车前进的模样就像一群野兔在四下奔跑。——编者注

是在为"人类"对抗技术摇旗呐喊。我写本书的目的并不是实现某种虚无缥缈的理想，而是想借此展示我终生热爱且完全熟悉的事物，即驾驶汽车或摩托车作为身体的延伸来增强自身能力。

"运动人"，快乐是一种力量增强的感觉

在充斥着人造物的世界里，学会走路只是实现自由移动的第一步，因为我们还要掌握所有扩展和改变我们原生力量的移动方式。从自行车到滑板，每种移动方式都会带来一些新的能力，以及混合生物"运动人"的特有乐趣。

情绪低落的人往往漫不经心、任由生活摆布，如同坐在车里的乘客。而移动与快乐之间似乎存在某种内在的联系。我的幼犬露西会无缘无故在院子里上蹿下跳、横冲直撞，它清楚自己跑得飞快。奔跑时，这种速度的爆发似乎能表达它的喜悦之情，并且也成了它的快乐之源。毫无疑问，露西渴望速度。

而在前院某处，一架9米高的绳索秋千令我的女儿J流连忘返，她找到了一种不需要大人推也能荡秋千的方法。她用双脚蹬住院子里那棵巨大的橡树，秋千便荡了出去，又荡回来。在这个过程中，秋千摆动的幅度取决于她双腿的伸展程度，时而舒缓，时而猛烈。她已经掌握了角动量守恒，并且总是脚先碰到树，以便再次蹬开。孩子们善于在环境中

寻找线索，探索运动和乐趣的新途径。随着年龄增长，我们开始发现改变环境可能会开辟出一条新途径，比如在树上系根绳子，这就是父亲的职责所在。

或者通过增加轮子来开辟新途径——现在我们进入正题。J的第一个轮式交通工具是滑板车。由于我自己的滑板专为下坡时能划出长长的弧线而设计，速度要快得多，所以在J刚开始踩着滑板车出去玩时，我没有选择踩住滑板去制止她，而是骑着自行车跟在她后面，以便必要时能踩住刹车靠近她。她带着只有孩子才有的严肃冲上离家很远的缓坡，嘴里念念有词地提醒自己注意破损路面上的各种危险，不时还会害怕得发出惊叫。而到第三次或第四次踩着滑板车出去时，她已经掌握了要领。风吹过J的头发，她一定感觉到她身旁的我的快乐，也一定认为不需要全神贯注地看路面实在是太棒了——只要时间足够长，她就可以洋洋得意地向我咧嘴一笑。J随后学会了如何使用弹跳器，很快又掌握了童年最重要的交通工具——自行车。她对速度的渴求随着行动能力的每一次突破而迅速增长。正如德国哲学家尼采所言："快乐是一种力量增强的感觉。"

我们把尼采的观点与古希腊哲学家亚里士多德的观点结合起来：亚里士多德认为，动物与自然界其他物种的区别在于，动物与石头不同，能"自我移动"，动物起身就走，甚至不需要什么理由。亚里士多德或许一语中的，因为现代研究表明自我移动不同于被动移动，自我移动与高级能力的培养息息相关。空间导航和环境探索会影响海马的发育，这个位于大脑中央的器官负责构建我们的空间认知地图。大脑有位置细胞、头朝向细胞和网格细胞，我们走路时会激活这些细胞，从而在脑海里建立起导航所用的坐标系。

更有趣的还在后面。自我移动似乎与情景记忆的发展密切相关。美国记者和作家 M. R. 奥康纳（M. R. O'Connor）写道："空间认知地图是我们的过往记忆所形成的轨迹。"她的观点有一定道理，因为所有事情总是发生在某个地点。而时间和空间在我们的经历中相连，所以也在记忆中相连。只有当海马通过漫游式的自我运动缓慢发育，使大脑具备位置学习的能力后，我们才开始保留情景记忆。根据美国心理学家阿瑟·格伦伯格（Arthur Glenberg）和 J. 海斯（J. Hayes）的假设，自我移动和记忆相互依赖，这种依赖关系或许可以解释人类为什么记不起婴儿时期的事情。两位学者指出："当儿童开始爬行和行走时，童年失忆症就会逐渐消失。一旦婴儿开始自己爬行而不是由他人抱着走动，他们大脑的位置细胞和网格细胞便开始激活并适应环境。这些细胞对他们正在探索的空间进行编码，最终建立起情景记忆的框架。"[8]

下面我会进一步解释这个问题。我们根据对特定事件的点滴记忆来讲述自己的故事，以此为基础进入人类特有的领域。与完全活在当下的动物不同，人类不只是为了存在而存在。我们通过撰写过往的经历来解释自身的存在，而这种叙事模板为人们畅想未来奠定了基础。这具有非常重要的意义。生命的主观连贯性，即持久不变的身份，似乎建立在某些基本运动能力之上。

正因为如此，一些精彩的故事取材于道路，它们往往传递出探索的偶然性和冒险性，这一点不足为奇。稍后我会分享自己驾驶1972款"吉普斯特突击队"（Jeepster Commando）在路上抛锚的故事。

从某种程度上说，我们正利用技术使自己的精神从导航和行进中解脱出来，这似乎是一项具有重要意义的社会实验。这类实验的优点有待探讨，但无论如何，开展实验时我们应该充分了解以下事实：作为可以自我导向的一个具体化的生命，移动是人类数百万年来进化天性的基础，并演变为人类身份特有的体验。

你争我赶的赛车运动

作为一项技术水平可以发展到出神入化的实践活动，驾驶展现了某些最令人印象深刻也最令人不安的人文品质，那便是胆识、技巧与好斗性。因此，在本书准备讨论的人类学中，赛车运动将占有重要地位。如果将运动作为游戏，那么运动将毫无实用性可言。运动展现了人类行为的巅峰，这种巅峰在我们展望更广泛的体验时是不错的参考对象。赛车运动也不失为一剂补药，它可以缓解人们在和平与繁荣的年代里日渐衰弱的情绪。无论如何，你追我赶的赛车运动为人们打开了一扇窗，我们可以借此观察已经萎缩的那部分人类天性。为说明这一点，本书将从历史角度出发探讨第一次世界大战中战斗机飞行员的空战经历。空战是一种典型的彻头彻尾、至死方休的"赛车运动"。

引　言　驾驶，一种亟待批判与人文主义探究的话题

　　有人说："人皆有一死，但并非每个人都真正活过。"在我看来，能呼吸并不代表活着。这类座右铭与人们追求健康和安全的心态相悖。然而，如果从更广泛的视角看待"健康"，就不能忽视以下问题：虽然在当今社会，人们面临人身伤害的情况并不常见，但人们（尤其是男人）常常有一种不断发酵的不满情绪甚至自怨自艾。然而，这个问题既无人提及，也无人回应。

　　简而言之，当我们被吓得手足无措时，相信自身的能力一定可以帮助自己渡过难关，这在一定程度上是有用的。我们会集中注意力，排除不必要的干扰。一切结束后，我们会为自己还活着而感到欢欣鼓舞。甚至感觉自己可以名正言顺地在这个世界上占有一席之地。

　　多年前，我曾为《大众机械》（*Popular Mechanics*）杂志撰稿，杂志社里有人借给我一辆全新的杜卡迪摩托车。我骑上摩托车，朝着通往洛杉矶郊外威尔逊山天文台的峡谷驶去。就在一次转弯时，我的摩托车前轮撞上了一片沙地，我的头距离岩壁不到1米。摩托车的前轮大概滑出去30厘米，勾住了我的靴子。紧接着摩托车紧紧抓地、调整位置并继续前进，顺利地完成了转弯。这个小小的意外是当时的一段插曲，经历过这类情况后，你会有百尺竿头、更进一步的感觉。荷兰历史学家约翰·赫伊津哈（Johan Huizinga）写道："敢于担当、敢于冒险、敢于承担不确定性、敢于承受压力，游戏精神的精髓就在于此。"在第2章中，我们将进一步讨论赫伊津哈的观点。

当放弃了方向盘，我们失去了什么　WHY WE DRIVE

把"工匠人"和"运动人"结合起来

在美籍犹太裔思想家汉娜·阿伦特（Hannah Arendt）看来，"手工匠人"（homo faber）是人类的基本属性。人类制造物品，似乎希望以此来表达他们心里的成就感。我们可以指着某样东西说："那是我做的。"把"手工匠人"和"运动人"结合起来可以引来汽车发烧友的热情参与。

在我看来，我们正在经历的这个时代有望成为改装车的第二个黄金时代。第一个黄金时代始于第二次世界大战结束后，一直持续到20世纪80年代电子发动机管理系统问世。当时，改装车一直是在地下悄悄进行的，只有最无畏的人才敢改装新款汽车。寻找老式汽车在那时一度非常流行。但最终，投资者视旧车为艺术品，导致其价格一路飙升，超出了一般遮阴技工①的承受能力。

但是到了后来，不是计算机极客发现了汽车，就是汽车发烧友学会了编程。无论是何种情况，人们都掌握了破解现代汽车运行所需的软件，并用于非法目的。更重要的是，互联网开始登上历史舞台。专门探讨众多汽车品牌细节问题的技术论坛如雨后春笋般涌现。特别有代表性的一些品牌深受各类发烧友青睐，因为价格实惠，成了这些论坛用户的理想实验对象。在我看来，这些论坛最吸引人之处在于，它们能培养用

---

① 遮阴技工（shade-tree mechanic）指在不固定的环境中使用简易设备维修汽车的人，他们可能是退休的技工或喜欢在业余时间从事汽车修理的人。——译者注

引言　驾驶，一种亟待批判与人文主义探究的话题

户对汽车的深刻认知，这与消费文化的被动性和依赖性形成了鲜明对比。此外，面对同样的技术挑战时，用户之间会不断交流，这些可搜索的对话极大促进了知识的进步。

到了2000年，没有人会相信，每缸两气门的推杆式内燃机在经过一个世纪的发展后仍有不少潜力可挖掘，也没有人会相信，业余爱好者很快会制造出适合日常驾驶且配备风冷发动机的大众汽车，其马力是保时捷公司创始人费迪南德·保时捷（Ferdinand Porsche）在20世纪30年代设计发动机时所设想的马力的10倍。

我自己便是这样一位业余爱好者，且目前正在修理并全面改装一辆1975款大众甲壳虫。造车本身就是探索驾驶意义的一种方式。在"制造"汽车的过程中，我力求经过改装将驾驶的乐趣发挥到极致。就这方面来说，我并未抱有"阶段性正确"修复的心态，只要目前的技术能有效改善驾驶体验，我就会采用。我将在第1章介绍造车过程。

自己造车的想法略显极端，因为很少有人会如此深入地钻研汽车。但如果大胆去探究细微之处，从中获得的经验就会为大家提供有用的参考。注入自己的心血真正打造一辆专属爱车是造车的乐趣所在。驾驶体验会由此改变，汽车将完全成为我们自己的延伸。而在焦虑感增加的同时，满足感也随之增强——汽车在正常行驶过程中难免会出现各种轻微的擦伤，而驾驶员在驾车时势必会受到影响。风冷启动时产生的震动令人身体不适，原因在于没有油压的曲轴轴承会完全暴露在人们眼前。人

们热天在车里有些坐卧不安，担心发动机热浸会导致进气温度高得惊人。我是该去听听那些难以捉摸、飘忽不定的爆震声（这声音几乎听不到，但可能导致灾难性后果），还是该打开收音机尽量享受生活呢？但到家后我最好查一查数据记录。诸如此类，不一而足。如果说无知是福，那么无知至此则属于与幸福渐行渐远。当你花去 4 个月薪水并搭上 100 多小时来精心装配这台发动机时，这种感觉尤其强烈。与此同时，车身可能变成了调色盘，上面有灰色底漆、邦多填充剂和斑驳的锈迹。

之前到来的幸福感转瞬即逝。而当汽车以极快的速度在一个宽阔的弯道左转时，幸福感便会再次降临。为此，我们花费了几周时间钻研测功图（dyno charts）、压缩机性能曲线图以及凸轮轴剖面图。我们感受着底盘紧绷的响应，于是便在"大脑中设想如何调整"，我不断尝试轻踩油门来实现过度转向，并乐此不疲。车尾松脱，通过弯道时收紧线路，几米长的橡胶化作一缕白烟飘进大气。警官，这不是骚乱，是我在操控爱车。

汽车发烧友开的往往是藏匿于自家屋内或周围的零配件车。它们是被慢慢吞噬的生锈的宝藏，其存在可能会伤害当地人的感情。第 1 章将探讨这方面的政治问题。美国联邦政府推行的"旧车换现金"计划宣称要改善环境，问题在于此类举措会强制淘汰性能尚好的汽车，却并未考虑由此产生的环境成本。同理，针对旧车的反垃圾法令有时只不过是在维护房地产集团的利益。整洁的郊区美学打着"绿色环保"的幌子，讨伐发烧友和那些勤俭节约、足智多谋的车主。这些车主可能只是依赖停在外面的一两辆零配件车出行。

道路上的信任与团结

研究人员发现,许多交通堵塞源于某些无法平稳驾驶的司机轻踩刹车,这种行为不断向后传导,最终导致车流完全停止。[9]"平稳"指司机需要保持与前车的时间间隔不变,为此,司机需要注意观察前方更远处的车辆。大多数交通堵塞的诱因并非车祸,而是一时走神。我们越是把道路整体情况作为共同关注的对象,我们的驾驶体验就越好。

长途卡车司机是相当孤独的群体。但美国作家芬恩·墨菲(Finn Murphy)在自传《长途之旅》(*The Long Haul*)中写道:

> 当几辆卡车列队而行时,司机们有时会将注意力放在整个车队上。身处车队的摇篮里,感觉好得不行。如果车队领头羊发现道路上有"鳄鱼"(即很大的胎面残留物),便会通过对讲机拖腔拉调地把这个词念出来,然后拐到快车道。接着我会在经过阿尔梅利尼斯公司(Armellinis)后开上车道,众人随即开始进入状态。所有司机都开得很好、很专业,速度虽快但并未超速,而且大家有一个共同的意识。就我所知,这是除我发呆之外最接近禅意体验的状态。这两件事情便是让我坚持下去的原因,其余时间我只感觉到烦躁。

有一次，我与好友乔·戴维斯（Joe Davis）和伊丽莎白·拉希-奎因（Elizabeth Lasch-Quinn）驾车穿过弗吉尼亚州夏洛茨维尔郊外一个连绵起伏的马场。戴维斯负责开车，我坐在后座。拉希-奎因说，在从新泽西州驱车前往弗吉尼亚州的途中，她曾经长时间跟在一辆卡车后面。有时她需要超过这辆卡车以便绕过另一辆车，但又不断被卡车反超。卡车尾部贴有 SHOE 的字样，她与 SHOE 就这样共同行驶了一段时间。拉希-奎因认为 SHOE 在即将变道前都会小心翼翼地向她打一下尾灯。她想象着 SHOE 能注意到自己得体的行车礼仪，当然她也很欣赏对方干脆利落的变道。这是一段完整的关系。然而，SHOE 最后停在了一个服务区，拉希-奎因突然有种遭到背叛的感觉。她也曾考虑过是否要把车也停在路边，但又不想让车主觉得自己一直在尾随他，所以最终放弃了这个想法。

道路是什么样的呢？手握方向盘时，我们既相互依赖又彼此独立，所以道路具有一种有趣的混合品质，它不同于我能想到的其他共享空间。道路曾经有一种更直接的公共特征。在 20 世纪 20 年代汽车大量涌现之前，主宰城市街道的主要是行人、马匹以及有轨电车，街道也是孩子们的游乐场。而当汽车首次登台亮相时，人们普遍视其为不速之客。彼得·诺顿（Peter D. Norton）在《与交通作斗争》（Fighting Traffic）一书中写道："汽车会阻碍并危及街道用途的长期合法性。"他表示："在对城市进行改造以方便司机之前，人们必须对街道进行社会意义上的改造，使之成为司机毋庸置疑的归属地。"把街道视为交通要道如今似乎已经是不言而喻之事，但重新定义街道的性质也是必不可少的。不过考虑到近年来汽车引发的种种悲剧，要说服公众并不容易。诺顿提到

引　言　驾驶，一种亟待批判与人文主义探究的话题

的"1915—1930年街道用途的革命性变革"几乎已被遗忘，而"20世纪20年代美国城市街头的血腥、悲痛与愤怒的大浪潮同样没有引起人们的注意"。

街道始终是一种公共产品和公共设施，它本身具有公共属性。乘坐有轨电车显然是与他人共享交通工具。那么走路呢？从某种意义上讲，走路属于一种个体的活动；但是从另一种意义上讲，走路又是一种公共活动：我们行走时会暴露在外界，此时我们对其他人的感觉与我们驾车时完全不一样。当在车里时，我们被包裹在自己的小空间里，很大程度上与他人隔绝开来。我们在开车时可以随意谩骂他人，但是走路时绝对不会这样做。当然，在高速公路上骂人的理由有很多，因为很多司机在开车时非常喜欢挡别人的路。昔日的街道还具有公共场所的特征，如今则成为人们争夺稀缺道路的"竞赛赛场"。

而在天气晴朗的日子里，经过改造的街道仍然保留着某种社交礼仪。在第3章，我们将探讨城市道路交叉口的竞合空间。简单来说，遵守交规是交通管理提出的第一种交通合理性主张，但过度遵守交规会导致交通管理的效率过低，比如当我们在空无一人的十字路口停留了几分钟等待左转时，这个问题就显而易见了。同时，遵守交规也成为执法机构谋求利润的托词。实际上，我们已经陷入了一种僵化的交通管理体制，也就是依靠光电雷达测速仪和闯红灯摄像头来维系规则。这种体制自称占据了安全性的高地，但其实此类说法备受质疑，下文我将为大家详细说明。

有观点认为，上述混乱局面很快会被"自主十字路口"所取代，这是一种完全不需要人类参与的算法控制系统。我们需要更严肃地对待第二种交通合理性主张，即机器学习能以最灵活、最复杂的方式得到更为模糊的路权逻辑。这种技术会根据情况调整车辆行驶轨迹以实现车流最大化，而不是要求车辆遵守转弯规则或交规。这种算法无须人类干预，车辆之间就可以相互通信并实时解决问题。具有讽刺意味的是，从高空俯瞰时你会发现，这类自主十字路口与秩序混乱的十字路口的场景如出一辙：车辆随心所欲行驶，而交通往往非常顺畅。如果一切进展顺利，那么这种由计算机控制的十字路口的通行效率有望达到某些欠发达国家的效率水准。然而实现这一目标的代价不菲，需要大量私人支出和公共支出。

当人们注意到此类项目奇怪的无偿性质，并把好奇的目光投向全球"欠发达"地区时，第三种交通合理性主张便应运而生。与其通过计算机照搬那些地区的交通现状以提高效率，不如借此提醒自己：如果人们用自己的策略来自行创新，那么我们能做到什么程度呢？由此可以引出人们对自治意义的思考。

在我看来，如果我们想要了解自动驾驶汽车在《银翼杀手》(*Blade Runner*)、《全面回忆》(*Total Recall*)、《少数派报告》(*Minority Report*)、《机器人总动员》等反乌托邦电影中扮演重要角色的原因，就应该从影片中寻找答案。在这些影片中，司机变为乘客，成为需要接受管理的新型行政主体。请注意，"主体"(subject)一词既指被政治统治的对象，

引　言　驾驶，一种亟待批判与人文主义探究的话题

也指被这种统治所塑造或需要并因此而产生的那类拥有主观意识的人。乘客是孤立于他人的群体，在城市里开车则是互谅互让的交流过程，这就需要司机具备相互合作和随机应变的能力。就此而言，驾驶是一种逐步发展的公民生活形式，而公民情感的消失是上述电影反乌托邦的主题。作为与他人交流的一种方式，驾驶涉及共同而具体的利害关系。法国思想家托克维尔指出："这种需要合作的实践活动会培养出集体自治的习惯，而此类习惯是民主政治文化不可或缺的组成部分。"但是无论从政府还是从技术乌托邦的中央集权角度看，我们需要的是另一种理想化主体，也就是可以对人类进行原子化描述的非社会化主体。这种主体类似于美国"朋克教父"伊基·波普（Iggy Pop）的歌曲《乘客》（The Passenger）中的旁白："我是一位乘客，我待在玻璃后面。"在这种由孤立主体组成的社会中，社会治理的效率会更高，难度会更低。

卡连特 250（Caliente 250）是一项每年举办一次且已经举办了很久的沙漠竞速赛。每年春天，亲密无间的赛车运动家族齐聚内华达州的小镇卡连特，并着手制定规章制度。在我看来，这些制度是协商民主和环境管理的绝佳范例。在这里，某种非常具体而又相同的世代传承感令赛车运动少了几分竞技的味道。沙漠的生态是很脆弱的，当地牧场主与赛车手之间的关系也很脆弱。这些脆弱的元素联合在一起，催生出了车迷们热爱的一项活动，并随着时间的推移把他们联系在一起。维持赛车运动所需的社会条件和自然条件需要参与者形成共同的管理意识，这与人们不计后果、肆意破坏的行为是截然相反的。

司机的道德类型

一些司机的驾驶习惯会引发人们强烈的道德批判，例如这种情况：两车一前一后行驶在州际公路的左车道，前车显然有意在阻止后车超速，后车则拼命跟在后面以示抗议。车辆不能从右侧超车。两车长时间紧贴在一起，就这样演绎出了一幕"大义凛然"的公路剧。一般来说，义愤填膺的司机是最危险也是最碍事的。

我们不妨对比一下盘山公路上司机们停车让路的社交礼仪。在南加州这样注重汽车文化的地方，上述情况往往不会出现，司机们知道峡谷道路属于公共空间，所以他们会相互避让。而在我居住的弗吉尼亚州，礼节性停车并不常见，因为我们认为身后的车辆在不断加速只为追求那种不道德的快感。

美国人高调宣称自己的自由理念，但越是了解这个世界，你越会觉得这种想法滑稽可笑。一身反叛打扮的哈雷摩托车骑手正汗流浃背地被堵在弗吉尼亚州的车流中，而车道之间却空着一米多的距离。骑手穿着的背心上印有一只飞鹰，鹰的翅膀上写着"自由"一词。与此同时，在地球另一端的印度，一家四口骑着排量为 50 毫升的摩托车灵巧地穿梭在孟买拥挤的街道之间，车把上挂有象头神犍尼萨（破除障碍之神）的花环。

摩托车钻车缝（美国人称之为 ane splitting，英国人则称之为 filtering）

能提高道路的整体利用率,这是被全世界普遍接受的准则。据我所知,美国是唯一禁止摩托车钻车缝的国家,但加利福尼亚州(下文简称加州)除外。根据摩托车手之间流传的说法,钻车缝是经过加州公路巡警局的游说而合法化的,因为该部门意识到道路是共享的注意力空间。公路巡警局的摩托车警员希望自己在必要时可以钻车缝,而且认为赋予所有摩托车手这项特权有助于培养汽车司机对摩托车的警觉,尤其是在交通陷入瘫痪的时候。这一点的确已经得到证实。以我的经验来看,洛杉矶和旧金山湾区的司机更像欧洲司机,他们多少知道要看后视镜,并且知道开车时要多观察周围的事物。

无论身处哪个州,只要遇到交通堵塞我就会钻车缝,而我的那些摩托车骑手朋友并不会这样做。我知道我是违规者。但在钻车缝时我不会让我的摩托车轰鸣作响,而且我会尽量做到有礼有节。我与那些不守规矩的"炸街族"不同。我承认在加州以外的地区钻车缝是特别危险的,但其实我在钻车缝时精神会高度集中,所以危险主要来自那些汽车司机对我的反应。他们觉得我在占便宜,就像在插队一样。实际上,我的目的是把自己的道路占用率降为0。[10]

曾有汽车司机故意将车停在我的前方,别住我,整个过程中喇叭声和吼叫声此起彼伏。我不得不承认,他们表现出的敌意无一不令我兴致大增。电影《逍遥骑士》(*Easy Rider*)中有一幕场景:两位主角围坐在篝火旁,抱怨那些所谓"正直"的人对自己又怕又恨。两人的新朋友[由杰克·尼科尔森(Jake Nicholson)饰演]解释了个中缘由:这些人之所以仇视主角，不是因为两人卑鄙或者留长发，而是因为两人拥有自由。摩托车手在钻车缝时能感觉到这种敌意，尽管这样说有些自负，但我还是认为这是汽车司机的嫉妒心在作祟：这些"笼中鸟"对风险敬而远之，所以他们无法自由高飞。在古希腊哲学家柏拉图的对话录《高尔吉亚篇》(*Gorgias*)中，卡利克勒斯（Callicles）说："我相信法律制定者一定是弱者和大众，所以他们在制定法律和区分褒贬时考虑的都是自己和自己的利益。"

钻车缝的摩托车手并没有占汽车司机的便宜，毕竟汽车无法像摩托车那样在道路上见缝插针。但人们有理由怀疑摩托车手其实很喜欢塞车。

乌托邦式的思想实验

如果我们希望继续自由驾车，就不得不思考如何在一种备受干扰的文化中管理这项特权。我们不妨对照一下德国的现行法律：部分道路没有法定限速，司机想开多快就开多快，但如果发生严重的交通事故，那么肇事司机的驾驶生涯也就被画上了句号。法律赋予了执法机构宽泛的自由裁量权，但与其同时，司机也要为自己的行为完全负责。也就是说，法律像对待成年人一样对待公民。这是个令人振奋的概念，但是对美国来说或许有些过于激进。

然而，如果我们秉承德国法律的精神，并将这种精神赋予共享空间

引　言　驾驶，一种亟待批判与人文主义探究的话题

中追求自由的那部分人，情况又会怎么样呢？这样做是否考虑到那些希望尽量不受干扰的乘客呢？因为他们的愿望也是非常合理的。作为一项思想实验，我们考虑建立一种与司机水平和参与程度挂钩的分级驾照制度。首先，我们请所有老人坐上优步自动驾驶汽车，这种方式一定会深受他们的喜爱。其次，我们把那些宁愿玩《GT 赛车》(*Gran Turismo*) 游戏也不愿学习驾驶真车的人放进后备箱，当然要将游戏主机和软包装饮料一同放进去。

解决完这些问题后，我们就可以开始进行更精细的区分了。司机能做哪些事和不能做哪些事不仅与自身的驾驶水平有关，例如司机绕桩场地计时赛的成绩、能否迅速在狭小空间内停车、甩尾掉头的精彩程度，也与一些汽车的性能指标有关。首先是车身重量。一辆比邻车轻 450 千克左右的汽车具有三个优点：第一，车的操控性更好；第二，万一与更重的邻车相撞，邻车的乘客不容易有生命危险；第三也是最重要的一点，如果发生撞击，轻型车受损会更严重，因此轻型汽车的司机更具备风险共担的思维，专注力也会更集中。

在这种乌托邦式的驾照制度中，还有一个需要考虑的汽车层面的因素，即车辆支持的"注意力生态"。[11] 干扰越少，人车组合获得的权限就越宽松。在极端情况下，如果司机愿意驾驶一辆完全与外界隔绝的汽车，即车上没有通信设备、车载音响或导航系统，并能随意控制车辆进入四轮漂移状态，而且该车的重量比一般汽车重量的中位数轻三个标准差，那么司机不仅能拿到级别最高的驾照，而且他驾车从一地前往另一

地时是可以按照自己的意愿随意行事的。

　　此外，在这种驾照制度中，所有人车组合的驾照对其他司机来说都是一目了然的（例如通过不同颜色的车牌加以区分）。这会助长人们的虚荣心并引发攀比，它们是规范人们道德的强有力辅助手段。如此一来，司机的等级就清晰可见了。

　　这种等级制度是否符合民主文化呢？原则上是符合的。只要有足够的兴趣，并且真心热爱驾驶，那么任何人都能成为"老司机"。此外，与庞大笨重、结构复杂的汽车相比，驾驶更轻、结构更简单的汽车能获得级别更高的驾照，成本也更低。许多手头拮据的司机为提高自己的社会地位而购买豪车，从而导致自己负债累累。如今，豪车行业的竞争主要对汽车经销商有利。这种情况下，脱颖而出靠的不是炫耀性消费，而是驾驶技术以及对道路这个共享空间的尊重程度。

人类自治意识的召唤

　　我曾在中国西藏待过一个月。在西藏的街道上，你能看到五花八门的车辆：黑色奥迪 A6 被堵在牦牛车后面；牙齿掉光的老太太赶着装满干草的牦牛车，摇摇晃晃地走在路上；摩托车也被迫承担起运货任务，在时常挡住道路的牛群之间穿梭。我很欣赏一辆排量为 125 毫升的摩托车，它的车架用钢筋粗糙地焊接而成。依我看，为这个电焊机供电的应

引 言 驾驶，一种亟待批判与人文主义探究的话题

该是汽车电瓶。大多数摩托车的座椅上都铺着小藏毯，这令我感到十分新奇。青藏高原上仍有相当一部分人以游牧为生，他们赶着牦牛辗转于冬季牧场和夏季牧场之间。有人告诉我，牧民们习惯把藏毯铺在马背上，作为马鞍。如今，小型摩托车已经基本取代了马匹。与其他地方的摩托车一样，西藏人骑的摩托车也有软垫座椅，不过他们还是会铺上一块藏毯。"摩托车上铺藏毯"最初可能是某位牧民的玩笑话，但这些藏毯已经发挥了它们真正的作用。它们大多是装饰性的，并且传递出某种文化记忆。在西方语境中，我相信汽车亚文化也有类似的表现维度。那么汽车亚文化创造出了哪些生活方式并暗中维护其价值呢？这个问题不容易回答，汽车亚文化可能代表一切显而易见、自信满满、烧钱、受人尊敬的事物。对适应能力强的人来说，健康、安全和自动化是简单理性的事物，而狂热的车迷往往会从意识形态的角度去看待它们。

他们的愿景是否会由于他们太过热情而偏离轨道呢？答案是肯定的。前提是，汽车爱好者驾驶完全属于自己的爱车时满怀激情，这也提供了一个我们应该接受的视角。我们可以看到，当进步的愿景试图从每项人类活动中剔除人为因素时，可能会变得诡异而残暴。善意、便利这样的理想频频被提及，而如果人们希望能可靠地实现所设想的进展，就要对狂妄自大之徒进行再教育从而改变他们。不要对抗不可避免之事，被动和依赖会为你带来因豁然开朗而获得的平静。

如果这种进步的图景没有令你毛骨悚然，那么本书可能并不适合你阅读。

"个体能动性"的概念无疑是批判这种梦想的关键，但对挑战所具备的政治属性来说，仅有个体能动性还不够。世界上有一些新奇而贪婪的事物依赖于个体能动性，它们彰显了帝国式的雄心壮志。相关讨论详见第 4 章。

"主权"一词源于人们争取政治自治、反对帝国主义的斗争历史，它与 19 世纪民族主义同时出现。在大西洋两岸，主权的概念再度成为政治焦点。如果我们相信民粹主义运动背后隐藏的对政治的愤怒，那么它是对政治精英和企业强行推动进步议程的一种回应，因为政治精英和企业试图使那些被他们视为倒退者的事物失去合法性。

值得注意的是，一些民粹主义运动要么始于针对汽车的抗议活动，要么具有显著的汽车表现形式。从 2017 年底到 2019 年初，几乎每个周末法国都会爆发的"黄背心"运动（Yellow Vest）① 导致巴黎和其他城市的部分地区陷入瘫痪，使马克龙领导的法国政府遭遇严重危机。这项运动的诱因是限速下调和征加燃油税，给法国这个"立交桥国家"造成了很大打击。马克龙的政治大本营主要是以巴黎地铁为依托的大城市，并自诩环境卫士。法国的光电雷达测速仪网络由于人们的抗议活动而损失惨重。截至 2019 年 1 月，约有 60% 的测速仪网络无法使用。在美国也有针对红灯摄像头和超速摄像头的"游击"行为，但这些游击行为似乎更多是为了表达人们对政治的不满，而不仅仅是为了破坏公物。

---

① 此运动得名于所有司机都必须把黄色安全背心放在车内。

引　言　驾驶，一种亟待批判与人文主义探究的话题

在英吉利海峡的另一边，伦敦出租车司机的大规模抗议活动表达并助长了英国的脱欧情绪。这是一场训练有素的专业人士为争夺经济主权而进行的斗争，意图对抗外国网约车公司带来的威胁，这些公司依靠地图软件、美国军用卫星以及零工经济中勉强维持生计的司机来抢占本国出租车经济。从本质上讲，优步创造了一种劳动力套利制度来规避和抵消地方控制。德国人在抗议高速公路限速提案时明确提到"黄背心"，法德两国表现出一次罕见的团结，并催生出一个不仅被汽车游说团体，而且被持不同政见的政党所采纳的口号："自由的公民拥有驾驶的自由！"（Freie Fahrt für freie Bürger!）[12] 这些不满情绪有一个共同点，那就是抗议者认为国家已经被精英阶层所统治，这些精英效忠的是自身的跨国阶级，而不是他们所在国家的共同利益。不知何故，驾驶体验的变化在培养这些直觉方面起到了一定作用。因此，人们对待驾驶的态度明显反映出人们要求收回主权的呼声，这个情况显得有些棘手。人们似乎认为交通管理机构缺乏政治合法性。[13]

外界普遍认为过去几年的抗议活动要么是在表达人们对经济的不满，要么是人们某种纯粹的否定精神的爆发，即一种虚无主义多于原则性的"公众反抗"。这些解释有一定的道理，但在接下来的篇幅里，我会提出另一种可能性：这些既积极又理性的抗议活动在一定程度上是对人类熟练活动的空间逐渐扩张的回应。它的形式既可能是自动交通执法，即忽略警察和司机的个人判断在确定合理速度方面的作用，也可能是民选官员召开新闻发布会，告诉公众开车是件苦差事，并且开车原本就不是我们的强项。美籍加拿大记者简·雅各布斯（Jane Jacobs）称其

为"他人闲暇时的乌托邦式管家"。这些事例都体现出某种更大的趋势。技术官僚和优化主义者努力使一切变得通俗易懂，好像公众在他们眼里是愚不可及的。这往往是一种自我应验的假设，我们确实觉得自己变得越来越笨。在这种背景下，开车就是在锻炼一个人获得自由的技能，我认为这便是人们喜欢开车的原因。

本书会吸引驾驶爱好者，但是对驾驶不感兴趣的读者也会发现，书中的案例研究可以解释更普遍的问题，尤其是关于人类能动性的命运和民主治理的前景。因为本书体现出一个强有力的主题，那就是广义的自治，它既是一种个人自我管理能力，也是一种政治体制。因此，一方面，自治或许意味着司机有能力熟练控制爱车，有能力克制自己对其他司机的不耐烦情绪，有能力在面对众多干扰时把注意力集中在道路上；另一方面，自治也存在各种问题，例如我们今后的驾驶体制决定权会在谁的手中。我们提出的自治问题的不同尺度肯定是环环相扣或者说相互暗示的。举例来说，如果我们在驾车时分心，并把车当作自动驾驶汽车来开，就意味着程序算法将接管车辆控制权来拯救我们，因为我们已无法保证自己可以安全驾驶。

在政治意义上绘制一条从自我管理到自治的直线，本书打算从驾驶的角度看待"政治反思"这一自由-共和传统。这种传统认为，一个称得上民主的民族首先必须由具备自我管理能力并赢得同胞信任的个人构成。当你骑着摩托车在一条双车道的乡间小路上拐入某个难以看到的弯道时，会发现道路能很好地诠释何为相互信任，这是道路最有意思的特

引 言　驾驶，一种亟待批判与人文主义探究的话题

征之一。所以对那些在细微之处关心共和制社会秩序的政治理论家来说，驾驶的时机已经成熟。趁着这种脆弱的秩序还在，让我们通过开车这类不起眼的日常活动来了解它，并根据其中可能隐藏的线索引导我们在更大范围内恢复社会信任。

如何阅读本书

"保持一致性"是写作老师要求作家必须遵守的一条规则。本书内容可能令期待一致性的读者感到困惑，因为在我看来，本书有必要根据整体情况给出本质上截然不同的论据、故事、解释与观察，部分内容是相当个人化的。从某种程度上说，我采用的社会学方法并没有达到民族志的水平，甚至称不上严肃的新闻学。我在开车时遇到过形形色色的汽车爱好者，而在书中我只是转述我见到的相关场景，并从自己关注的角度加以解读。我曾经尝试抱着共情的态度来理解这些场景，我在这方面明显比其他方面做得更出色。

读者会发现，全书充斥着我对交通规则和执法机构的抱怨以及对某些安全规定的怀疑态度。我对官僚主义的不满源于各个方面，读者可能开始对论点的一致性感到惊讶。不认同我的观点的读者或许会过早得出结论，认为这是自由论者在对所有形式的约束感到恼火。并且人们很可能会讥讽我，认为我的论点很幼稚。那么上述官僚主义让我不满的方面都是什么呢？

一方面，我的论点是把安全置于首位并指出现行交通制度的消极影响——当这种制度产生的交通罚单成为各个司法管辖区赖以生存的收入来源时，影响会更加消极。在这种情况下，安全和收入有时不可兼得，而我当然支持前者。另一方面，我批判的是"安全主义"本身，相关论点则迥然不同，因为安全主义或多或少包含了我们对永不满足并永远都在追求更高安全性的"活力论者"的批判，例如对第 26 任美国总统西奥多·罗斯福和美国心理学之父威廉·詹姆斯（William James）的批判。安全无疑非常重要，但它也是一种原则。如果不考虑反补贴方面的因素，那么安全的扩张范围将不受限制。最终安全将会压倒一切。一旦我们对活力论者的观点表现出些许同情，我们的视线就会转移，更容易看到"安全"在社会的意识形态中所起的作用。

人们会认为呼吁安全的人具有公益精神，因此一些人便开始打着关注安全的幌子，从中牟利。诀窍在于制定出与合理性相悖的规则，例如把限速设置为低于道路特征规定的速度，如此一来便能保证一定的违章率，进而获得罚单收入。如果一个人真的关心安全问题（毕竟没有人不关心），就应该以怀疑的眼光看待安全工业综合体及其依靠道德恐吓来追求安全之外的目的。

要实现真正的安全性，就不能只在想象层面降低风险。因为没有能力的人才会这样做。这是一种完全适用于多种场合的平等主义原则，是检验人道社会的标准，我们理应为此感到自豪。（我最亲近的一个人有严重残疾，我常常对社会为她提供的照顾而心怀感激。）但如果无人提出质疑，那么追求降低风险的结果往往是创造出这样一个社会，它建立在对人类能力不切实际的轻视态度之上。在民主理想的掩护下，低幼化悄然而至。相反，我坚持认为，只有当我们愿意相信自己和他人都具有足够的个人能力时，民主才能继续存在。这是建立社会信任的基础。对一个自由、负责、完全觉醒的民族来说，这些是最基本的禀赋。

汽车，公众利益驱动的结果

简·雅各布斯在1961年出版的著作《美国大城市的死与生》(*The Death and Life of Great American Cities*)中指出："每个珍视城市的人都曾被汽车问题所困扰。"它们似乎拉扯、撕裂了社会互动的结构，而这种互动需要某种程度的亲密性和移动的流畅性才能实现。为了给汽车及其衍生物，如停车场、加油站和宽马路等腾出地方，"城市街道被分割得七零八碎，行人没有连续而完整的道路可走"。曾经是"紧密交织、团结互助典范"的社区，现在被"任意切割开来"。

汽车的兴起与美国城市的转型紧密相关，雅各布斯和包括我在内的许多人都对其转型的方式深感遗憾。在"新城市主义"中，此种不满表现得尤为突出。但在雅各布斯看来，这一关联并非完全事出有因。"我们对汽车怪罪得太多了。"她在城市规划中发现了导致美国城市衰退的一个首要原因，即城市管理者未从实际层面出发，了解一个地方繁荣兴盛的原因，而是高高在上地制订计划，并根据这个计划来优化城市。她提出一项思想实验：假设汽车从来没有发明出来，但现代主义的进程并未受到干扰（想想那些微风拂过的广场和高层建筑，那些远离社交圈的典型郊区，或是那些小家庭）。在这种情况下，人们势必会发明汽车。"对于那些在如此不方便的城市中生活和工作的人而言，汽车必不可少，因为汽车可使他们避免陷入空虚、危险和彻头彻尾的制度化。"

在雅各布斯看来，汽车与城市死气沉沉的状态之间并没有直接的联系，这种状态只是"历史有时对进步开的一个玩笑"。她指出，汽车在日常交通运输中的兴起，恰巧伴随着建筑学中"反城市"理想的逐渐形成。"反城市"在立法上是社会学发展的一个结果，也是城市获得资金的方式。她坚持认为"汽车并不能算是城市的固有破坏者"。她还指出："内燃机的出现，可能会是强化城市功能的一个绝佳工具，与此同时，它也能将城市从一个令人生厌的事物中解放出来。"

她指的是马。

WHY WE DRIVE
驾驶的故事

1958 年，一名英国建筑师在回忆 1890 年他在伦敦度过的童年时光时，提起遍布伦敦的 3 至 4 层马厩。它们就像如

引　言　驾驶，一种亟待批判与人文主义探究的话题

今的停车场一样。上流阶层人家的枝形吊灯上"密密麻麻全是死苍蝇，夏末时节，成群的苍蝇在吊灯周围飞舞"。虽然有"无数群"男孩在马车轮子和马蹄之间奔来跑去，清理马粪，但这些粪便"满溢在街道上，如同熬煮着的'豌豆汤'，有时会堆积在路边的水池里"。在"没有行人的地方"，马车轮会"扬起一片片这种'汤'，把它甩到人行道的另一边，于是临街房子整面墙的墙根都被强行筑起一道将近50厘米高的泥巴基座"。驾驶"泥巴马车"的清洁工用长柄勺舀起那些浓汤一样的东西。他们"穿着冰岛海员常穿的那种长筒靴，油布雨衣一直裹到下巴底下，防水帽包着后脖颈"，在干活过程中他们常会把污物溅到行人身上。

还有钉着蹄铁的马蹄敲击着鹅卵石路面发出的噪声。"那声音令人难以想象"，车轮从这些鹅卵石路面上碾过，发出"震耳欲聋的敲小鼓般的声音，一个高音连着一个高音，就像是拿着棍子在篱笆墙上拖来拖去"，再加上"车辆或轻或重的吱吱声、隆隆声、唧唧声、嘎嘎声，简直就是折磨"，这其中还夹杂着挽具和所有此类马具的"叮当"声。最重要的是，人们还得忍受其他人在这一片噪声中拼力交谈的声音，"就是人们想要口头传递消息或提出要求时发出的尖叫声和吼声"。[14]

雅各布斯指出，在达到同等马力的情况下，汽车发动机更清洁，也

更安静。此外,"机械化车辆的力量以及比马更快的速度,能够更加有效地在密集的人群中运输人员和货物"。当然,随之而来的问题就是汽车太多了,所以它们"行动迟缓并经常被闲置",跑得往往没有马车快。

20世纪,汽车的使用量剧增,道路拥堵随之产生。这件事说来复杂,可以从多个方面加以阐述。但显然,这并非只是自由市场中消费者对汽车的需求增加那么简单,它在很大程度上是公共机构政策推动的结果。政府花费大量补贴为汽车修建道路以改善公共交通。根据美国学者詹姆斯·弗林克(James J. Flink)的说法,美国城市为满足汽车上路行驶的需要,在20世纪20年代投入公共资金改善道路,"这比城市工人阶级开上汽车的时间早了几十年"。弗林克把这种投资优先项的选择解释为财富转移,乘无轨电车出行的工人阶级实际上是"被城市规划者和政客们征税,好让中产阶级能开上汽车"。[15] 20世纪30年代,时任美国总统的富兰克林·罗斯福将修建道路作为一项就业计划,与此同时,他还着眼于把公路用于国防。[16] 进步派人士热衷于将汽车产业视为一项政府工程,这与他们对国家指导的投资、合理的规划和美国政治哲学家赫伯特·克罗利(Herbert Croly)提到的"新民族主义"传统中的国家活力的热情十分契合。这对罗斯福产生了很大影响。美国工程进度管理局是"新政"的一个关键部分,该机构为街道和公路的建设注入的资金是公共交通的10倍。[17] 然而直到第二次世界大战结束后,艾森豪威尔执政时期,州际公路系统的建设才开始启动。这是一个拿破仑式的雄心勃勃的项目,它在美国有了一些威望、信誉和合法性时启动,这对于生活在2020年的我们来说很难想象。这种合法性必定会随着第二次世界大战的胜利而得到加强，并被允许采用拿破仑式的方法。正如美国作家丹·阿尔伯特（Dan Albert）所言："政府专家为该系统规划了大约6.5万千米的公路……政府规划人员决定，要将16亿吨砂石、水泥和沥青用于该系统的建设。在此过程中，他们设计并监控人们的移动方式，选择他们可以下车和逃生的地方。要做到这一切，他们利用土地征用权强行征收人民的私人土地，并将整个地区的住宅和商店夷为平地。"[18]

这段历史向汽车自由主义者和反汽车进步派人士都提出了挑战。美国的汽车化以及随之衍生的所有经济进步和社会活力，并不只是消费者通过自主选择表现出来的个人自由的爆发。在很大程度上，这是一项政府事业。但同样，我们对汽车的过度依赖造成的道路拥堵和无序扩张也不能归咎于错误的自由主义信念，即市场"看不见的手"会使个人选择向集体利益倾斜。相反，我们对汽车的过度依赖是国家推动的，其动力来自我们对中央计划的忠诚和对公众幸福的真诚（尽管是短视的）付出，而这一直是值得骄傲的治理进步的表现。

这些都是我们应该吸取的教训。将这段历史与当下的情况相结合，我们就会认识到，如今中央规划的举措往往不是由国家做出的，而是出自渴望获得准政府"平台"地位的科技公司之手。这一事实打乱了我们的某些思维习惯和对政治的反应，或者说我们理应如此。一想到我们的日常生活有多大部分被推向和引导至科技公司设计的轨道上，我们就再也无法理智地接受"私营机构"和"政府"这两个概念之间的区分了。在自动驾驶技术的未来还不清晰的时刻，各个利益集团都意识到，如果能够给公众一个对汽车、道路、城市和移动性本身都可以带来好处的说法，并且可以让它成为唯一合理的解释，那么自己就会得到一个巨大的机会，但这个机会转瞬即逝。

"沃尔沃概念26"是一款概念车，它的名字源于去往各个方向的美国人的平均通勤时间（分钟）。它的车厢采用了不同的配置，重置了"驾驶"模式、"创造"模式和"放松"模式的装置。无论在哪种模式下，当座椅慢慢地从汽车控制系统近旁移开时，安装在中央的平板计算机会随之移动。这一设计的理念是，如果你无须亲自驾驶汽车，那么你就能腾出手来发挥创造力。在宣传海报中，我们可以看到一个明显富有创造力的人物：他有着一头像英国浪漫主义诗人拜伦那样飘逸的头发，腿上放着像是一本小小的皮革面诗集一样的东西，他享受着这宝贵的几分钟，好重拾创造力。

他更有可能利用这几分钟，急匆匆地浏览汽车公司根据自己创造性的生活方式和预期目的地而量身打造的各种产品和服务。这些产品和服务通过同一个平板计算机屏幕推送给他，只有当他把它们全都拒绝之后，汽车才能按照他预先设定好的路线继续前进。

有没有人问过，为什么世界上最大的搜索引擎公司谷歌，要向汽车行业投入巨资呢？把你的通勤状况，包括你正在做的事情，以及在现实世界里吸引你的注意力的真实活动结合起来，通过监控塑造消费逻辑并以此获利，现在，你那宝贵的52分钟注意力就可以拍卖给出价最高的

引 言　驾驶，一种亟待批判与人文主义探究的话题

买主了。那些想要更深入了解你的人将可以获知你在这个世界上的移动模式，进而将其发展成为一门操控你行为的深度科学。我们应该将自动驾驶汽车理解为战争的又一次升级，这是一场向生活索取并将生活中的每个时刻都变成金钱的战争，绝不给个人的思想留下空间。

驾驶，一个人性化的空间，一个庇护所

　　根据皮尤研究中心的数据，超过 2/3 的美国人有时会在开车时唱歌。开车时我们似乎觉得自己摆脱了社会的目光——就像我们在冲澡时一样！还有一种更为微妙的释放方式，就是从某种更难定义的压力中解脱出来。如果你的通勤过程很顺利，你不需要耗费太多的脑力去思考如何应对路面的交通状况，那么你可以自由自在地做白日梦，或陷入其他无意义的遐想之中。这样的驾车过程并不怎么费力，但你也无法去做其他事情。这种情况发生的频率有多高呢？周末，你应该去摆弄摆弄家里那些简单的需要修理的家具，也可以强迫自己拾起一项如圣令般悬在头顶但搁置已久的自我提升计划。需要做的事情积了一大堆，你可能干脆什么都不做，但是这一天你会坐立不安，不想让周日下午就这么"空虚"地度过。在现在的社会里，任何休息的时间都必须根据"机会成本"的冷酷逻辑进行裁定，驾车通勤可能是我们仅有的安宁时刻。交通可能会拥堵，但假如交通通畅，你疾驶而去，似乎这样就足以平息你在现代生活中对荒废时间的罪恶感了。然而这件事情几乎是机械式自动完成的，只需要一点点意识和身体动作，只要让你能够感觉自己正在做一

039

件必须做的事就够了，如同诵经一样，这样你就解脱了。

在当今资本主义贪得无厌的逻辑中，我们必须把这样的时刻挖掘出来并纳入体系。想想看，假如你在车上度过的安宁时刻能被转化为生产活动，那将会对国内生产总值做出多么大的贡献！你应该回复邮件、购物或沉浸在娱乐活动中，让你始终以为自己在忙碌着。

在我看来，尽管开车过程中会遇到很多麻烦事，但我们应该把爱车当作一种人性化空间、一个庇护所（我们将在第3章详细讨论这些麻烦事）。皮尤研究中心在2006年开展了一项关于美国人对汽车的态度的调查。现在人们对汽车的态度可能已经发生了变化。不过这项调查提醒了我们，这里有必要引述其中一些发现：

> 在被问到是喜欢开车，还是认为开车是一件苦差事时，69%的受访者选择了前者，28%的受访者选择了后者……

> 尽管交通方面的麻烦事越来越多，但许多司机还是强烈地感到自己离不开汽车，例如，有31%的司机表示，他们觉得自己的汽车有性格。虽然汽油价格高昂，但仍有27%的受访者表示，在过去的一周里，他们开车"纯粹是为了好玩"……

> 在为了好玩而开车这一点上，男性和女性的态度都差不多。

未来主义的行业，科技会为我们带来什么

有人告诉我们，自动驾驶汽车将会大行其道，因为这是由一种叫作"未来"的因素决定的。很显然，努力研发自动驾驶汽车并非是为了迎合消费者的需求，而是作为一个自上而下的项目，必须让公众接受。[19] 这个项目并没有什么特别的新意，100 年来，市场营销科学的专家们一直在孜孜不倦地创造新的需求。在这种情况下，他们在制订宣传计划时，便会以一些理由充分的主张为立足点，这些主张无非就是强化安全和缓解拥堵。但让公众接受自动驾驶汽车的关键要素，则一直都是宣称它是必然趋势。如果有人对言论有足够的控制力，那么只需反复重复这个观点，就可以使其深入人心。

但就算是在叙事这个层面，推行自动驾驶汽车也已经变得不合时宜了，因为公众已经意识到大型科技公司在掌握我们的利益、操控我们的未来，因此对它们的信任正在慢慢崩塌。未来主义是一种创造神话的体裁，它试图围绕人们想要的某种结果，营造出"不可避免"的氛围，以彰显自己能够"预测未来"。这是一个吸引投资的好方法，反过来，源源不断的投资资金又可以吸引公众舆论制造者（如记者、"思想领袖"等），他们会为这种"不可避免"的论调摇旗呐喊。人们必须接受未来，而不是"执着于过去"（即单纯地接受现在已有的东西，并对此感到满足）。你更愿意沉湎于"怀旧"的自我安慰中吗？

我们应该注意到，虽然自动驾驶汽车确实有可能缓解拥堵，并因此为公众利益做出贡献,但尚无人讨论过如何将自动驾驶汽车配套的基础设施作为一项公共事业,也无人将实施程序提供给公众审查。人们可以从云里雾里的宣传语中发现,所谓的提议是一个具有流动性的"城市操作系统",它归信息技术公司组成的同业联盟所有,不管从何种意义上来说,我们都不得不加入这个系统。

硅谷人是出了名的自由主义者,然而他们认为,公司才是能向国家表达自由主张的"个体"。2016年12月,优步无视加州车管局的行政裁决,在其自动驾驶汽车的注册资格已被取消的情况下,依然让其车辆在旧金山的街道上行驶。《纽约时报》中有一篇报道称,"优步无视当地法律,意欲强行进入新市场,这是其全球扩张战略的一部分",它"不仅在美国,在其开展业务活动的70多个国家中,也有许多是这么做的"。[20] 在公司自由主义心态下,他们没有合法的公共权利的概念,而这种权利是保障公民利益,对抗垄断资本的力量。

专栏作家约翰·哈里斯(John Harris)提出疑问:"假如史无前例的廉价自动驾驶出租车成为日常,那么公共汽车和火车的命运将何去何从?那些成群结队的车辆不会造成难以想象的拥堵吗?"[21] 这是个合情合理的问题。

根据美国纽约市交通运输管理局前副局长布鲁斯·斯凯勒(Bruce Scaller)的说法,在2013年6月至2017年6月城市的"优步化"期间:

出租车和其他营运车辆的数量增加了59%，但空驶车辆的数量增加了81%，每个营运车辆司机的等候时间约为11分钟。在下午4点至6点的交通高峰时段，美国曼哈顿的街头行驶着一万辆左右的营运车辆。现在，出租车和其他营运车辆占主干道白天交通量的一半以上。

结论：优步及其竞争对手要想使乘客的每一次出行都方便快捷，唯一的办法就是让街道上充斥着空车。你可能不用站在街上等出租车了，但现在，你坐在一辆黑色汽车里在道路上苦等，堵在前面的全是同样的黑色汽车。[22]

当然，根据规划，似乎这些交通工具的低价位只能维持到公共汽车和火车消失之前，随后，垄断定价法将开始生效。[23]实际上，市政对公共交通的资金投入已急剧减少，在美国的许多城市，公共交通的客流量下降，基础设施衰败。与此同时，优步依然每年亏损数十亿美元（2014年至2018年亏损额达到140亿美元）。

如果有人对最后这个事实感到好奇，那么优步的故事就变得十分有趣了。2019年，运输业顾问休伯特·霍兰（Hubert Horan）发表了一份有关优步经济状况的研究报告，并得出公司将永远无法盈利的结论。优步"不但缺乏强有力的竞争优势，而且实际上比被它逐出这个行业的竞争对手的效率还要低"。[24]进一步研究后可以发现，优步从来没有打算在竞争激烈的市场上靠提供运输服务来盈利。它让早期投资者通过低价进行巨额补贴，目标是"不惜一切代价获得增长"。优步知道，投资界有一部分人认为，爆炸性增长是"对初创公司进行估值的唯一决定性因素"。该公司一旦上市，其商业模式基本上就成了一个庞氏骗局①，通过转移公众对推动公司发展的巨额价格补贴（由投资者提供）的注意力来实现。霍兰写到，优步确实是一家创新公司，但其创新无论是与"技术"还是与寻求出租车行业过去未曾实现的效率都没什么关系。相反，"优步是一个突破性的案例，在这个案例中，公众对一家大型新兴公司的看法，完全是通过党派政治运动中惯用的那类编造出来的叙事方式形成的。叙事结构也许就是优步最有力的竞争优势"。这种叙事将英雄般的创新者与腐败的监管者对立起来，并形容这些监管者满脑子都是过时的思想。[25]（请注意这一点：出租车为何需要监管。作为城市交通基础设施的一部分，它们提供的公共福利很难在纯粹的市场基础上实现，因为对于乘客与司机之间的两两交易来说，有些福利是"外部的"。）

商业和科技媒体完全被优步的公关攻势所蒙蔽。优步声称自己为技术进步和经济自由而战，但是该公司的实际经济状况并未受到审查。优步尽其所能地表明，"它最终会占据市场的主导地位，这是大势所趋，通过竞争或监管来阻止这个趋势是徒劳的，进行新闻调查更是毫无意义"。与此同时，其数十亿美元的价格补贴"完全扰乱了市场价格和服

---

① 庞氏骗局是对金融领域投资诈骗的称呼，是金字塔骗局的始祖。在中国，庞氏骗局又被称为"拆东墙补西墙"或"空手套白狼"。简言之就是利用新投资人的钱来向老投资者支付利息和短期回报，以制造赚钱的假象，进而骗取更多的投资。——编者注

引 言　驾驶，一种亟待批判与人文主义探究的话题

务的信号，导致大规模资源配置不当"。

这种配置不当的一种影响是城市街道上塞满了空驶的共享汽车。当然，正因为如此，才有可能使人们几乎瞬间就能实现"按下按钮，车就来了"这一愿景。这就像魔法一样，我们只能惊叹，科技接下来会带来什么。看过霍兰的分析后，人们不禁要问：优步对自动驾驶汽车的兴趣，真的是希望用自动驾驶汽车取代低收入司机吗？为什么要把优步汽车的资本成本从那些往往不懂财务并被汽车租赁协议无情捆绑的移民身上转移到优步自己手中呢？有人怀疑，大肆将自动驾驶汽车与优步联系在一起，有助于保持优步作为一家"科技"公司，而不是一个不断剥削劳动力和金融套利的实践者的形象。[26]在先进的骗术之下，优步的"司机搭档"似乎陷入一种佃农经济，难以脱身。

上述内容的任务是探索某些不太公开的商业动态和公众利益。如今，我们更应该对它们保持关注，因为自从一个世纪前汽车诞生以来，我们目前对"移动"的基础管理比以往任何时候都需要加强。第 1 章的内容则更加贴近现实，讲述的是夜深人静时我的汽车在路上抛锚的一段经历。在这个故事里，一个人在毫无准备的情况下被困在陌生的地方，周围都是陌生人，他必须依靠自己的智慧摆脱困境。他既没有电话，也没有 GPS 系统。

当然，他也没有手电筒。

WHY WE DRIVE

01

自力更生，当我们自己组装一辆车

当放弃了方向盘，我们失去了什么　WHY WE DRIVE

抛锚：1972 款吉普斯特突击队

我又要了一杯咖啡，此时我正在柜台前付款，虽然我一点也不想喝，但我认为应该把它喝掉。我坐在圣米格尔（San Miguel）101 号公路旁的一家小餐馆里，此时我已经是精疲力竭，不知道到底该怎么办。圣米格尔不能算是一座城镇，而是美国加州中部的一处"人口普查指定地区"。那是 1987 年 1 月的一天，当时应该是后半夜 2 点左右。那位女服务员可能很好奇为什么一个 21 岁的男孩在那个时间付账，她在我的座位旁不断徘徊，像是有话要对我说。于是我问她，如果有人发现我睡在自己的车里，当地警察会不会来抓我。

"你要去哪里？"

"我无处可去。"我很喜欢自己说这句话时的腔调，我经常私下练习这种说话方式。

我向她说明了自己的境况，她说沿着餐馆门前这条路往前走大约2千米有个废车场。

"真的吗？"一股希望的暖流传遍我的四肢，这种希望比她给我的任何酸涩的咖啡都要温暖。

"也不用担心警察，加州公路巡警是这里唯一的警察。"但现在这个问题已经毫无意义，我不再想睡觉了。再过6小时，废车场可能就要开门营业了。

就在5小时前，我的境遇在那天晚上急转直下。我正开着自己那辆1972款吉普斯特突击队沿101号公路往南行驶，从引擎仓里传来令人恐惧的声音，那是一连串急促的"哒哒哒哒哒"声，它宣告我原本的计划要泡汤了。我一听到那种声音，就想起一个细节，可那是我脑子里100件要做的事情之一，所以我实在是没有头绪。这个细节与安装散热器有关：现在我想起来了，散热器应该安装2个而不是4个螺栓，其中一个螺栓好像和螺母的螺纹不太匹配，不过我还是硬生生把它卡在螺母上，"暂时"把散热器固定好，完成了更换发动机的工作。而我早就把这件事抛在脑后了。

去年夏天，我迷上了一个朋友的1964款万国收割机侦察兵（International Harvester Scout），于是我便买下了1972款吉普斯特突击队。在高中毕业后的一次聚会上，我们4个人开着"侦察兵"去美国内华达山脉露营，那次旅行最大的亮点包括一道冰冷的瀑布、在星空下一块翻过来的大花岗岩石板上睡觉，还有开着四驱车在布满车辙的小路上颠簸时那种头晕目眩的乐趣。我们会好奇这些溪流会不会太深，开着车能否蹚过去。在必要的时候，有4个身强力壮的年轻人可以推、拉、挖这辆车，多少会有一点保障。我们合在一起或许顶得上半个马力！但这辆带有手动锁定前轮毂的小型四缸"侦察兵"在这些路面上都跑得很顺利。它底盘不高，小轮胎很窄，减震悬架很柔软——简直完美。布莱恩花800美元买下它，然后把它涂成了沙漠黄色。

我查阅了《湾区汽车商》（*Auto Trader for the Bay Area*）——一份可以在便利店买到的分类广告，我能找到的与"侦察兵"最相近的车是1972款吉普斯特突击队，它是不久后将演变为SUV的早期产品之一。它是浅蓝色的，高底盘，硬质车顶可拆卸，没有翻车保护杆。我立刻就把车顶拆了下来。我开着这辆敞篷车到处转悠，停在一处明显摇摇欲坠的危险区域，由于发动机转速很低（手动四速配直六发动机），我不停地换挡，感觉自己就像某个冒险故事中的恶魔。（年轻男子就爱入戏。）我之所以觉得自己魅力四射，并不是因为我有什么优点，而是因为自己有激情去寻找这个东西。

但这个故事刚刚开始就变味了。买下它的第二天晚上，我在旧金山一处建筑工地开了一会儿车，然后发动机停转了。我请人把车拖回我在伯克利的住所后发现，一个发动机架磨损了，导致发动机四下乱弹，然后发动机架刺破了滤油器，油压指示灯也失灵了。发动机烧坏了。

01　自力更生，当我们自己组装一辆车

我从一个废车场买了另外一款吉普车车型的发动机，随后花费了好几周时间在我父亲家房前的街道上更换了发动机。每隔几天，我就得沿着街道把这辆车开到另一个地方。因为我得遵守一位名叫奥尔特加的热心的停车管理员之前对我的要求，由于我曾开过已经没法开的破车，他早就对我有意见了。换完发动机几天后，这辆车在光天化日之下在班克罗夫特路（Bancroft Way）上被偷了。几个月后，警察找到了这辆被诅咒的车，而这次去圣巴巴拉是我第一次真正开着它出远门。

听到前文提到的"哒哒哒"声时，我把车停在路肩上，掀开了引擎盖。我没有手电筒，但用手摸了摸，很明显，散热器确实从支架上掉下来了，掉进了风扇里。从甜香的气味和湿滑的手感判断，冷却剂流得到处都是。我在车的后备箱里翻了翻，里面塞满了东西。我正在从伯克利返回圣巴巴拉的路上，赶去参加加州大学圣巴巴拉分校的冬季学期。我找到一个衣架和几把钳子，然后用铁丝把散热器绑了起来，不让它影响风扇。现在的问题是，有多少冷却剂洒掉了。当我再次发动汽车时，它会漏得多快？并且贮液器里没有玻璃水。我后悔一小时前停下车去小便了，在紧急关头，尿液也弥足珍贵。

我的车上没有水，但我仔细想了想有哪些东西可以用来装水。我有几升机油，恐怕只能倒在路边了——在我跟旧车较劲的6年间，这不是我唯一一次破坏环境了。我还有一个大号不锈钢汤锅。在悬崖边露营时，我一直用它来生火，去海边冲浪时还用它充当烧烤工具。

051

可是该去哪里找水呢？这条路黑得伸手不见五指。我可能已经开了 20 多千米都没有看到道路出口了，前面也不像有出口的样子。我是在蒙特雷县（Monterey County）和圣路易斯－奥比斯波县（San Luis Obispo County）交界附近，这里是加州中部农村地区的中心：有牛、生菜、草莓与大蒜。那天晚上没有月亮，我连自己的脚都看不见，但我能看到东边的远处有一盏孤零零的灯。在我和那盏灯之间，什么东西都看不见。那并不是让人心生向往的灯光，它的颜色带着工业化而不是商业化的气息，所以它不可能是门廊上的灯。

我拿着几个用来盛水的容器，穿过公路，摸黑爬下一道路堤。沙地上长满了内陆堤岸上常见的灌木丛，散发着芬芳。我穿过一片平坦且相对平缓的区域，那似乎是一道干涸的河床。当灯光从视野中消失时，我只能根据与公路平行的地面的高低起伏，然后凭借自己的感觉来判断方向。我好几次重重地跌进了似乎是人工挖掘的壕沟里，壕沟很突兀，它的边缘棱角清晰，差不多有一米深。我来到一条双车道的路上，现在我可以看到那道刺眼白光的来源了，它就是我的北极星。这盏灯挂在一扇门的上方，那是这一小片波纹金属建筑群唯一看得见的入口，建筑群周围环绕着一道铁丝围栏。围栏很像样，差不多有 4 米高，顶部向外倾斜。我借着灯光打量了一番这栋建筑，没有看到水管或水龙头。

我不确定附近有没有人。但无论如何，我都不想惹人厌恶。我站在原地想了 5 分钟，"唉，算了。"我打算放弃了，但随后我又想起自己历尽艰辛才走到这盏灯这里。顾不得那么多了。我开始在围栏外大喊大叫，但一直没有回应。我又喊了几声，依旧没有任何回应。我准备转身返回公路了，就在这时，门开了，有人用手电筒照着我。

"嘿，你好。对不起，把你吵醒了。我只是想要找水。"我大声说，但并没有喊叫。说完之后，我并没有听到回应。但过了10秒钟，一盏泛光灯亮了起来，现在我可以看到光线下有个人影朝我走过来。他走到围栏前，我才看清他的脸。我向他说了我的遭遇，并询问他距离南边的下一个城镇有多远。

"你是怎么找到这里来的？"

我用拇指往身后指了指："从那边。"

他停顿了一下，似乎在思考。接着，他同意把我的容器装满。我鼓起勇气，问他是否愿意给我几个更好的容器，但遭到了他的拒绝。他让我顺着围栏走差不多20米，那里会有一扇大门。他打开门，拿走了我的容器，10分钟后又送了回来，里面装满了水。下个公路出口是一个叫作罗伯茨营（Camp Roberts）的军事基地，再往下走是什么他就不清楚了。我问他是否知道我刚才接二连三掉进去的壕沟是怎么回事。

"那是坦克的履带印。这片地区是用来做坦克训练和实弹演习的。"

"哦。"

此时我抱着装满水的容器，沿来时的路往回走去。第一个问题是返回的路上没有灯光给我引路，第二个问题是水由于晃动而往外泼溅。我很庆幸那个夜晚（对于一月份而言）很暖和，因为我浑身上下都湿透了。我迈着小步，比来时更加小心地试探着慢慢走，努力想象着地形的样子。我想象着自己在坦克炮塔上的夜视望远镜中会是什么模样——我的热成像图像应该会很怪异，一罐冷水贴在我温暖的身体上，我的步态一定像是一只鹤在沼泽里踩着小碎步跳舞。

我走回101号公路，在黑暗中找到自己的车，此时我手中还剩下2升多外加2/3汤锅的水。我把水放下，打开车门坐了进去，汗流浃背。周围静悄悄的，月亮也从东南方慢慢升起来了。我感受到了那种凭意志力和体力完成一件事之后片刻的轻松，而且我还感到很高兴，因为我克服了自己的内向。对我而言向另一个人寻求帮助是最让我感到不自在的，但当我走过那条通往铁丝围栏的小路后，这件事就变得不那么困难了。我没有像个无助的傻瓜一样在路边挥舞手帕，而是争取到了向那个人要水的权利，而且他把水给了我。

我取下散热器的盖子，散热器早就凉了。我把汤锅高高地举起来（吉普斯特的底盘很高），感到肩膀一阵灼痛。接着，我把汤锅放在直六发动机的阀门盖上，调整姿势，以免挡住仅有的一点月光，这样我就能看清发动机舱的轮廓了。我小心翼翼地把汤锅对准散热器的开口，然后往里倒水。刚开始的几秒钟，我对得不太准，水溅得到处都是，但后来我倒得很稳了，水流得又准又慢。然而，水滴在地面上的声音不但没有减弱,似乎还增强了,现在听起来和我倒水的速度差不多。我不为所动,继续倒水,因为除此之外我拿这锅水毫无办法。

此时此刻,我才想到自己在过去两小时里的所作所为全都只是源于一个假设,那就是希望散热器没有完全损坏。当情况看起来不妙而你又不清楚确切的状况时,你就会创造出一些理论。这些理论之所以吸引人,并不是因为它们最合理,而是因为它们让你有事可做,而做事是避免你被负面的不确定性和绝望压垮的唯一途径。取水让我有了一个目的。然而就像经常在我们这些凡人身上发生的事情那样,它最终被证明是一个毫无意义的目的。但如果把这些事情串联起来,就会组成自己某种类型的生活。我们都是众神的玩物,就算闹些笑话我们也并非一无是处。

现在这么说很容易,但当时我可不觉得那么有哲理。摆弄汽车时,你就会开始和汽车产生共鸣,这完全关乎它们的需求,而你就是在设法满足它们的这些需求。你猜怎么着,我也有需求。我的需求是离开这个鬼地方,吉普斯特,你该不是一次性的吧?

该上路了,让热传导见鬼去吧!我回到车里,发动汽车,开了起来。我想说自己像个亡命徒似的开着车,但又不完全正确,因为我一直在看着它的温度计。指针转得太快了,快得就像时钟的秒针一样。大约跑了 3 千米后,它就指向了红色区域。我把车开到路边,熄了火。真是有苦说不出。

055

我等了大概 20 分钟，然后又开了几千米。这样走走停停了几次之后，我路过罗伯茨营的出口，但那地方看起来不善，然后我开到了圣米格尔，把车停到那家餐馆的停车场里。我关上点火器，发动机又继续转了 15 秒钟，因为滚烫的燃烧室仍在点燃穿过节气门被吸进来的零星碳氢化合物，继而"嘎嘎"作响，它宣告着一个要在此长坐不走的人来了。真是尴尬极了。

早上 8 点前后，我在餐馆的一个座位上抬起头来，夹克衫皱巴巴的。我坐上车，开了大约 2 千米，来到那个废车场。我告诉场主我有 17 美元。他盯着我看了好久，对我做出了某种判断。然后他让我在一堆散热器中翻找，关键是要找到一个进水口在右上角、出水口在左下角的散热器，软管的直径要和原来的软管相同，尺寸也要能塞进现有的空间里。安装点得暂时凑合一下了。唯一合适的散热器是从一辆紧凑型轿车上拆下来的，我觉得它的散热效果足以维持我开到圣巴巴拉。现在回想起来，这就是心理学家所说的"动机推理"的情况。我希望此事成真，而我主修的物理学专业知识一定会帮助我实现这个愿望。在讨论真实事物（而不是没有摩擦力的表面和绝对真空）时，物理学家只会考虑"数量级"级别的差异。任何更小的差异都太微不足道了，因而它们不具有任何理论价值。这个散热器比之前的小了大约一半，但这无足轻重。

我把散热器潦草地装在我的车上。我浑身上下脏兮兮的，但是很高兴，信心十足地开车沿着面前的公路向下一个入口坡道驶去。还没等我开上 101 号公路，我就看到温度计读数开始飙升，但此时我只是认为这是反常现象。可能系统中有一个气泡，会被排出来的，也可能是其他小故障。我开上101号公路，时速约为65千米，孤注一掷地沉浸在自己理论推理的结果中，希望温度能降下来。又开了大约2千米，现实变得不容辩驳。我被彻底击败了。

我一路小心翼翼地把车开到下一个出口，然后停在了一家汽车旅馆的停车场里，这家旅馆是我看到的第一栋建筑。我下了车，坐在路边，胳膊支在膝盖上，一动不动。我已经束手无策。我的意志、想法、现金全都荡然无存。我的吉普斯特确确实实被诅咒了，我准备放弃它了，我要像个流浪汉一样沿101号公路步行下去。当然，我现在看上去的确像个流浪汉。

就在我在那里坐着的时候，发生了一件好玩的事情，它使我的绝望情绪豁然开朗，或者说它使我的绝望情绪让位给了另一种感觉。我感到自由了。也许我该找份工作，就在圣米格尔住上一段时间；也许我该在山丘上闲逛，跟乌鸦说说话；也许会有个性感的单身妈妈愿意收留我，并煮汤给我喝。我健康、能干，也知道如何与陌生人交谈。

现在回想起那一刻，我可以说那是信仰的自由——对自己能力的信仰，也是对这个世界的信仰，如果我相信世界，那这个世界也会热情地接纳我。

正当这种充满光辉和力量的感觉在我的身体里蔓延时，汽车旅馆的老板走了出来，对我说："需要帮忙吗？"

我觉得自己可大方了。我暗自点了点头，说道："你想要辆吉普斯特吗？"

他瞅了瞅我的车。"不是特别想要。多少钱？"

"回奥克兰的火车票多少钱？"

"大概 50 美元。"

"那这辆车就卖这个价。"

他开车把我送到帕索罗布尔斯（Paso Robles），我登上下一班美国铁路公司北上的列车。在那里，我回收了另一堆垃圾：一辆 1963 款大众客车，如今它正趴在我父亲家的私人车道上朽烂。我拖走了这辆车，给它换上新的离合器，再次出发前往圣巴巴拉。

这类汽车的方向盘基本上是水平的，而且特别大。开车的时候你会觉得自己是在驾驶公共汽车，双手交替转动方向盘，在城镇里绕着大圈。与此同时，一大块没有东西支撑的金属板像鼓一样放大了机械噪声。在长途旅行中，我们还能把方向盘当作休息的支架，你可以把前臂搭在上面放松一下。你的头离平滑的挡风玻璃只有几厘米，此时你会感觉自己像个"弓灵"。你的面前除了一块平滑的玻璃外什么都没有。加州中部的农场和山丘随着你的速度，不紧不慢地从你身边经过，你弓着身子，自然而然地沉浸在遐想中。有时候，汽车似乎不仅能载着你在世界上穿梭，还能让你更充分地融入这个世界。

"鼠杆"项目,人类为何驾驶

美国认知心理学家伊丽莎白·克劳福德(Elizabeth Crawford)想知道自己能否教会大鼠开车。这个问题是由几个因素产生的。第一个因素是她对人类在环境中的身体动作如何影响空间记忆等能力的专业兴趣。第二个因素则较为偶然:她休了一年假,在此期间她开始摆弄电子器件,把传感器和致动器连接起来去做一些奇怪的事情,而这纯粹是为了好玩。(伊丽莎白在一个到处都是掠食者的社区养鸡,把自己弄的这个装置安装在鸡舍中来监测母鸡何时下蛋。一旦发现有母鸡下蛋,她就发一条推文,里面只有恰如其分的一个词"叽叽"!)大约就在这个时期,伊丽莎白的丈夫开始撰写一本关于驾驶的书,他俩聊天的话题范围从"具身认知"(embodied cognition)到动物智能;从人机界面和驾驶汽车的特殊乐趣,到自动化有时会造成精神弱化,无所不含。身体技能和其他形式的智慧之间的联系,暗示出文化和技术方面的诸多问题。

那么,人能教会大鼠开车吗?

伊丽莎白对大鼠了解不多,不过她在里士满大学心理学系的同事凯利·兰伯特(Kelly Lambert)对大鼠颇有研究,于是两人展开合作。根据兰伯特的说法,人类不知道大鼠拥有何种能力,因为对大鼠的研究一直是在高度受控的实验室环境中进行的,目的是研究某个变量的作用并尽可能清除其他变量的影响。然而,正是动物所处环境的丰富性激发了它们的进化能力，其中有许多能力取决于它们（大鼠自己的一生中）在自然环境中的发展过程，这一过程不亚于在自然选择的压力下，经过数代更迭对这个物种的塑造。伊丽莎白告诉我，研究人员从未针对这些毛茸茸的研究对象的"技能"进行过调查，只是研究它们完成简单的、不连续任务的能力。例如对某些刺激做出反应时，只要用鼻子碰一下按钮，就会有食物掉出来奖励它们。但我们都知道，大鼠是非常聪明的动物。伊丽莎白想知道，自己能否教会它们运用一种完全陌生的移动方式在外界找路。这需要它们学习一套全新的"机动技能"，并以一种新的方式将这些技能与大鼠脑中的世界地图结合起来，这样就能成功到达它们要去的地方。就像先前在兰伯特的实验室里所做的实验，要让它们得到"水果环"，不过得另辟蹊径，用一个带轮子的东西来带动它们。

让我们暂时跑个题，来看一项经典实验，这项实验探讨了运动在感知中的作用，这里说的运动是指主动运动，而非被动地被送往各处。研究人员在黑暗的环境里养了 10 对小猫，每对小猫每天有 3 小时可以待在一个类似旋转木马的装置中，其中一只小猫可以自由活动，另一只则只能被动地被它带着运动。那只能自由活动的小猫可以向上、向下、向外或向旋转装置的中心跑动，也可以在旋转装置的最外圈绕着转。两只小猫互相看不到对方，而且周围的环境经过专门布置，使两只小猫在运动时可以受到相同的视觉刺激。唯一不同的是，其中一只主动运动，而另一只是被带着运动的。主动运动的小猫们发育正常，而被动运动的小猫们则没能发展出如视觉引导爪子的放置位置、躲避视崖、对快速接近的物体做出眨眼反应、用眼睛追踪移动物体的能力。

这些发现只是具身认知的冰山一角,现在它是心理学的一个重要研究项目。正如加州大学伯克利分校哲学教授阿瓦·诺伊(Alva Noë)所言:"当我们感知时,我们感知的是运动的可能性。"此外,人类对这些可能性的感知取决于我们使用何种工具去往各地,以及需要具备哪些相应的技能。[1]

伊丽莎白的第一项工作是制造一辆大鼠汽车,历史学家肯定会认为这是"鼠机界面"设计的开拓性尝试(稍后我将论述它与只是让大鼠按下按钮的不同之处)。伊丽莎白从无线电器材公司"睿侠"购买了一辆便宜的无线电遥控汽车,随后她拆下底盘和发动机,然后用透明腰果罐——可以在开市客买到的那种特别大的腰果罐做了一个车壳,还在上面开了几扇窗,好让大鼠嗅到周围环境的气味。她利用技工们青睐的开源硬件平台 Arduino 制作了一个控制装置。我可以很自豪地说,我有幸在一辆早期的大鼠汽车原型上焊了一个方便大鼠操作的操纵杆外罩。但大鼠不喜欢用操纵杆(起码马里奥和路易吉不喜欢我做的操纵杆)。它们更喜欢用单独的向左、向右和直行控制键。在目前反复使用的鼠杆中,我坚持使用"鼠杆"这个名字,伊丽莎白用的是导电棒,大鼠可以用小爪子抓住它,然后把电路关闭。[2]

伊丽莎白和兰伯特花了差不多一年时间研发原型车,她们解决了基本的"鼠"体工程学问题,并对实验设计中的一些其他元素进行了微调。

例如，由于大鼠既靠视觉也靠嗅觉来找路，而水果环的香味没有那么浓烈，于是她们就在水果环上放置了各种有气味的物品。事实证明，一个湿茶包就搞定了。

更重要的是，这项研究要求人的观念要有一个飞跃，从而能够启动一个训练大鼠驾车的长期项目。此前人们从未尝试过类似的项目。通过诱发"条件反射"来教大鼠做各种各样的事情，人们以此为基础开展研究已有百年历史了。从本质上讲，大鼠被当成一种刺激反应机，在此基础上可以训练它们产生一定的行为。

2019年4月的一个早上，伊丽莎白在她家的厨房里向我解释这个项目的不同之处，那样子活脱脱就是个"极客"。大鼠要学习的首个任务只是简单地按下一根横杆，让车径直向前开到水果环那里。它们很快就学会了，这基本上复刻了实验室大鼠长期以来所接受的那种训练。这种早期训练的目的就是让大鼠熟悉汽车、适应这个环境并熟悉特定的人——一般是穿着白大褂的本科生。

大鼠要学习的下一个任务是按下它们右侧的一根横杆，让车转向右边，那边同样放着一个水果环。这个任务它们也轻松完成了，而且与传统上对实验室大鼠的要求一致。（从来没有人教过大鼠向左转，原因我们很快会说到。）大鼠掌握的这些基本能力为下一阶段的训练打下了基础。

汽车被放在驾驶场中离右边的水果环最远的一端，车头也没有指向水果环。尝试和犯错的过程持续了数月，在此期间，研究人员允许大鼠撞到墙上、车子被卡住，或是大鼠情绪沮丧这类情况的发生。然后，值得注意的事情发生了：在自己学会了向左转之后，大鼠们开始找路，一路画着"之"字形驾车开到水果环那里，尽管转向和直行都走过了头，但是它们自己会再纠正路线。伊丽莎白和我解释了这项任务与过去那些任务的不同。首先，这项任务不只是难度增加，因为它还要求大鼠具备某些它们所不习惯的灵活性；其次，终极的驾驶任务扩大了大鼠解决问题的空间范围。实际上，就理论层面而言，车子从起始位置和初始朝向到允许大鼠得到水果环的位置和朝向之间，可以选择的路线有无数条。每画一个"之"字，大鼠都要对新情况做出反应，这正是人类在走路时，在更为精细的时间和空间尺度下做出的行为。（所有动物都会下意识地微调行走线路。）这个开放问题空间与动物所处的自然环境类似，但不同于为了激发某种特定行为而专门营造的实验室环境。然而与大鼠通常依靠自身来解决问题不同，在这个实验里，它们必须通过一个陌生的机器才能实现自己的意图。

从研究人员拍摄的视频中可以看到，大鼠确实是在开车，而且开得越来越流畅，这实在令人震惊。[3] 在感知和行动的反馈环中，使情况朝着施动者设定的某个目标不断发展，从而灵活地使用一件工具来应对某种不断变化的情况。伊丽莎白认为，如果以此作为评判标准，那么这就是大鼠真正使用工具的首个实例。这就是技能。车成为一种假肢，它是大鼠身体的延伸，就像幼儿的四肢，一开始是笨拙且不听使唤的，它大致可以被理解为大脑的假肢，在发育的过程中逐渐与大脑融为一体。这样，一个有形生命体就会以相对于其环境位置而言很特殊的方式具备了某些能力。我们适应了自己的四肢和双手以及后来熟练使用的各种工具。它们逐渐消失在我们的日常生活中，变得透明，也就是说，它们成了被我们忽视的行为和感知的媒介。

我认为，"伊丽莎白-兰伯特大鼠驾驶项目"对于包括驾驶本身的人类文化的意义，或许能在兰伯特早期的工作中找到一些线索。在对大鼠和人进行的实验中，兰伯特探索了所谓的"努力驱动的奖励"。[4] 兰伯特发现，"运动——尤其是能产生预期结果的手部运动，在预防抑郁和其他情绪障碍的发生及在建立复原力方面都发挥了关键作用。此外，我们偏爱祖先出于生存需要使用的手部活动，即那些养育后代、清洁、烹饪、梳洗、搭建住所和耕作要用到的动作"。兰伯特推断，过去数十年中焦虑症和抑郁症的发病率大幅上升，部分原因可能在于我们不再需要从事保障自己身体需求的基本任务，以及这些任务要求我们进行的"所有复杂的运动和思维过程"。

"随着时间的推移，越来越多与'无努力驱动的奖励'相关的大脑刺激减少，可能会削弱你对环境的掌控力，增加罹患抑郁症等精神疾病的可能性……任何能让我们看到的努力与结果之间有着明确联系的东西，以及能帮助我们对充满挑战的状况产生'尽在掌握'之感的东西，都是一种精神'维生素'，有助于建立人的复原力，并对抑郁症的来袭起到缓冲作用。"兰伯特发现，与她的"努力驱动的奖励"研究密切相关的是，同饲养在标准实验室笼子里的大鼠相比，那些生活在"丰富环境"中的大鼠更接近自然状态，解决问题时更能坚持不懈，也更不容易感觉到压力。在对大鼠驾车的研究中，伊丽莎白和兰伯特发现，在"丰富环境"中饲养的大鼠学习开车的速度更快，而且自己驾车的大鼠的应激激素反应与被动乘车的大鼠不同。关于主动驾驶和被动乘车，大鼠产生的应激激素差异类似于人类产生的焦虑感的差异。

  在我看来，这项研究对人类的影响显而易见。当我们努力应对自动化的挑战时，可能希望自己能像那些快乐的大鼠一样设置自己的环境，而不是像焦虑的大鼠那样拥有过分确定的环境。当然，我们并非单纯生活在自然环境中，由技术和文化实践构建的环境也同样可以非常丰富，因为它同样要求我们充分发挥自己的智慧。无论是大鼠还是人类的蓬勃发展，似乎都需要一个具有"开放问题空间"的环境，在进化和文化的发展之下，依然能够把我们的身体和精神调动起来。人类这些经过精心打磨的能力包括人们设计出汽车这种了不起的工具，并使它经过了长达一个世纪的辉煌发展，还有我们为解决共用道路的问题而发挥的社会智慧。相反，假如我们把自己关在一个用树脂玻璃做成的封闭空间里，而且所有最基本的需求都能得到满足，那么当我们开始感觉自己像一个庞大社会工程实验室中标准的实验室大鼠时，我们就只能怪自己了。虽然那样我们会更安全，但是请记住，所有大鼠最后都会面临死亡。

旧车：未来的一个烫手山芋

有一次，在美国弗吉尼亚国际赛车场杂草丛生的停车场里，我发现一辆像是20世纪60年代中期的"AC眼镜蛇"（AC Cobra）。这种车通常都是组装套件汽车的复制品。不过这辆车的外观很破旧，就像它先被露天放置了50年，又被野蛮地开了50年似的。仔细观察后我可以判断出它是辆货真价实的真品。我跟车主聊了聊，他从20世纪80年代起就是这辆车的主人了。他说他是从宾夕法尼亚州开着这辆车来到弗吉尼亚国际赛车场的。

不知为什么，我感到很振奋。这种标志性的汽车一般不会在市场上流通，而且还会被过度整修。被时光消磨得破旧不堪后，它们会被当作旅行拖车，拖出去供人评头论足。当一辆如此经典的汽车沦落到这个地步时，你会觉得它遭到了不公正的对待，就像你看到一只曾经叱咤风云的食肉动物在动物园里无精打采地转悠一样。但现在停在我面前的这辆"眼镜蛇"依旧能够驰骋在道路上，无视数十年来那些俗套的营销手段（人们用这款车的图片兜售各种东西）。看到它伤痕累累地被停在泥泞的停车场里，毫不在意身上的伤痕反倒还很开心，笼罩在这款车周围那些陈词滥调的迷雾消散了。它向我揭示了这辆车的内在本质。

旧车会激起人们各种各样的感觉，而其中一种是让人难以捉摸的感觉，我们有时会尝试用"真实性"来描述。在这辆车的一生中，车身上可能会留下道道显眼的伤痕，但这些是过去所有经历的印迹，它能令其在当下更具深度。《道路与行车》(Road and Track)杂志专栏作家彼得·伊根（Peter Egan）讲述了他不愿修复自己的路特斯跑车的故事，这辆车在赛道上遭到好几次撞击。他还分享了一位捷豹爱好者的智慧，那个人告诉他，永远不要把任何可以保留的东西替换掉。"你看到工厂检验员在仪表盘背面用粉笔写下的古老标记，意识到整辆车都充盈着那些英国人的灵魂。如果你放走它们，它们就再也不会回来了。"[5]

另一位爱好者写道："铜锈证明汽车是有生命的，它讲述了一个深刻饱满的故事——关于岁月，关于一段完全不曾被修改过的历史。无论人们花多少钱都买不到它那独特的纹理，那种高贵人们永远也无法伪造。"[6]

我们大多数人永远都无法拥有一辆经典汽车。我几年前卖掉的那辆1992款丰田凯美瑞车身上并没有铜锈，那只是氧化的漆皮而已。早在几年前，这辆车的天鹅绒内饰与狗毛的比例就已经失衡了，但这完全不会让我难过。我们一起经历过许多艰辛，一开始，我在2004年买下它一周之后，就不得不更换水泵和正时皮带，我们共同经历的这段往事让我对它更加不离不弃。区分一辆经典汽车和一辆普通汽车远比你想象的要难！

人们很容易把对旧车的赞美看成是怀旧者的胡思乱想，或者认为这些赞美能够彰显审美者的鉴赏力。他们去乡下淘古董，打算把别人的过去当成道具，为自己的人生增加一点假模假样的深度。但如果我们采用一种更善意的方式来解释，就能注意到，对那些珍爱旧车的人来说，旧车已成为他们适应这个世界并在其中寻找人生意义的一个焦点。于是，他们生发出一种管理上的道德敏感性和一种重视连贯性的态度。这不仅适用于喜欢自己的旧捷豹的中年人，也适用于开着20世纪90年代初的思域的越南移民，两者同样珍贵。这些怀旧者可能会告诉你："他们不再像以前那样继续生产这些车了。"

这就是汽车和我们对汽车的热爱的奇妙之处：今天那些平淡无奇的车型会成为明天的经典，至少其中一部分车会。至于会是哪些车，没有人可以未卜先知。这大概需要经过一代人的时间，或一个人经历了从童年时痴迷汽车到成年后充满遗憾的时间进程后，情感才会依附在青年时代那些有形的事物上。颇具讽刺意味的是，科技进步造成的设计上的杂糅为复古情调提供了素材，一代人以后，那时的旧车爱好者会珍视这一古怪的现象。没有进步，我们就享受不到怀旧的乐趣！换句话说，"复古"是一种感性化的东西，它能为人们躲避新事物的无情冲击提供庇护，因而"复古"也一直在深深吸引着我们。

院子里的财富

2016年，我收到保险公司寄来的一封信，信中说我得把自家房子周围的"碎片"清理干净。我猜测，他们说的是20世纪70年代中期的大众车的那个单侧盖变速驱动桥。这个变速驱动桥人气很高，当时就放在我家房子的屋檐下面。他们说的也可能是我从一辆捐赠的汽车上拆下来的车头部分，这个车头被拆得很完整，我把它放在了我的车棚里，准备抽时间对它进行彻底修复，然后把它安装到大众卡尔曼·吉亚上。再或者，他们说的会不会是房子旁边那个生锈的车身底盘呢？它上面的拖曳臂和扭转壳体仍然能用，正等着派上用场。抑或是蒙着防水布的可加热真皮座椅？在切斯特菲尔德汽车零部件公司（位于城南的一个废品回收场），我花了3小时才把它从一辆20世纪90年代末的奥迪上拆下来。他们说的肯定不是那几辆越野摩托车，其中两辆只需更换新电池并重新装上汽化器就能用了。恕我自夸，我还有一大堆新的和废旧的金属部件——杆、旧轮胎、号码牌、方形管、管子、金属片和几块实心钢坯，它们都按照形状、大小与合金类型被整理得井井有条。

我开车在弗吉尼亚州的乡间穿行时，看到院子里的旧电器、全地形汽车、家具和各种废物并不是随意地堆着，而是明显地被排放在房屋前面，周围也被收拾得很整齐。看起来就像在院子里出售旧货，但其实不是。这显然是一种很普遍的行为。荷兰历史学家约翰·赫伊津哈表示，特罗布里恩群岛的居民珍惜食物，"并不仅仅因为食物的用途，还因为食物是一种炫耀财富的手段。水果店的建筑构造设计理念是使人们可以从外面计算出房子的容量，并观察到横梁间的宽大缝隙，从而猜测出店里水果的质量。最好的水果往往被放在最显眼的地方，特别好的水果会被装在镜框里，用颜料涂得花花绿绿，挂在店外展示"。

我家房子的建筑构造使得人们从街上看不到院子里的东西，而且我把它们都放在邻居们基本上看不见的地方，因为我既不是特罗布里恩群岛人，也不是个爱炫耀的人。我不知道分区法是怎么规定的，它与我的保险公司的规定不一样，但可以肯定的是，我现在所在的里士满西部，其整体氛围比我此前居住的南部地区要紧张。在那里，许多人都有平价的汽车。小孩子和母亲在人行道上进行社交活动，附近社区的男人们则大多在街道之间土路纵横的小巷里开展社交活动，在那些小巷里，棚屋和车库鳞次栉比。大家都知道谁有喷砂机，谁有焊接设备，谁有金属车床，谁特别擅长检查电气故障等。那里有一种很好的非正式经济行为，也就是邻里之间互相帮忙或送一些小礼物。住在我隔壁的邻居是个警察，我们并不喜欢彼此，但我们经常会进行这种往来。

在我现在居住的社区，草坪被修剪得一丝不苟，房子之间相距很远，没有小巷或人行道，而且废品回收工作做得很认真。而在户外存放二手汽车零部件打破了这个规矩。不管怎么说，我认为一辆价值 4 万美元的混合动力 SUV，其油耗约为每升 13.1 千米，而催生出这种车的洲际能源和物资流，要比一辆外观破旧的旧大众车更"绿色"。这辆车是用在当地收集到的废旧零部件组装而成的，油耗约为每升 13.5 千米。[7]一定的清洁美学是应该坚持的，而更好的做法则是隐藏。为了环保，人们需要清理并回收利用那些产自 20 世纪 70 年代的丑陋的废铜烂铁：将它们扔进燃煤高炉中融化掉，然后通过航运将它们运送到大洋彼岸，变成制造电动（也就是燃煤动力）汽车的原料，再由柴油动力集装箱船把原料运回美国。我们不需要去思考这类做法的操作细节，重要的是，经过这一番操作，我们便完成了对金属的道德净化。

我的保险审查员可能对我车库旁边的一些物品大为恼火———桶废油、一堆废电池、一个装满用过的制动液的腰果罐和装着不同用途汽油的红色塑料罐（里面包含打理草坪和花园的设备使用的二冲程混合汽油、内燃机早已不用但还可以当溶剂或点篝火时引火用的汽油，还有一些新鲜、优质的东西），另外还有一罐煤油，我用它来清洗零件。可能还会有一个酸奶罐，里面装着已经挥发一半的环氧底漆，因为让它挥发掉再把固体残留物丢到垃圾场是合规的处理方式。何时会有这么一个酸奶罐，要看审查员什么时候来检查。我的保险公司是否更愿意把这些易挥发的脏乎乎的东西摆在车间里？紧挨着它们的就是焊接和研磨作业四溅的火花。这些东西看似杂乱无章，但实际上是按照使用、再利用、替代使用或丢掉的顺序而仔细整理过的。

我知道没人愿意住在有毒废物场旁边。我的观点是，我们对"责任"的判断被美学考量所蒙蔽，而美学考量又被基于阶级的利己和美德表现的形式所包裹。分区法和资产阶级环保主义的非正式规范有助于维持社会阶层划分（相应地，巨大的贫富差距也随之出现）。他们还强行推行计划性淘汰，而这也是我们的经济基础。

那些拾掇旧车的人，无论是出于爱好还是需要，都与这个制度格格不入。如果我们能稍稍分析一下这种冲突，就可能了解当前的政治和经济核心中某些更广泛的社会紧张状况。

旧车与剥夺的逻辑

美国奥本大学教授戴维·卢克斯科（David N. Lucsko）在其著作《垃圾场、车迷和锈迹》（*Junkyards, Gearheads and Rust*）中讲述了下面这则轶事：

> 1999年春天，丹尼尔·格罗夫（Daniel Groff）崩溃了。20多年来，美国宾夕法尼亚州伊丽莎白镇的一名男子一直就其财产状况与当地官员争执不休。格罗夫是一名长途卡车司机、农业工人兼机械师，多年来，他的土地上堆积着旧汽车、卡车、重型机械和各种零部件。对格罗夫来说，这是一个不可或缺的备件库，让他能够勉强维持生计。但在镇方看来，这是个"非法垃圾场"，而格罗夫是个不负责任的业主。到1998年底，在数不清的听证会、强制令和上诉之后，镇方在法律层面占据了上风，并通知格罗夫，镇方计划雇用一个承包商来清理他的土地。但承包商在第二年3月来到这里时，格罗夫拒绝合作。他手持猎枪，开着翻斗叉车冲向承包商的设备，把它从拖车上推了下去，让它什么也干不了。然后他便采取守势，让翻斗叉车空转着，把猎枪放在腿上。随后的对峙一直持续到翻斗叉车耗尽燃料，警察准备闯入，格罗夫在这时把猎枪对准了自己。

没过多久，他的土地就被清理干净，而他悲痛欲绝的遗孀还收到了镇方雇用承包商的账单，这不亚于往伤口上撒盐。[8]

卢克斯科评论道："抛开可怕的结局不论，格罗夫的案例并不鲜见。"他讲述了一段更加激荡的关于分区和"有碍观瞻"的法令的历史，读来就像一部官僚强盗行为的编年史，这种行为往往是房地产开发商施加于老住户的，包括处理废料的企业（就连农村地区也概莫能外）以及隔壁的车迷。采取的法律手段五花八门：突击修改时效规章和制订繁琐的许可要求，或强制把停放废旧车辆的住宅物业重新归类为非法垃圾场。卢克斯科生动地描述了当局在农村地区和郊区滥用权力的细节，而在城市里，土地征用权被用来"重创整个工业区"。没有人能拥有足够的住宅。[9]

这件事一开始的意图是好的：美国第36任总统林登·约翰逊的妻子伯德·约翰逊夫人提出清理美国的倡议，促成了联邦政府于1965年颁布《公路美化法案》(*Highway Beautification Act*)。在此之前，公路可能脏乱不堪，到处是随意树立的广告牌和大量垃圾，在路边就能看到不加遮挡的废品回收场和废金属加工企业。我们应该感谢伯德夫人，她使我们更加注重美学，把它作为民族自豪感的重要表达方式，还引起了我们对公众利益的重视。

但是根据卢克斯科的说法，该法案对"美化"的过分重视导致了一场文化上的转变，这种转变好坏参半。它"在过去50年里，引发了一波更为激进的反垃圾场、反废料堆放场、反外观破烂汽车的"邻避主义"（NIMBYism）[①]浪潮。[10]

从表面上看，垃圾和锈迹斑斑的废旧汽车残骸都有碍观瞻。在一个过度消费型社会中，对垃圾的管理是环保的核心，然而垃圾的存在表明了管理的缺失，暴露在光天化日之下的旧车也说明了糟糕的管理情况。而环保主义者很容易把这些东西混为一谈，结果就是美国人对旧车的偏见更理直气壮了，现在这种偏见已经成为他们在表达公民责任时使用的一种观点了。

对旧物的偏见在美国人的意识里根深蒂固。法国思想家托克维尔记述了他在1831年与一名美国水手的对话："我问他，为什么他们国家的船只用不长久。他不假思索地回答说，航海技术每天都在突飞猛进，哪怕是最漂亮的船，过不了几年也会变得毫无用处。"这是为粗制滥造所做的令人瞠目的辩护，即粗制滥造是坚持进步的自然结果。也许这名水手偶然发现的某种隐藏的三段论，可以解释我们的物质文化中诸多令人不解的不堪之处。

20世纪的英国政治哲学家迈克尔·奥克肖特（Michael Oakeshott）

[①] 邻避主义指居民或当地单位因担心建设项目（如垃圾场、核电厂、殡仪馆等邻避设施）对身体健康、环境质量和资产价值等带来诸多负面影响，产生嫌恶情绪，滋生"不要建在我家后院"（英文"Not-In-My-Back-Yard"的意思，缩写为NIMBY）的心理，采取强烈和坚决的，有时高度情绪化的集体反对行为。——编者注

提到，我们"准备丢掉自己拥有的骨头，得到它在未来之镜中被放大的映像。在一个所有东西都在不断改进的世界里，没有什么比可能出现的改进更持久……变化的速度告诫我们，对什么都不要有太深的依恋"。[11]旧车爱好者的文化不适应性就在于此——一种"太深的依恋"。

从汽车的早期历史开始，快速淘汰就是汽车设计的一个标准，是商业模式的一部分，因此这种依恋的讽刺性是洗脱不掉的。这大致要归因于通用汽车董事长阿尔弗雷德·斯隆（Alfred Sloan），他的理念不是只提供一种车型（就像福特T型车那样），而是为不同的细分市场提供一系列车型：男性、女性和收入水平各异的人，用不同的风格来体现他们之间的差异。"年型车"的概念被引入，每一款年型车都会有一些改进。这种营销策略的核心是以技术进步为特征的，尽管有时候潜在的技术创新很肤浅或根本不存在，但很容易引起美国人的共鸣。1965年至1968年，克莱斯勒、帕卡德、福特以及埃德塞尔都为其高端车型安装了按钮式变速器，这种变速器在换挡方面的表现欠佳，但它们有按钮。

卢克斯科写道：在这样的文化背景下，旧的就是坏的，新的就是好的，废品回收场的"罪过在于不仅有碍观瞻，而且破坏了'旧物淘汰'的逻辑，因为这样一来，旧机器仍有可能继续在路上跑"。[12]再加上20世纪60年代人们为美化环境所做的努力，以及20世纪70年代出现的时而有些考虑不够周全的环保意识，这种对旧物的偏见给"用完即扔"的心态镀上了一层前瞻性的光辉。

这种偏见的一个明显表现以及官方对它的推波助澜，就是各种"加速车辆报废"或"旧车换现金"计划，这些计划自20世纪90年代初开始便反复出现。我们再次发现了一项出发点良好的立法，那就是1990年颁布的《清洁空气法案》，它给出了一系列语焉不详的激励措施和机会。这种情况下，《清洁空气法案》的关键要素从一开始就是根据企业利益构想的，并不完全是为了公众利益。

1990年，石油公司优尼科宣布将向美国洛杉矶地区所有拥有1971年以前生产的汽车的车主发放700美元和一个月的公共汽车乘车券，然后公司会把这些车碾碎，当成废品卖掉。优尼科将此举称为"南部海岸汽车回收计划"，他们计划以这种方式处理7 000辆旧车，并将其永久停用。当时该公司急需获得大量投资，以便使其炼油业务符合美国的空气质量规定，而这个销毁旧车的做法是一种公关策略。此举的关键之处在于，优尼科将旧车定性为"严重的污染源"，应该对大部分汽车排放负责。

卢克斯科详细描述了优尼科的"南部海岸汽车回收计划"是"多么受许多企业高管、记者、环保主义者和政客们的赞赏，他们将其誉为解决空气污染问题的颇具创造性和前瞻性的方法，对涉及其中的每个人来说都是'双赢'"。[13]这里所说的"每个人"主要由商界和官场轴心上的各方组成——从急于出售新车的福特及其在南加州的经销商网络，到为新车提供低息贷款的银行，再到南部海岸空气质量管理局。他们不仅盛赞这一倡议，还投入很多资金来推广它。1990年夏天，南加州有近

01 自力更生，当我们自己组装一辆车

8 400辆基本没有生锈的1971年以前生产的汽车——"汽车中的黄金"，被彻底毁掉。旧车被淘汰了。

如果说优尼科的"南部海岸汽车回收计划"一开始只是公众印象中的一项投机性投资，那么它获得的回报是惊人的，而且回过头来看，这项计划可以被视为一种复杂的立法游说活动。当时正在起草的第二部《清洁空气法案》将采纳"南部海岸汽车回收计划"的基本逻辑，并首次把移动和固定的污染源视为可交换的事物，为减少污染的信贷或抵消交易创造市场。销毁旧汽车不仅能够净化空气，还能清除那些挥之不去的落后标志，那为什么还要改造炼油厂，让它变得更清洁呢？

这是里根、布什、克林顿时代的典型做法，可被视为美国政治理论家南希·弗雷泽（Nancy Fraser）近来所称的"进步的新自由主义"的早期表现，即将进步思想与一些更具掠夺性的资本主义结合在一起，其中前者充当后者的公关工具。弗雷泽表示，在这种分配方式下，"保护环境意味着碳交易；促进住房所有权意味着将多个次级贷款捆绑在一起，并作为抵押贷款支持的证券转售出去"。[14]

我们该如何评估作为旧车项目基础的碳交易机制，部分取决于一个经验主义问题：相比于新车，那些旧车排放的尾气到底有多脏？

碰巧的是，我曾在1989年参加过圣巴巴拉空气质量管理局一份科学工作的面试，当时我刚刚取得加州大学圣巴巴拉分校的物理学学士学位。我还在 Technor 做过两个夏天的燃烧技术研究。Technor 是一家位于加州利弗莫尔镇（Livermore）的初创公司，由美国桑迪亚国家实验室的一名科学家创立，目的是将他的一项专利技术商业化，这项技术用氰尿酸进行催化，减少燃烧产物中的氮氧化物。那位科学家之所以聘用我，不仅因为我主修物理学专业，也因为我是个大众车迷。在他早期的研究中，大众的风冷发动机是重要的研究对象。他们提供了一种相对简单的实验平台，我们在实验室里建造了一个设备齐全的燃烧反应器，并使用质谱分析法来分析气体。我们还在塞拉丘陵的一座以木材为燃料的发电厂里安装了一个原型系统。

我提及这些传记性的事实，只是为了防止某些评论者条件反射式地认为，我对代表"新技术"的主张的任何怀疑都只是出于一种浪漫无脑的"反技术"偏见。我认为，持这种态度的评论者往往没有技术背景。在这种情况下，此类条件反射式观点对我们的讨论不会有什么好处，因为关于旧车是"严重的污染源"这个问题是有事实依据的，你可以去查证。卢克斯科正是这么做的，他的细致工作堪称技术史上的典范，撕破了官方伪善的面具。

官僚们总是喜欢用再三重复的叙事方式，他们似乎并不在意事态将如何发展。在这场辩论之初，政策专家们针对旧车与新车的排放问题引用的统计数据相差巨大。一方面，事实状况十分混乱；另一方面，公众又一致认为应该有所作为，此时就会产生对答案的强烈渴求。而政客们用三言两语便打发了公众，这正是他们的专长。

01 自力更生，当我们自己组装一辆车

1971年，当时担任加州州长的罗纳德·里根在一次即兴发言中对美联社记者表示："我经常想，会不会有一天，我们必须去正视资助和报废超过一定年限的汽车这件事。"一个月后，加州参议院交通委员会主席汤姆·卡雷尔（Tom Carrel）郑重地回应了里根，不过这一次是用数字的形式："不让旧车上路是解决这个问题的唯一方法。我敢肯定，50%的汽车尾气问题都是由行驶在公路上的旧车造成的。"众人点头称是。被反复提及的统计数据是，50%的汽车排放都可归咎于道路上10%的最旧的汽车。后来，这一论断被加州空气资源委员会的一名官员描述为"都市传奇"。但在那时，它已经成了板上钉钉的事实，没有人能反驳。[15]

1980年，当最初的1970年版《清洁空气法案》中有关汽车污染源的条款全面生效时，美国市场上新车的排放量已大幅减少。但在几年后的路边随机抽查中，经常发现同样的汽车存在严重问题（或者说它们的催化转化器是坏的），排放量也很高，而保养得很好的旧车大都使用了清洁燃料。此外，截至1985年，在美国注册的汽车中，仅有6.7%是1970年之前生产的；而到20世纪90年代初，由于自然消耗，这一数字下降到了略高于2%。[16]

同样需要注意的是，美国一直存在空气质量问题，很大程度上是因为在1970年至1990年间，尽管美国人口仅增加了1/5，但每年的行车里程数却几乎翻了一番。[17]通勤时间延长对空气污染影响巨大，因为根据保险界的说法，旧车每年的行驶里程远远少于新车。这很符合现实，如果你每天的通勤路程有100多千米，又或者你是一个忙碌的"足球妈妈"①，你就不大可能开旧车，也不可能开一辆珍爱的经典车。简而言之，无论现在还是过去，都没有哪种计算方法可以证明一半或将近一半的空气污染是由旧车造成的。

但他们草率的建议，让公众已在心理上认可了优尼科的"严重污染源"策略。推动"旧车换现金"计划的真正动力并非来自政治家、环境科学家或其他致力于改善空气质量的人士，而是来自炼油厂，他们希望规避政府要求净化排放的命令。[18]

可恶的是，工业上开始对旧车产生需求，将其视为原材料，通过政治的炼金术把旧车转化为有利可图的污染抵消额度。这种做法的后果是，在该法案于20世纪90年代初获得通过后，美国有15个州出现了"报废热"。哪里有需求，哪里就一定有旧车供应。倘若专家们不能给出一致的解释，这件事就会不幸地沦为一种掠夺手段，因此必须把政府和非政府组织拖下水。卢克斯科写到，以芝加哥为例，7家地区性石油公司与通用汽车公司、美国环保激进会和伊利诺伊州环保局合作销毁旧车。1994年，加州空气资源委员会积极敦促全州范围内每年销毁7.5万辆汽车。许多此类报废计划规定，在粉碎汽车之前不得从车上拆卸任何零部件，目标是要全部销毁。如果不这样做，就会使旧车在路上行驶的时间延长。[19]

---

① "足球妈妈"指开车送孩子参加体育运动的母亲。——译者注

该如何理解这些旧车处理项目呢？它们对空气质量的净效应值得商榷，除此之外，我们还要考虑它们对空气质量在地理分布上的影响。包括发电厂的排放量，这些发电厂生产的电力用于生产取代旧车的新车，提炼生产汽车所需原材料的采矿作业，冶炼矿石、制造新的钢铁，以及跨越不同的大洋运输这些原材料。所有这一切都需要具有更深层次的经验和深入的历史研究工作才能完成，而有些数据已无可挽回地丢失了，进行全面评估将是一项重大的工作。但我并不只是注重这些细节，因为我打算把旧车的政治困境当成一扇窗，让人们了解更广泛的影响之间的关联。

在过去半个世纪里，此类物质经济大行其道。这种情况下，淘汰是信仰进步的必然结果，会被强制执行。其中包含隐性成本，而且这些成本并不会均等地分摊到每个人身上。为说明这些问题，我们不仅需要考虑空气质量之类的事情，还要考虑人类的生存环境。有时候，人工制品是这些做法以及塑造我们生活的"太深的依恋"的核心，并将一代人与另一代人联系起来。

车迷：未来的另一个烫手山芋

20世纪90年代，洛杉矶年轻的越南移民购买的都是80年代至90年代生产的本田，因为那是他们买得起的车，那些车后来成为"进口改装车"在美国扎根的土壤。一个民间工程生态系统发展起来了，就像几十年前的改装高速大众或是小斗雪佛兰，也可以想象成20世纪70年代围绕英国的福特护卫者和达特桑510形成的社群。也就是说，一辆没有任何特别之处的普通公共车辆或商品车成为一项耗费心力和时间的活动的关注点，其本质是社会性的，它塑造了那些沉迷其中的人的生活方式。我怀疑，这是由于某些型号的汽车（几乎都是廉价车）在这项创造世界的活动中所发挥的作用，才使其被民众奉为经典。回过头看，汽车已经成了我们生活中的一部分。但与老照片不同的是，随着时间的推移，汽车自身成为人们关注和关心的对象，它在历史中留下的痕迹就是一个人生活中某个重要部分的痕迹，这些痕迹全都汇聚到了某种可以触摸的物品上。

与真正的经典车不同，民间所认为的经典车之所以被奉为经典，只是因为车迷与这些车之间的关系并非只是简单的保养或对古董的喜爱。车迷希望车能跑得更快、刹车更强劲、转弯更顺滑，开起来有种飞翔的感觉。[20世纪90年代，《洋葱报》(*The Onion*)的一则头条新闻曾提到"不可思议的亚洲汽车改装"。]汽车的魔力在于会吸引人们来改造它，它并不是一种供人崇拜的静物。颇具讽刺意味的是，汽车以后可能会成为收藏家的目标。车迷愿意为一辆"年代"改装车支付溢价，前提是这些改装要足够纯粹，这彻底颠覆了人们刚开始进行改装时的精神。[20]

在预算有限的情况下，想要升级座驾就得采购二手零件，而且很多时候要想方设法把其他品牌和型号的汽车部件用在自己的车上。在废车场可以找到这些东西，卢克斯科对此做了很详细的描述。带着卷尺和速

01 自力更生，当我们自己组装一辆车

写本在废车场里转悠时，那种"无限可能"的感觉与"如果……会怎样"的苦涩感交替出现：如果那辆吉普车的变速箱再短5厘米会怎么样？那样的话我就能很容易地缩短转动轴，使用四轮驱动吉普车的全套动力传动系统，在它周围造一个副车架，整个套件就正好能安装在"大众方背"车身的轴距内，那该有多酷啊！

在大城市附近的废品回收场，你可能会看到一名摄影师在四处闲逛，细细欣赏旧车。废旧汽车的外表破烂不堪，但对于当代的艺术品味来说，"腐朽"似乎具有某种内在的吸引力，很难说清为什么会是这样。尽管是有意为之，但这也许是对另一种态度的排斥，持这种态度的当代艺术家可能会觉得仇视过去是他们义不容辞的责任。[21] 根据这一观点，艺术需要最大限度地从过去中解放出来，为从无到有的发明开辟道路，但这种做法难以为继。在废车场里待上一段时间，被难以阻挡的腐朽过程包围着，也许可以缓解人们对于生活不确定性的焦虑，在这样的生活中，没有多少东西可以继承和简单解决。旧物承载的历史不可逆转，无法选择，它们为一种似乎轻得不能再轻的存在赋予了重力，或至少是一种重力的情境。

车迷也有可能在废品回收场陷入遐思，但他们的状态呈现出不同的特点。你可能会看到有人坐在尘土中，脸上挂着一副专注的神情，打着奇怪的手势，好像正在脑海中建造什么东西。车迷感兴趣的不是那些老旧的外观，而是那件东西的功能，那是绝不会变旧的。车迷正在改换其用途的零部件正是那些最先设计出它们的人做出来的，因此他和那些人

面临着同样的工程学上的挑战。车迷觉得自己跨越了时间的鸿沟,在智力上与他们结成了伙伴。反过来,那些无名的工程师也能理解车迷所要做的事情。那些工程师的灵魂可能会同意,也可能不同意,但我们完全可以想象他们之间的对话——那种友好的争吵,只可能发生在讲同一种语言的人之间。

在谈到废品回收场对于20世纪50年代、60年代与70年代"飙车族"的重要性时,卢克斯科引用了一个名叫乔·梅奥尔(Joe Mayall)的人的话,梅奥尔在1981年写道:

> 从我记事时起,我就一直在废车堆积场里东翻西找,我的一些最美好的时光,就是在一个废车堆积场里转来转去,手中拿着卷尺,里里外外地查看那里的每辆车。有时我需要某样东西,不过我常常会利用那个机会去看看有没有我并不想要,但将来可能会派上什么用场的东西。你无法想象查看一辆破车可以激发多少有创意的想法。[22]

这段话摘自一本默默无闻且早已停刊的小众杂志《街景》(Street Scene),它的封面是那种常见的花里胡哨的风格,广告也很俗气。然而,这段话印证了20世纪最杰出的思想家之一迈克尔·奥克肖特的一个观点,他在尝试说明性格保守意味着什么时提出了这个观点。奥克肖特认为,这不是对过去的渴望,也不是对未来的恐惧,而是对现在的热忱。一个人珍视实际存在的东西,是因为他看到了其中的价值:

这种性格在老年人身上比在年轻人身上显得更自然，这不是因为老年人对于失去更敏感，而是因为他们往往对自己世界中的资源有更充分的认识，因此不大可能觉得它们没用。在有些人身上，这种性格表现得不强，只是因为他们对自己的世界能提供什么一无所知：对于他们来说，当下似乎只是不合时宜的残留物。

这大概就是逛废车场的人的心理，就像即兴汽车创作艺术家的心路历程。对于他们来说，这是一座文化矿藏，今天就可以开采和利用。

我们已经思考过建立在虚假的环保主义基础上的强制淘汰旧车的做法，以及当一个人摆脱"新事物"的固有逻辑并随着"新事物"与当下加速疏远时，产生丰富创造力的可能性。在这两方面，车迷的形象充当了一个反文化的参照点，可以促进我们进行自我批评，并帮助我们看到"进步"有时所具有的强制性质。"废品回收"的政治经济具有与其相对应的道德经济，在这两方面，车迷会发现无法确保自己能拥有现代社会中最有自我保证的东西。

回头看看那个拿着猎枪的人，他一直在和当局拖延，直到拖不下去为止。诚然，在当今的政治类型学中，他算是个"可悲的人"。在一个致力于谋求进步的政权下形成的文化仇恨，可以被视为对某种共同模式的反应。人们发现自己丧失了一种生活方式，也就是在人生的大部分时间里，他们在这个世界上所关注的一系列问题被那些更有权威的人剥夺了——无论是通过金钱、政治影响力还是道德制高点。当然，这些往往是同时发生的。当这些公民的旧车被宣布为公害时，他们失去的是某种形式的代际财富，既是物质上的，也是情感上的。

极简设计的回报递减

2018 年的某天，我开的那辆 1970 款大众卡尔曼·吉亚没油了。油表坏了，因为接地连接不好。我只得步行了好几个街区，走到一个加油站。我没有汽油桶，不过加油站有一个汽油桶在出售，于是我把它买了下来。我用它装满汽油，走回停车的地方。但我没法把汽油从桶里倒出来，因为我从来没有见过那样的壶嘴，简直让人摸不着头脑。我想这种设计可能是为了更安全，于是便不由自主地开始猜测这种壶嘴能避免什么特殊的危险。希望根据这个思路，能逆向还原出设计它的人的思维过程，从而推导出他们希望我怎么用这种壶嘴。有时候，你必须非常聪明才能破解极简设计；面对对手，你必须创造一套完整的心理学理论。如果你像我这么笨，显然就无法通过这项测试，没有资格使用这种类型的壶嘴。最后我把它弄了下来，然后汽油洒得车上、我的裤子和鞋上到处都是，可我只是想把汽油倒进油箱里——这并没有很安全。

那天，在与卡尔曼·吉亚的对比之下，我理解了这个讨厌的塑料东西表现出来的有悖常理的矛盾，假如我那天开的是一辆现代，我的感受可能不会这么强烈。如果我没系安全带，开着车前灯，或把钥匙插在点火器里,我的卡尔曼·吉亚不会对我鸣笛。油表正常工作时,读数可以精确到大约 1/3 油箱以内。如果我发动汽车时仍然拉着手刹,仪表盘上的指示灯也不会提醒我。如果卡尔曼·吉亚会说话,那么它会说:"嘿,伙计,那是你的事,我只是在这里工作。"但实际上,它是个没有生命的物品,根本不会对我说话。它只是按照我的要求去做,不会去询问谁的意见。我喜欢它这一点。

我用卡尔曼·吉亚载客时,乘客要摸索着寻找不能伸缩的安全带,因为它常常会掉到座椅和车门之间。他们摇下车窗,然后"砰"地关上车门,我注意到了他们脸上现出的错愕的表情。这是不一样的。仪表盘包括速度表、前面提到的油表和一天只有两次准时的时钟,大部分地方都是空荡荡的(与新款福特探险者仪表盘搭载的正念模式屏幕显示器一样,不过更便宜[23])。把车从路边开走时,我也注意到了乘客脸上绽开的笑容。驾驶室大部分是玻璃制成的,可以听到进气和排气阀门开合时发出的"咔嗒"声。我们以大约 24 千米/时的速度行驶着,我的乘客看上去兴高采烈,甚至有些过于兴奋。我怀疑她之所以这么高兴,不仅是由于乘车时的机械性感知(也就是身体的感觉),还由于我们似乎未经许可就开动了汽车。我们已经非常习惯现代汽车上的蜂鸣器和铃声,所以对它们充耳不闻。但在意识不到的地方,它们提醒我们,自己正在受到监督。这就像独木舟从码头溜走一样,没有知会一声就离开了,让人有一种打破秩序的感觉。

但这只是文学性的叙述,本章关注的是汽车安全问题,这个话题需要冷静看待，而不应带有浪漫色彩。如今生产的汽车比几十年前生产的汽车要安全许多，我将历数使它们达到如此安全的水准的各种改进，还将思考汽车自身的这些改进如何引发司机行为的变化，而这些变化并不总是往好的方向发展。因此，如果我们只是把目光局限在技术进步方面，那么最终的安全状况就会很糟。

我们讨论的重点不是导航显示屏和信息娱乐系统等明显会扰乱司机开车时的注意力的"技术"，而是那些致力于提升安全性的功能和设计元素。我的目的并非挑战近几十年来汽车安全性提升后的积极影响——这种积极影响没什么争议，而是要描绘出最近才开始形成的发展轨迹，并观察其发展方向。

一旦开始更细致地研读站在自动驾驶汽车的立场提出的安全主张，以及在此基础上允许不用双手驾车的已有的各种步骤，这样做的必要性就显而易见了。2017年1月，美国国家公路交通安全管理局发布了一份引人瞩目的声明：根据安全气囊的弹出情况，在安装了新的自动辅助转向系统Autosteer后，配备这种系统的特斯拉轿车的事故率下降了近40%。[24] 在这一发现公布的当天，媒体在"有记录可查的全国性报纸"《纽约时报》上、在极具影响力的彭博社和其他地方对其进行了广泛报道。[25] 2016年12月底，就在上述声明宣布前不久，特斯拉公司的股价为216美元。之后的6个月里，该公司股价攀升至383美元。蒂莫西·李（Timothy B. Lee）在科技与商业网站Ars Technica上的一篇报道称，2018年3月，另一位特斯拉的客户在一场由自动辅助转向系统引发的车祸中丧生,特斯拉在一篇博客文章中援引美国国家公路交通安全管理局的正面报告为该技术进行辩护。几周后,该公司首席执行官埃隆·马斯克指责记者只专注于报道车祸,而不宣传自动辅助转向系统的安全优势。"他们应该写一篇关于自动驾驶汽车有多么安全的报道。"马斯克在2018年5月的一次财报电话会议上表示:"但人们并不想点开这篇报道来看。他们起的标题耸人听闻,从根本上误导了读者。"既然马斯克先生这么关心误导性的信息,那么就让我们把这个问题搞清楚。

自动辅助转向系统能把车祸事故率降低40%的说法引起了兰迪·惠特菲尔德(Randy Whitfield)的兴趣。惠特菲尔德拥有一家小型研究咨询公司,专门从事风险消减领域的"法证统计服务"。[26]他写道:"令人惊讶的是,美国国家公路交通安全管理局的声明未附带任何支持这一惊人说法的数据,因此这是不可能的。"惠特菲尔德查看了涉及特斯拉车祸的保险记录,似乎都与政府提供的数据不符。他的小公司有个令人印象深刻的名称——质量控制系统公司(Quality Control Systems Corporation),曾根据《信息自由法》申请获取数据。美国国家公路交通安全管理局未理会公司的申请,最终,惠特菲尔德把美国运输部告上法庭。美国国家公路交通安全管理局的立场是,如果同意这一申请,则可能给特斯拉带来"实质性的竞争伤害"。该机构也从未说明它在提出这一戏剧性的说法时所使用的数据来源。在这场根据《信息自由法》提起的诉讼中,出现了美国国家公路交通安全管理局依赖特斯拉提供的数据的情况。

在如此严重的警告之下，安全性有所提升这一声明背后的基本理念是，用特斯拉启用自动辅助转向系统前的车祸次数除以在此条件下的行驶里程，再根据这种方法对启用自动辅助转向系统后的行驶里程进行同样的计算，然后比较两个计算结果。在提出申请两年后，质量控制系统公司终于得到了这些数据，发现结果一团糟。对于很多囊括在这个数据集中的车辆来说，其行驶里程是"未知、未报告或遗失的"。如果我对分析结果的理解没有错的话，这些缺失的里程数会被假定为0，这样做似乎对特斯拉有利。如此一来，这种情况下单位距离内的事故率就会增加，从而衬托出在启用自动辅助转向系统后安全性获得了极大的提升。[27]此外，这项研究的作者只是简单地把各种汽车的数量加在一起，所以分子（车祸次数）和分母（行驶里程）不是取自同样的车辆和同样的司机。[28]但这只是计算方法失误的冰山一角，并非所有失误都是无意而为的。惠特菲尔德采用启用自动辅助转向系统前后信息完整的一小部分车辆进行计算，于是最初用于研究的43 781辆车只剩下5 714辆。通过这些更为可靠的样本，他有哪些发现呢？"在装配了自动辅助转向系统之后……根据安全气囊弹出的情况来看，车祸的发生率增加了59%。"

这怎么可能呢？如果我们假定计算机系统能做得更好，那么很快我们就要开始处理接连不断的车祸现场。作为对质量控制系统公司的报告的回应，政府已悄悄撤回了对特斯拉有利的自动辅助转向系统安全声明，称自己的发现"很草率"。而特斯拉也已不再声称能将车祸事故率降低40%，如今在其官方网站上发布了一份"季度安全报告"。报告显示，"使用自动驾驶系统Autopilot的特斯拉汽车，单位距离内发生的事故数量少于没有使用自动驾驶系统的汽车。反过来，这些汽车在单位距离内发生的事故数量少于道路上的普通汽车"。

前面提到的 Ars Technica 网站上的那篇文章的作者蒂莫西·李联系了惠特菲尔德，询问他如何看待特斯拉目前的安全声明。惠特菲尔德表示，特斯拉在发布这些更加温和的声明时，仍然没有控制那些明显很重要的变量。自动驾驶系统应该只能在高速公路上使用，高速公路上每千米的事故数量比其他道路要少。"所以，使用自动驾驶系统时每千米的车祸数量较少，不一定能证明这种系统可以让驾驶变得更安全。它可能只是反映了这样一个事实，即在高速公路上，以每千米为单位来看，车祸根本不那么常见。"同样，我们预计特斯拉的事故率会较低，仅仅是因为特斯拉汽车相对较新，而较新的汽车发生车祸的概率要低于较旧的汽车。这些车还很昂贵，也就是说，开特斯拉的人可能比开普通车的人富有，年龄也更大。中年司机比年轻司机开车更安全，较为富有的司机往往比不那么富有的司机更注重车辆保养（你看不到几辆轮胎已经磨平的特斯拉）。蒂莫西·李写道："特斯拉相对较低的车祸率可能更多地反映出客户群的结构，而不是汽车本身的安全性能。"他还说："据我们所知，特斯拉尚未向独立专家提交最新的车祸数据，这些专家或许能控制这些类型的因素，从而严格地评估自动驾驶系统的安全性。"[29]

让我们先来领会一下这件事带来的教训。一家"魅力十足"、"高瞻远瞩"的科技公司同政府部门，与一家渴望和进步力量建立牢固关系的新闻机构结成可靠的同盟（同时也要注意到 Ars Technica 出色的工作）。我认为，最终结论最好由兰迪·惠特菲尔德来做，因为他清晰地阐述了这事件带来的教训，令人钦佩：

> 更大的问题是，当这项技术在公共道路上"试运行"时，负责保障公众安全的公务人员能否公正透明地对自动驾驶汽车及其先进的驾驶辅助系统的实地测试结果进行评估。本案的诉讼记录中记录了美国国家公路交通安全管理局和特斯拉都愿意投入的资源，以防止公众对这项由纳税人资助的研究进行监督，原因是他们担心这会对特斯拉造成竞争伤害。

监管机构和行业之间，以及这二者与新闻业之间本应形成对立关系，然而在裙带资本主义下，这种对立关系成了一种假象。人们会有这样的感觉：这些庞大的机构不再是各自独立的，它们已经合并成一个超级精英团体，一心想要控制关于"进步"的话语权，哪怕是以公众利益为代价也在所不惜。

风险预算

从概念的层面上看，厘清交通事故的因果关系以及这些事故发生时造成的伤亡的难度，仍与芝加哥大学经济学家萨姆·佩尔茨曼（Sam Peltzman）在1975年发表的颇具影响力的研究报告《汽车安全条例》（*Regulation of Automobile Safety*）时的情况一样。汽车在一个风险较大的生态中行驶，这个生态受到交通密度、速度限制、交通法规执行率、道路设计和路况、司机的受教育水平、医院创伤治疗的有效性和质量、年轻和缺乏经验的司机比例、醉酒驾驶率等因素的影响。但如果我们把关注的范围缩小到物理学范畴（也就是利用人体模型进行碰撞测试），那么在汽车发生碰撞时，其自身的安全性已有显著改进。最大的改进出现在20世纪60年代中期，当时广泛采用了两种新的安全装置：安全带和能量吸收转向柱（后者可以防止司机在发生正面碰撞时被刺伤，此时转向柱会溃缩）。[30] 20世纪90年代，安全气囊作为安全带的补充而被广泛使用，这是一项更为重大的改进。[31]

佩尔茨曼的贡献在于，他指出了针对新出现的安全装置，我们倾向于改变自己的驾驶行为，这样做会部分抵消安全方面的收益。政府在强制推行安全装置时，"无法要求人们购买更安全的装置，而只能要求人们购买能减少事故对生命和肢体造成损失的装置。如果一个人在保持理智的情况下依然决定去冒发生事故的风险，那么这种区分就很重要"。这一决定是基于冒此风险的成本和收益而做出的。"使用有效的安全装置的结果之一是降低了这种风险的成本，司机因此会更愿意冒这个风险。司机追求的不是风险本身，而是其衍生利益，如更快地从一处到达另一处、允许年轻司机使用家庭汽车等。"

佩尔茨曼建议设立一项稳定的"风险预算"，让司机通过改变自己的行为来重新分配风险，回应感知到的安全收益。并不是因为我们想死，而是因为在这个世界上无论做什么事都有风险。我们接受这一点。

我们必须把降低事故发生概率的安全装置和设计元素区分开来，还应区分在事故真的发生时，能减轻事故对生命和肢体造成损伤风险（用经济学家的话来说就是事故的"成本"）的安全装置和设计元素。后者包括安全带、可溃缩式转向柱、安全气囊、油箱的位置和设计、真空激活的燃料截止阀（在发动机停转时切断燃料供应）、由惯性开关控制的燃油泵继电器（在发生碰撞时关闭燃油泵）以及撞击缓冲区和其他为保护乘客而设计的防碰撞结构。另一组保障安全的设计——第一时间减少碰撞发生概率的设计特征，包括双回路制动器主缸（自1968年起，所有在美国销售的新车都要强制装配），它能将前后液压刹车系统分开，这样一来如果其中一个发生故障，另一个还能工作；仪表盘警示灯会提示制动压力下降或液位降低；前部广泛采用盘式制动器（散热效果比鼓式制动器更好，在潮湿的状态下制动效果也更佳，因为刹车片在转动时会将水从转子上刮去）；制动器罐盖上的波纹管不会向大气中排放气体（防止潮气侵入系统，潮气在工作温度下会沸腾，从而向系统中释放气体，压缩液体，降低传递压力的能力并腐蚀刹车部件）；合成橡胶化合物和轮胎结构的改进，极大地提升了轮胎在潮湿和干燥的条件下、在更大的温度区间的抓地能力；还有防抱死制动、牵引力控制和稳定性控制系统等电子控制辅助装置。

最后两个装置很容易混淆。牵引力控制使用轮速传感器（防抱死制动系统的一部分）来探查一个从动轮比另一个从动轮转得快的情况，其差值比预期值要大，这是因为二者的行驶路径不同（例如其中一个转弯），表明过度踩油门会导致转速较快的车轮的牵引力降低。该系统对转动的车轮采取制动措施，或减少施加在那个车轮上的扭矩，从而对其进行干预。电子稳定性控制以牵引力控制为基础，又增加了更多信息，其中最关键的是偏航（汽车围绕垂直轴运动的姿态与其行驶方向之间的差异）和转向角。如果汽车没有朝前轮指向的方向行驶，稳定性控制系统就会估算打滑的方向，然后向各个轮子施加不同的制动力，以便对汽车的垂直轴产生扭矩，对抗打滑，让车回到司机命令它行驶的方向上。自2012年起，在美国销售的所有乘用车和轻型卡车都要安装电子稳定性控制系统，该系统确实对汽车安全性有所贡献。[32]

作为芝加哥大学的经济学家，佩尔茨曼的分析表明，基于假设而强加在"理性行为者"身上的特有局限性，会使其行为受成本－收益计算的引导。但这种方法不现实，其中一个原因是没有考虑到在进行这种计算时，相关因素在多大程度上"存在于意识中"。必须把能量吸收转向柱、惯性燃油泵继电器等完全不受人注意的安全特征与那些能让人感觉到它们存在的安全特征，例如具有高底盘的防撞结构、抬高的发动机罩和宽大的支柱区分开来。据我所知，佩尔茨曼本人从未做过这样的区分，但这似乎对他的基本观点至关重要。他列出了一些数据来支持各种关联性，表明我们有一个"风险预算"，但因果关系部分几乎是空白的，要用理性行为者的假设来填充。

如果引入一种新的安全功能会改变我们的驾驶行为，那么这种功能必须成为我们头脑中的意识，而不只是口头上说说而已。倘若司机碰巧是个消息灵通的安全专家，那么像可溃缩的转向柱这样不起眼的物件，在他嘴里可能就会是这样一句话:"我知道我有一个。"这听起来好像有点道理,心灵哲学家称之为"命题知识"。如果你问起他的转向柱,他就能回忆起来。然而在日常活动中,我们不会在脑海里综合每一个相关事实,并根据综合推演的结果来调整自己的行为。我们是有身体的动物而非计算机,在驾车等已经成为人们第二天性的活动时,我们的行为不是受命题指导的,而是由通过我们的感官和身体互动所揭示的世界来指导的。这是近20年来"具身认知"革命带来的结果之一。[33]

佩尔茨曼强调冒险既会付出成本也会有收益,这一点毋庸置疑。但由于风险具有统计方面的性质,我们很少在现实生活中见到,而收益是具体且始终存在的,因此人们需要在心里实事求是地算好这笔账,即风险成本是如何切实影响司机行为的。根据1975年前后"芝加哥式"经济学的假设,我们并非能将自身效用最大化的全能者。实际上,作为民间统计学家,人类在评估风险方面做得很差劲。就其行为的效果而言,相较于实际面临的风险,与之关联度更高的是人们在开车时对自己暴露在危险中的感受有多么强烈。不显眼的安全装置对此可能没有什么影响,而大型 SUV 高底盘、坦克般的车身会对这种身体上的暴露感产生巨大影响。《如何让你的大众车保持活力》(*How to Keep Your Volkswagen Alive*)一书作者约翰·缪尔(John Muir)说:"如果我们开车时总是把自己像阿兹特克人的祭品一样绑在车前,一旦发生事故,我们就会是首当其冲被撞的对象,那么事故就会大大减少。"根据我自己的观察,我对驾驶一辆重约2 700千克的典型 SUV 的司机总是不与前车保持安全距离这件事情感到震惊,就好像可能发生的身体伤害只是一个纯粹的抽象概念。人们怀疑很多此类车辆的司机不知道当他们的车在牵引力达到极限时会做出什么举动。

此外，如果汽车的防撞结构更为封闭，就会降低人对周边车辆的感知能力。你必须依靠凸面镜减少视野中的盲点去寻找那些车辆，但代价是失真（镜中物体的距离比看上去的更近）。在看凸面境时，你必须运用自己的认知能力把镜中怪异的图像转化成可用的东西。只有当你习惯依靠这些镜子并将镜中变形的图像融入某个心理模型时（这个心理模型会把其他车的尺寸映射到你镜中那个游乐场般的世界里），你才能迅速而准确地感知到周边的车辆。

如果你近来没有开过20世纪80年代或更早的车，则可能会对我们观察能力的降低这一点多少感到震惊，与之相应的还有对路况的感知能力。因此，自2018款车型开始，所有在美国销售的汽车都必须配备后视摄像头，这个要求非常合理。一名司机在倒车时不幸撞死了自己的女儿，因此他发起了一场示威运动，最终促使奥巴马政府颁布了这项行政命令。长久以来，我们都只是通过加固车体、提升底盘和提高汽车质量的方法来追求安全性，因此出台这样的法令很有必要。

对车上的人来说，更大、更重的车辆在发生碰撞时确实会更安全。我们一直在进行着一场汽车质量的军备竞赛，每个人都为自己而战。可是，我们是从何时开始质疑这种设计轨迹的呢？在这样的设计轨迹中，对安全的追求导致收益递减，某些设计元素与其他设计元素的作用背道而驰。那些容易达到的安全收益目标，通过推行安全带和安全气囊就能获得，而较难达到的目标则可以通过防抱死制动和电子稳定控制系统获得。还有部分目标有待实现，但要实现它们我们还有很长的路要走。而它对司机的安全也会造成意想不到的显著影响。

欧盟委员会（即欧盟的执行机构）在2019年3月宣布，从2022年起，所有在欧洲销售的新车都必须配备车道保持和自动刹车系统，以及限速器和数据记录仪（没有指定谁可以访问这些数据）。[34]

在分析这些新的安全功能可能产生的安全效果之前，我们还需承认一个需要考虑的因素：所有这一切的费用是多少？美国军事战略家爱德华·勒特韦克（Edward Luttwak）在《泰晤士报文学增刊》（Times Literary Supplement）上撰文表示，他根据大城市地区收入的中位数计算出人们可负担的最高汽车价格约为其年收入的1/3，从圣何塞的32 855美元到底特律的6 174美元不等。2016年在美国销售的最便宜的新车是日产Versa轿车，售价为12 825美元。

1977年至2016年，新车的平均造价几乎翻了一番（根据通货膨胀率调整后计算），这应该与20世纪70年代以来人们工资降低或停滞的现象联系起来理解。为什么当代汽车的成本这么高？其实，推高其成本的一个重要因素是监管制度。在监管制度的要求下，越来越多的功能和设计元素都要由安全性来决定，反过来，这样做导致汽车变得更加复杂和昂贵。勒特韦克指出，汽车的成本哪怕小幅上涨也会对人们产生影响。"配备后视摄像头产生的额外费用不过几百美元,但这依旧会剥夺成千上万个家庭购买新车的机会。"[35]

也许更为现实的做法是,将这部分额外的成本直接分摊到美国家庭负担的消费信贷中。[36] 然而不管哪种情况都会引发人们对于经济正义的讨论(这并不是自由主义的狂热),质疑监管制度中不着边际的安全要求。与居住在城市中心、能享受到公共交通服务的人相比,那些居住在周边地区的人十分有必要拥有一辆汽车。勒特韦克指出:"无数著作和电影中描绘的那种强烈的、令人心安的自由感,都反衬了劳动力流动所面临的严酷现实,它甚至超过了在道路上驾车的浪漫。"

但是,让我们回到新技术和监管措施所寻求的安全收益的问题上,简单回顾一下近几十年来的发展,并站在安全本身的角度来看待这个论点。在这一发展轨迹中,安全设备的每个新阶段都比上个阶段更引人注目,因此在重新培训司机时都会产生更大的意想不到的效果。

对安全气囊、双回路制动器、可溃缩式转向柱、燃料切断装置等不起眼的装置可以直接进行改进,它们不会对司机的行为产生任何影响。然而安全带更加突出让我们开车时不那么谨慎了,佩尔茨曼也确实发现它们改变了我们的风险预算。防抱死制动和电子稳定性控制系统在佩尔茨曼开展研究时还没有出现,它们似乎属于另一个类别。这类安全工具可以在发生紧急情况时救你一命,但也会略微降低对驾驶技术的要求。它们会阻碍司机学习汽车在牵引力达到极限时该如何操作,以及汽车底盘动力学会给司机及时调节转向和控制刹车带来哪些便利和不便。例如，在转弯时，汽车的重量需要一定的时间才能转移到外侧车轮上，在刹车时，也需要一定的时间将汽车的重量转移到前轮上。一旦重量发生转移，就会产生更多的牵引力。因此在极限状态下进行刹车和转向操作需要有一定耐心，然后在一秒内迅速做出调整，还需要有与汽车重量分布、弹簧刚度和阻尼率相应的冷静的节奏感。这类知识需要司机在脑海中融会贯通，它无法通过读书获得，只有通过实践、通过探索极限才能获得。即使有电子辅助设备，这类知识或者更确切地说是技术，仍然是保障安全的切实可行的优势。[37]

然而，由于大多数司机对于这些细微之处漠不关心，因此防抱死系统和稳定性控制系统对保障人们的安全起到了显著的积极作用。[38] 无论它们在多大程度上降低了我们的技能，但也只是在帮助大多数司机在大部分时间成功地避开危险，而且这些司机并没有兴趣探索在这个限度内是如何做到这一点的。

在这一点上，自动车道保持和自动刹车则完全不同，它们的干预更加随意，并且会让司机不再需要集中注意力。然而能否把干预的门槛设置得高些，从而避免出现这种影响呢？想一想此类汽车招标活动建立起来的反馈环，以及它是如何破坏我们最初熟练掌握的驾驶技能的，不仅如此，它还损害了我们不断调整的警惕性。这种技能的获得和保持都是我们依靠侥幸逃生的真实经历——我们在被吓得魂飞魄散并震惊地认识到自己很无知的时候。[39] 倘若没有这样的经历，人们的警惕性就会降低，那么自动化系统就必须承担起这个责任。随着这种反馈环的发展，自动化对人们的无能所做的基本假设逐渐变成了现实。这是我们接下来要讨论的问题。

半自动驾驶汽车

有关半自动驾驶，例如特斯拉自动驾驶系统提供的那种人因文献揭示了人机合作方面更为普遍的问题。这两种形式的智能可以很好地协同工作吗？

美国国家公路交通安全管理局努力使混乱的汽车自动化领域变得有序，于是按照人在驾驶过程中参与程度逐渐递减的顺序将汽车划分了5个等级：从0级（完全由用户操作的汽车）到4级（完全没有人参与驾驶的汽车）。而在中间的那几个等级，事情变得有趣了起来。

美国学者斯蒂芬·卡斯纳（Stephen M. Casner）、埃德温·哈钦斯（Edwin L. Hutchins）与唐·诺曼（Don Norman）共同撰写了一篇评论文章，文中综合了相关的人因文献，其中很多是他们自己的研究成果。[40]有些读者知道，唐·诺曼撰写了一本面向普通读者的精彩好书《设计心理学》（*The Design of Everyday Things*）。三位学者在文章里对汽车设计面临的挑战进行了清醒的阐述，这个问题归根结底很是含糊其词。他们问道："在半自动化汽车里，司机的作用是什么？在这样的车中，司机的某些责任在某些情况下被计算机所取代。"向自动驾驶汽车的过渡会很困难,"尤其是在自动化既不完整也不完善的时期,它需要人类司机时刻监督,有时还要干预,以进行更严密的控制"。

三位学者考虑的系统包括仅向司机发出通知或提供建议的系统(例如 GPS 系统和偏离车道警告),以及在计算机对情况判断为"不安全"时对车辆实施控制的系统。大多数人对导航系统目前存在的问题很熟悉。首先,将目的地写入系统程序中需要我们集中注意力。理想情况是,我们可以在出发前完成这项工作,但我们并不是总能按照理想的状态行事。美国国家公路交通安全管理局建议,每次与车载信息系统进行互动的时间不宜超过两秒,他们指的是用眼睛和手指进行互动的时间。但人们发现,只用语音与导航系统互动同样会分散注意力。[41]

其次是一种由于依赖导航系统而造成的注意力不集中的问题。当导航系统一直运转良好时,我们就会忽略我们周围的环境,或者至少是"在一切都号称按计划进行时",我们便不再需要完成借助系统找路的认知任务。[42] "号称"这个词是关键。依赖人工智能复杂的自动化系统可以"轻松解决大多数问题,但如果遇到不常见的难题,它们就无能为力了"。当系统解决不了时,它们可能并不知道自己已经失灵了。我们都听说过这样的事例:例如,导航系统误把小径当成道路,引导司机开下悬崖或开进湖里。数据库中的小错误可能会导致现实中严重的后果。这就是脆弱性问题,在这种情况下,"犯错误变得很容易"。

如果一个司机把座驾当成潜水器，我们很容易把它归咎于司机自己的愚蠢，但同样的现象也发生在训练有素的飞行员身上。问题在于，自动化系统因其通常无可挑剔的表现而赢得我们的信任。因为自动化系统的程序里包含着世界各地的地图。1995 年，在飞行管理系统的指引下，一架波音 757 客机的机组人员驾驶飞机撞到哥伦比亚的一座山上。[43]

在汽车上，如果设计师考虑到系统界面并给出更多情境，例如，不只显示汽车在道路中央的状况，还显示道路的走向，那么就能缓解导航系统的脆弱性。假如没有这样的周围环境，我们就不太可能注意到出现问题的前兆。有意思的是，一些研究人员发现，当车里有乘客时，我们更倾向于跟他们合作来找路。那么自动化系统可以采用这种合作方式吗？[44]

对人因的研究结果可能令人泄气。在卡斯纳等三位学者看来，"导航系统是一个相当好的例子，它借助技术对人们似乎已经可以胜任的任务进行自动化。在导航系统出现之前，司机确实也会迷路，但很少会出现安全事故。导航系统带给了我们未曾料到的人因影响"。

还有一类司机辅助设备，即警告系统。当司机出错时，警告系统便会提醒他们。如果你开始往邻近车道偏移，或没有查看盲区就准备变道，而盲区里还有其他车辆，那么车道保持警告就会发出提示。卡斯纳等学者指出："提醒和警告系统一个令人意想不到的后果是，有些司机可能会用听提醒和警告这样的次要任务取代集中注意力这个主要任务。"这种情况被称为"主次要任务倒置"，这个问题在驾驶高度自动化飞机的飞行员身上很常见。例如，他们可能会下意识地把聆听飞行高度提示当成自己的任务，而不是自己去保持正确的高度，但当提示出了故障，就很容易造成事故。人因文献中这种现象被称为自满问题。还有一个与之有关但不同的问题是令人反感的提示。卡斯纳等学者表示："在飞行过程中，在飞行员没有发现紧急状况的情况下系统就发出提示或警报会导致他们忽视这些提示。不难想象，如果一个系统没完没了地提醒我们时速超过 8 千米，我们会做何反应。"然而，欧盟委员会正在推行的正是这样一种系统。正如前文所述，从 2022 年开始，欧盟委员会要求新车强制配备这种系统。

车道偏离警告和车速提示属于仅对司机发出通知和建议的一类警报。下一个等级的干预包括我们已经讨论过的系统：防抱死制动、牵引力控制和稳定性控制系统，它们只在极限情况下进行干预，并使司机处于控制环中。进一步升级后的系统包括主动控制车辆并把司机从反馈环中移出。我们之前对此可能已经有了一些了解，例如巡航控制系统。我们知道，当司机被排除在自己汽车的控制环之外时，他们就会昏昏欲睡，警惕性也会降低，对突发事件的反应时间会延长。[45] 这个问题在汽车上比在飞机上更严重，因为与天空相比，道路是一个极度难以预测的空间，因此司机必须让自己回到反馈环中，评估状况并做出适当的反应。他可能只有不到 1 秒的时间来完成这一切，而飞行员一般可以有几分钟时间。司机的这种情况被称为"快速上岗"。

为解决上述问题，其中一项对策是提高汽车的自动化程度，人因研究员厄尔·维纳（Earl Wiener）将其称为"增加一台计算机解决方案"。自适应性巡航控制系统能根据前方车辆的行驶速度自动调整车速，并能在与自动车道保持系统相结合后，实现非手动驾驶，如今的许多汽车都有这项功能。这些功能的潜台词是告诉司机，他们需要不断留意情况，并准备好随时恢复手动操作。但这种期望并不现实。随着自动控制越来越发达，我们越来越不需要集中注意力了，因此我们愿意花更长时间前往另一个地方，我们开始对其他事情产生兴趣。我们的眼睛从手机上移开的频率会有多高？而在必要时，让我们丢开手机，重新投入驾驶并进行手动操作并不是一件容易的事。

卡斯纳等学者写道：

在任何时候，司机都必须能够确定，哪些驾驶功能正在由自动化系统处理，哪些功能仍需由司机负责。对飞行员的眼球跟踪研究显示，飞行员经常记错自动化的状态，哪怕这个状态是他们自己设置的。他们只依赖自己按下按钮的记忆，习惯性地忽视系统状态的显示，而这些状态显示呈现的才是真实情况。飞行员按下按钮启动速度控制功能，但随后发现速度意外地提高或降低了，这样的事屡见不鲜。飞行员有时会错误地认为自动化功能是开着的，而实际上却没有开着。有时候，自动化功能不知道为何会悄悄自动关闭。

鉴于半自动化具有非自然认知的需求，应该授权自动化系统在危险情况下从人类操作者手中接管控制权。事实上，接管控制权正是防抱死制动、电子稳定控制和牵引力控制系统的功能，这些系统都大大提升了现代汽车的安全性。

但人们还要担心更危险的可能性。1988 年，在法国哈布斯海姆机场举办的航展上，一架空客 A320 飞机坠毁。这起事件掀起了当代自动化领域人因研究的浪潮。这架飞机上满载着记者和中奖者，他们觉得，自己能被选中乘坐这架最新型的飞机参加航展是非常幸运的。"这次低空飞行的目的是证明，无论飞行员如何操作控制系统，飞机的计算机系统都能确保飞机向上爬升。"[46] 但是当飞行员驾机低空飞越人群时，飞机却自动进入降落模式。飞行员清楚地看到，前方没有跑道，只有树，于是他奋力爬升。飞行员和自动化系统开始争夺飞机的控制权，而最终赢家是自动化系统。飞机在森林里坠毁并起火。尽管空乘人员英勇地疏散乘客，仍有 3 人丧生：一位无法解开安全带的小女孩（她哥哥曾试着帮她，但被惊慌失措冲向出口的乘客推下通道）、一名返回浓烟滚滚的机舱去帮助这个小女孩的成年人以及一名动弹不得的残疾男孩。

当道路和桥梁因缺乏资金而破损时，将汽车控制权交给车载计算机和很久之前就编辑好的 GPS 系统地图是很危险的——假设路上有个新出现的大坑会怎么样呢？在控制权争夺战中，我们希望计算机或司机中正确的那一方赢，但二者其实都不可靠。由半自动化带来的认知挑战使人类比过去更容易犯错。

在《玻璃笼子》(The Glass Cage)一书中,美国作家尼古拉斯·卡尔(Nicholas Carr)写道:"我们都知道信息过量的不良影响。事实证明,信息不足同样会削弱人的能力。"他引用人因研究的研究成果说明,让事情变得太简单反而会适得其反,因为我们"集中注意力的能力会退化,发生这种情况是我们为了适应脑力工作量的减少"。这一点尤其令人担忧,因为它难以察觉。操作者只是因为没有多少事情可做就会忽略它。此外,如果司机(或飞行员)在进行常规操作时受到的刺激不足,那么在受到过度刺激时,例如当自动化系统故障时,就更有可能惊慌失措。[47]

自动化系统在请求司机进行干预时,应该预留出一段足够长的时间让司机提前做好准备。但挥之不去的问题依然存在,那就是自动化系统遭遇意外时往往会失灵,司机可能没有多少时间做出反应。对飞行员应对这类突发事件和"自动化意外"的研究结果让人没有什么信心。

随复杂性产生的是不透明性,而正如人们设想的那样,自动驾驶汽车的一个核心特征加剧了这种不透明性:汽车必须具备相互通信的能力以便协调行动,这既是为了避免发生碰撞,也是为了保证交通畅通,从而实现道路扩容。[48]司机无法监控车辆之间的交流,因为它们使用的是机器语言,瞬间就能完成通信。卡斯纳等学者指出:"在这种情况下,司机的大部分行为都可能削弱自动计算的解决效果。"

如果要从人因文献中吸取一个全面的教训,那就是自动化具有一种整体化的逻辑。在自动化工作的每个阶段,人类残余的判断力和决定权似乎反倒成了需要解决的漏洞。换句话说，人类智能与机器智能难以共享控制权。无论是半自动驾驶汽车带来的问题，还是全自动驾驶汽车与人类司机共用道路带来的问题，这一点都很明显。

自动驾驶汽车的程序被设置为严格遵守交通规则、谨慎行事，这导致它们与其他由人类驾驶的汽车配合不畅。《纽约时报》有一篇报道称，一辆"谷歌"汽车"无法通过一处四向站点，因为这辆车的传感器一直在等待其他（人类）司机全部停下让它通行。而人类司机始终在一点一点地往前移动，寻找见缝插针的机会，结果直接导致'谷歌'汽车的自动驾驶系统瘫痪了"。当然，这种情况下，人类司机之间会进行眼神交流，或者在社交互动上去解读其他线索，从而在优先通行权不明确的情况下进行协商，并迅速解决问题。有些司机做事比较果断，还有一些戒备心较强。可以毫不夸张地说，人们在开车时存在一种驾驶的肢体语言，在大多数时候，这种随机应变的处理方式效果还不错。

然而社交能力很难用机器可执行的逻辑进行复制，因此结论如下：为了让道路对机器人更友好，人类必须变得更像机器。根据《纽约时报》的同一篇文章所述："谷歌自动驾驶汽车项目的软件负责人德米特里·多尔戈夫（Dmitri Dolgov）表示，他从该项目中明白了一件事，即人类司机需要做到'不那么愚蠢'。"当你学着用计算机科学家的思维去推想时，就会很容易得到这样的推论，这就像是不善社交的基本规则。从这个角度看，人类看上去确实像劣质版计算机。

01 自力更生，当我们自己组装一辆车

作为一种政治现实，人类和计算机之间对控制权的争夺往往看起来并不像一场争夺。通过新闻报道和不太可靠的报纸杂志的视角来看，在公众心目中，自动化的逻辑与安全的道德逻辑是紧密相连的，后者也同样没有限制自动化的扩张。[49] 二者是一种共生关系，因为安全主义为自动化程度加深的商业逻辑披上了合法性的外衣。在所有正直的人心中，二者都无可指摘，而质疑二者之间的共同进步就是希望被贴上"支持死亡"的标签。

如果我们把自己的思维局限在围绕自动驾驶汽车可能带来的安全收益的现实问题上，那么在我看来，最谨慎的立场应该是赞成人因研究者的不可知论。[50] 正如卡斯纳等人所言："在未来几十年里，随着我们的街道和公路上演不受控制的巨型实验，我们都将参与对驾驶的研究。"三位学者把这一点说得煞有介事，就好像在这件事上我们别无选择一样。自动性将成为一种政治情绪，其影响不亚于一个工程项目产生的影响。

感受道路，与驾车产生快感和掌控感的关联

我的第一辆车是一辆 1963 款甲壳虫，我在 1980 年买下它，那年我 15 岁。当时，我正在美国加州埃默里维尔（Emeryville）一家独立的保时捷维修店工作，做的大部分都是些不太重要的工作，如擦拭零件、包装一下不常用的车轮轴承，并对着保时捷 911 垂涎三尺。一辆甲壳虫是

我能得到的与那些车最接近的物品。

学会驾驶甲壳虫后没多久，我就发现了侧向驾驶的乐趣。我的车配有一台1 200毫升的发动机，在天气好的时候能达到40马力，这时你就会觉得直线加速索然无味了。但由于汽车装配了"摆动轴"后悬架，车子转弯时，后轮的轮胎内侧往往会因负重减轻而缩紧，从而丧失了车子启动时微弱的牵引力。（我的汽车轮胎可能是20世纪70年代早期那种破旧的斜交帘布轮胎。）从这时开始，事情变得有趣起来了。你快速驶入一个转弯处（我用"快速"这个词纯粹出于主观），松开油门，使重量向前转移一点，同时猛打方向盘把车尾甩出。这时你开着车滑行，感觉自己就像一个动作大片里时速32千米的英雄。把后置发动机与摆动轴结合在一起的这种古怪的安装方式导致美国政治活动家拉尔夫·纳德（Ralph Nader）说出雪佛兰Corvair"在任何速度下都不安全"这句名言。不过他没有提到的是，这样的车"在任何速度下都很让人振奋"。

我最美好的记忆是驾车去豪华的克莱蒙特度假村，那里的白色塔楼在伯克利的上空闪烁着灿烂的光辉。在停车场停着的捷豹和奔驰之间，我粗枝大叶地磨炼着驾车回转的技巧。虽然我说的是"粗枝大叶"，但实际上，当我精确而且有把握地操作这辆车玩漂移时，我感受到了心中不断滋生的艺术感，我的乐趣便来源于此。如果当时正在下雨，那么玩这样的漂移就会更加容易。在车身侧面加力，可以让它退得更远。价格不菲的障碍物近在咫尺，但这只会让我感觉更加刺激。

在我早上开车去学校的路上，也常常会在某些十字路口转弯时稍稍来个侧向驾驶。在视野清晰的地方左转是最棒的，因为我可以选择一条有早切弯的线路，并为在出口处优雅地做出横跨两条车道的侧向移动留出空间。

随着技术的提高，我对自己的车做了一些改进。首先是换上更好的轮胎，但这次经历使我受到了一次严重的惊吓。在鲍威尔街的尽头，也就是通往海滨的地方，我驾车快速拐上大路，打算把车尾甩出去。然而车轮却没有动，接着我才发现自己用两个车轮开了好半天，车几乎都要翻过来了，简直是惊心动魄。这完全是一场意外，一点也不好玩。回去之后我便给车装上更强的减震器和翻车保护杆，新的减震器改变了操作方法，极大地减缓了车身侧倾。接下来，我给车更换了功率更大的1 650毫升发动机，它的油门很灵敏（这是由于飞轮轻了），马力大约是原来那台发动机的2倍。它的扭矩足够大，现在我可以用油门来触发过度转向了，这更加强了我的乐趣。

时间快进到2019年。我进行的一个历时10年的大众改装车项目已接近尾声（本章我将详细介绍这个项目）。当车身外壳接近喷漆阶段时，就该开始挑选颜色了。我有一份简短的颜色清单，其中就包括纳多灰，这是一种柔和、非金属色的车漆，有一种陶瓷的质感。奥迪和保时捷都可以用这种车漆，但只能用在它们最酷炫的车型上。我给当地的一家奥迪经销店打电话，询问他们的车库里是否有纳多灰色的车，因为我想在光线下从不同角度亲眼看一看这个颜色。电话那头的女士用计算机调出了库存清单，一分钟后说："有的，我们有一辆纳多灰色的 RS3，您想预约一次试驾吗？"我没想到他们竟然会让我试驾，这个问题完全不需要考虑，我咳嗽了一声说："想。"

奥迪 RS3 的涡轮增压五缸发动机可以产生 400 马力，配有带拨片换挡器的七速双离合自动变速器。从理论上讲，它的表现甚至比汽车经销商所宣传的还要惊艳：在实际测试中，它的速度从 0 加速到每小时 100 千米仅需 3.7 秒，比奥迪经销商对外宣称的速度还要快。我有点担心这次试驾可能会毁掉我驾驶自己的旧大众的体验感，无论那辆车经过了多少改装。

我骑着摩托车来到经销店，因为不管我开着什么样的旧车来，我伪装的"准买家"身份都会立刻被看穿。销售人员拿走了我的驾驶执照，说他需要先复印一份。他离开之后，我突然想到他可能是调出了我在车辆管理局的记录来做我的背景调查。后来我才发现并不是，因为他回来后，我们就上了车。背景清白的感觉可真不错。

我慢慢把车开出停车场，随后我们开车穿过几条郊区街道，然后开上一条高速公路。一路上有几个匝道，交通状况很好，可以让我在开车时秀一下我的车技。但我无法与这辆车产生关联。我调到最激进的驾驶模式（这些模式决定了油门图、换挡响应与悬架位置），但仍然感觉似乎哪里有一层决策在左右着我的驾驶。拨片换挡器的感觉就像它们实际的样子，只是逻辑门而已。我相信，与这辆车相处久了，我就能和它培养出更多的感应和联系,但我的第一印象是它似乎有自己的优先顺序。它把我的换挡指令当成是我自己情绪的一种表达,这应作为委员会在下次开会时予以适当考虑的请求。这辆车从不会像我差点把自己那辆 1963 款甲壳虫弄翻车时那样,粗鲁地说我错了,而它更像是在说:"你的意见对我们来说很重要。"我肯定是做错了什么,也许是像手动换挡时那样,在升挡时松开了油门,但我只能去猜测到底是哪里做错了。在降挡时,计算机配合转速,自动调整油门。但其实我更喜欢用我的脚后跟自己来调整油门。这些自动调整会在合适的时机自己启动,但它与我在弯道上想要转向的时机完全不同。我无事可做,就像坐在格子间里的职员,某一天发现自己的工作被外包出去了。尽管奥迪的扭矩极大,但它在动力输出时没有任何强烈或刺激之处。这辆车让我兴味索然。

我是不是哪里有问题?据说 RS3 是目前能买到的最激动人心的运动型轿车之一。但对我来说,它只是证明了它的设计伦理有多么的根深蒂固。根据这样的伦理,机械方面的实际状况必须通过电子过滤器才能送达司机。这种要求的背后是什么?它又会如何影响人们获得驾驶技能呢?

我们可以想想学习打冰球的过程。你既要用手里的球杆击球,又要感知球当前的状态(例如它是滑动还是滚动)。对于冰球高手来说,球杆就像假肢一样,与他的身体知觉融为一体,而打冰球就如同截肢者体验自己的人造肢体,球杆就是他传达自己的动作和感知的媒介。越来越多的文献支持这种"认知延展"的理念。我们学习使用工具和假肢时，大脑（负责组织我们的动作和感知）对待增加的新技能的方式与对待自然人体具备的技能几无二致。使这种融合成为可能的关键因素是，在动作和感知之间存在一个闭环：感知到的东西由行为决定，就像我们使用自己的双手那样，抑或像驾驶一辆 1963 款大众那样。

冰球高手的注意力并没有集中在手中的球杆上，而是通过球杆集中在冰球上，就如同钢琴演奏者并没有把注意力集中在自己的手指上，甚至也没有集中在琴键上，而是集中在他们弹奏的音符上那样。一辆真正的"车手的车"能够做到类似的消失行为，成为信息和人们的意图之间一种看不见的双向媒介。但是，这一理想与在司机和道路之间引入更多层级的电子媒介的趋势存在矛盾。这对任何爱好驾驶的人来说都算不上是新闻，但如果我们希望厘清汽车设计将要面临的挑战，就需要把其中的原因分析一番。

我们现在有线控油门、线控刹车、电子辅助（而不是液压辅助）转向装置，以及牵引力控制、稳定性控制和防抱死制动系统，它们能够帮助我们调整驾驶指令。这往往代表着司机得到的信息不足，而且在意向和真正执行之间存在一个"过滤"装置。更重要的是，对机械"瞬态"的过分热衷使得汽车有必要通过其他方式而非直接向我们传递信息。

WHY WE DRIVE
驾驶的故事

我的第一个孩子出生时,我也买了自己的第一辆新车,那是一辆丰田赛扬 xB。我过去常常想,为什么有时候我在转弯时它会发出"哔哔"声。这完全是个谜。是不是安全带提示器的连接有松动?几年后我才发现,这是稳定性控制系统在提醒我,它正在准备介入。我之所以最终弄明白了这一点,是因为我在转弯时仪表板上会出现"稳定性"3 个小字,而我在转弯时一般不会看那个地方。并且我通常也不会意识到牵引系统出了问题。因为车辆与道路之间的状态信息的直接传递遭到削弱,为弥补这一点,汽车采用了符号来代表——一个单词加一声提示音。这种方式的一个问题是,这类信息随后会与其他电子设备发出的信息共享"认知渠道"。[51] 其中一些信息可能会引起人们更大的兴趣,例如收到短信的提示音。不管什么时候,只要汽车无缘无故地冲我"哔哔"叫,例如我打开车门时钥匙还插在点火器里或汽车前灯还亮着,抑或是我没系安全带就把车从路边开出来,我就干脆置之不理。

汽车制造商在人与车之间加入了一个中间层,弱化了行为和感知之间的天然联系。汽车提示的一个词或一声响的问题在于太过随意,符号与其含义之间不存在必要和内在的联系,司机必须进行一番推断和解释才能理解它的含义。推断是一种缓慢且认知成本高昂的行为，是人类高等智慧能力的基础，但如果我们连在世界上流畅通行的基本移动功能都要靠它才能做到，其结果就是开车这件事缺乏流畅性。在飞机驾驶舱那样的环境里这是可以接受的，因为事情一般情况下都会进行得缓慢而平稳。而在不受控制的街道环境里驾车时，面对突然出现的意外情况，如果我们能够依靠具身认知这种"快速和质朴"的途径来应对，就能最大程度降低伤害。

有趣的是，20世纪90年代初掀起的新一波机器人研究浪潮以幼儿的学习过程为灵感，并尝试利用从身体或机器人及其所处环境间的关系中获得秩序来源，其关键在于，学习过程是通过行动而不是试图预先用表象模拟环境来开展的。正如澳大利亚机器人学家罗德尼·布鲁克斯（Rodney A. Brooks）在1991年发表的一篇经典文章中所言："这个世界就是它自己最好的模型。"[52]

这句话可以当作汽车设计新方向的座右铭。这样做相当于接受了两种设计标准截然不同的汽车：自动驾驶汽车和手动驾驶汽车。自动驾驶汽车越来越成功，这得益于人们巨细靡遗且令人印象深刻地模拟城市街道复杂的动态环境。自动驾驶汽车之所以能取得如此成就，是因为它动用了惊人的处理能力以及工程师的创造力来解决这个问题。但如果给人类司机配备简单易用的工具，让他的行为和感知保持联系，那么他们也可以表现得令人印象深刻。我们目前拥有的是一种由人类控制的功能不完善的混合体，几乎无法利用思维和身体之间的精妙联系，还外加一个粗糙的符号界面。

当然，汽车数量的日益增加也加剧了当今司机行为和感知之间的脱节。[53]一辆线条更硬朗、重量更轻的汽车呈现出大量未经筛选、含混不清的信息，由此激发人们的参与感。你会明显地感觉到，自己的身体在以每小时近百千米的速度飞驰。这种参与感要求并促使司机在开车时必须集中注意力，这就是驾驶一辆轻巧、原始的跑车让人如此兴奋的原因。展望未来，能够帮助我们在开车时减少分心、重拾驾驶乐趣的设计原则，将会是利用人类在进化过程中形成的感知运动能力。

如果我们坚持认为对技术的标准仅仅等同于对功能的标准，那么过去20年来我们融入汽车中的对自动化和无关联的迷恋就不能称为"技术"的趋势了。如果我们可以理解日常生活中发生的其他事情的本质，那么我们就能以批判性思维看待近年来的汽车设计，并从中获得一些独立见解。这不是认知科学的任务，而是文化评判的任务。

在富裕的西方国家中，我们的许多创新力似乎都被引导到为消费者创造体验的轨道上，让他们感觉良好，而不对他们提出任何要求，这种趋势称为"情感资本主义"，例如计算机游戏、精神药物或精心组织的生态探险等事物。人为制造的虚拟世界代替了与真实世界打交道，这显然非常吸引我们。我们摆脱了与真实事物，也就是那些与自身意愿相违背的事物打交道的负担，暴露了我们在理解力和技能方面的局限。围绕我们而设计的体验让我们得以从应对他人和物质现实的挫败中逃避。我们得以沉浸在能力加身和权力在握的幻想中，这种幻想不会让我们遭到驳斥，而这种驳斥在现实生活中经常发生，例如当我们玩滑板的时候。

2016年，一家公关公司找到我，请我担任该公司与保时捷公司的中间人。保时捷公司的负责人想让我写一篇文章放进它们的年度报告，我觉得这个请求不同寻常。很显然，保时捷公司已经开始委托独立作家撰写文章，作为对它们枯燥的财务信息和企业信息的补充。他们想从我这里得到一些哲学性的东西，并强调我可以掌握的自由度。我觉得这项任务很有意思。

我仔细研究了保时捷目前的发展方向，了解到他们在自动驾驶汽车技术方面投入巨资。考虑到保时捷的市场定位和传统，我不禁对此感到惊讶。我看到保时捷公司首席执行官发布的一份公开声明：他让公众想象一下，在不久的将来，人们坐在保时捷车中按下一个按钮，就能享受到与迈克尔·舒马赫（Michael Schumacher，一级方程式赛车的顶级车手）在德国纽博格林（Nürburgring）最棒的赛道上踩油门、转向与踩刹车一模一样的体验。我在自己的文章中批判了这一观点，并提出许多与本章所述相同的看法。在他们的观点中，性能车基本上成为游乐园里的游乐设施，但却是非常昂贵的。一辆意在为我们"创造体验"的汽车，会比许多更加便宜的娱乐项目（包括虚拟项目）耗费我们的资金。在消费者（特别是较年轻的消费者）重新发现"模拟"和所有可触知的事物的乐趣时，我认为这种商业策略很糟糕，我在那篇文章里也是这么说的。[54]那家公关公司告诉我，我的文章不符合他们的要求。他们还告诉我，这篇文章在保时捷的高层中引发了争吵，有一个阵营支持我的观点，另一个阵营则表示反对。[55]

驾驶的乐趣也就是做事的乐趣，是能够让我们积极而巧妙地面对我们生活中的困境。只有在这时，我们才能感觉到自身的掌控力有所增强。在越来越娴熟地处理生活中的难题时，我们有时会重拾童年玩耍时的快乐，那是我们终于在自己身体里发现了新的力量。我们还有可能像十几岁时那样不知天高地厚，重温借助机械力量使身体变得强大所带来的独特快乐。

自动驾驶汽车带来的道德困境

当一辆自动驾驶汽车不可避免地要撞上另一辆车、一名行人或一只狗，而它必须决定要撞谁时，会发生什么呢？我们应该遵循怎样的道德优先级来为自动驾驶汽车编写计算机程序呢？过去20年里上过本科哲学课的人大概都遇到过"电车难题"，这是一个经典的思想实验。假设有一辆电车正朝着一群行人迎面驶来，并且就快要撞上他们了，而你是一名发现险情的旁观者，你可以拉动一根控制杆让电车转到另一条轨道上去。问题在于，另一条路线上也有无辜者，不过只有一个人。你是否会出手干预去拯救人数多的那群人，而撞死那一个人呢？又或者，如果电车沿第一条路线行驶会撞到一个推着婴儿车的女人，而沿第二条路线行驶会撞死一个无家可归的老人，你会怎么做呢？沿着这个思路可以衍生出无数种假设。这会改变你的道德直觉吗？

这类练习属于一种称为"分析道德哲学"的智力类型。在系统化程度最高的情况下，它试图将我们的道德直觉归结为可以简单而精确表达的小块。一边是由经验事实组成的输入，另一边是由世界上一些新的事物状态组成的输出，中间是一个执行原则的人。这些原则同样需要能够精确、清楚地表达出来并且普遍适用。

"电车难题"的一个迷人之处在于，它要求进行某种道德计算，后者类似于计算机的输入－输出逻辑。假如你愿意的话，最广为采用的道德操作系统就是功利主义，它的座右铭是"为更多人谋取最大利益"。"电车难题"另一个迷人之处在于，可以请大家设身处地地想象自己身处这样一个场景中，并且可以变换场景的描述，看看大家做何反应，从而收集社会数据。在这个变体中，人们希望道德最终能成为一门经验科学，无论它是理想主义的还是经验主义的，这都是一种有着悠久渊源的道德思考方式，当然，它们遭到批判的历史也几乎同样悠久，其中最为尖锐的批判或许要算尼采对待"英国道德家"的态度了。近年来，这种思考方式由于某些显而易见的原因而重新焕发生机。[56] 在智能方面，它提供了某种可操作性，看起来与机器的逻辑十分匹配。[57]

果不其然，当讨论到自动驾驶汽车带来的道德困境时，这个行业及其在学术界和新闻界的支持者很快便陷入"电车难题",这无疑是一个独立的功利主义道德难题,而且他们开始讨论"死亡算法"。(梅赛德斯-奔驰是率先站出来宣布将把自己的车载程序设定为优先考虑车内乘客生命安全的汽车制造商。)此类对道德的思考方式似乎允许将道德负担转移到一台机器身上,或者说,这种转移是自动化不可避免的发展所要求的。《自然》杂志刊登了一篇名为《道德机器实验》(The Moral Machine Experiment)的文章,几位作者表示:"我们还没有奢侈到可以不用创造有道德的机器。"他们引用的文章包括《人工智能和自动系统的标准化道德设计》(Standardizing Ethical Design for Artificial Intelligence and Autonomous Systems)。[58]

这与安全主义的道德紧迫性十分契合。质疑上述轨迹是否必然或明智,无异于给自己贴上死亡支持者的标签,没有人会想要这种标签。但是让我们更细致地想一想为"机器道德"提供分析框架的经典思想实验。

那些用"电车难题"考查别人的人把这个问题当作探究他人道德直觉的一种方法。其中一个发现是,如果有人告诉你,不是简单地打开一个开关就能控制电车撞死一个人而救下另外五个人,而是必须去和一个胖子搏斗,然后把他弄到一个合适的地方推下桥去,用他的身体挡住电车,这时人们的反应会截然不同:"等一下!"对一个一贯的功利主义者而言,同样的计算方法放在这种情境下似乎也适用,但思想实验唤起的让死亡人数降至最低的直觉,被这肮脏的场景粗暴地打断了。我们可能会得出结论,这个思想实验揭示的是"净化版"的人性。在这个版本中，选项看起来就像一份摆在我们眼前可供选择的菜单，而道德的外衣没有被放进游戏中。

但同时，这个实验的更多版本也让我们知道了关于抽象效果的一些实质性内容——打开一个开关或按下一个按钮使某事发生。这种抽象事物让我们与自己的行为区分开来，用略微不同的方式存在于这个世界。对军事无人机操作员来说，这类事情肯定是个问题，他们远离杀戮现场，坐在有如视频游戏的控制台后面来操控其他人的死亡。一份关于他们所承受的"道德伤害"的文献显示，其症状与创伤后应激障碍的症状十分类似。正如一名研究人员所言："道德伤害更多的是与生存危机相关的事情，它源自对生命神圣性价值观的侵犯，而并非与创伤有关。"[59]

我觉得无人机操作员的案例很有启发性，但也要注意，乘坐自动驾驶汽车意外撞死人就是另一种性质了，把这类事件视为"违背价值观"毫无意义。事实上，我很难看出良知在其中起到什么作用。乘客并没有做决定，他只是通过一个按钮授权执行，而他自己什么都没做。这正是这件事的有趣之处——将真人排除在分析框架之外。

人们不禁要问：广泛的自动化及随之产生的人的行为被外包出去之后，大规模授权，或者更确切地说是大规模缺席，会产生何种社会影响？让人们从自己的所作所为中完全脱身，而这种行为并不是偶尔才发生，而是作为生活在被这种方式改变的世界上的一个基本特征，这意味着什么呢？或者说，一个人能说"做"吗？这种变化似乎会损害我们形成道德直觉的能力，而这些直觉并非建立在模糊不清的抽象概念之上。

英国哲学家伯纳德·威廉斯（Bernard Williams）在一个经典论点中强调了这样一个事实：我所说的"缺席主义"在200年前就被融入了功利主义的理论。在这段历史中我们能看到，我们目前是在一个更久远的智慧传承体系中创造"道德机器"。

威廉斯指出的基本问题是，由于功利主义只关心结果或后果，因此并不会真正区分自己的行为和其他人的行为。除此之外，功利主义还坚称行为人应从普遍的视角来审视自己的行为，而不应关心它给自己带来的独特影响。他变成了横在世界的输入和结果之间的一条分界线，接受"为更多人谋取最大利益"这一标准的评判。但如何确定人们是否达到标准了呢？似乎需要一些具有上帝视角的超级智能，知道什么是对每个人都有益的，并能按照公正的计算方法来调和这些相互矛盾的益处。个人行为必须完全遵从这一点。不过我们怎样知道计算结果呢？是否应该有职员实时维护着这些数目表，并充当类似牧师的调解人？威廉斯写道："坚持认为个人应该作为自身行为的评估者并让他为多数人的利益让路是荒谬的。这是在真正意义上将他与自己的行为和存在于他信念中的行为根源疏离开来。因此直白地讲，这是对其诚信的攻击。"英国哲学家苏菲-格蕾丝·查普尔（Sophie-Grace Chappell）在一篇关于威廉斯的文章中表示，最基本的问题是"从功利主义所要求的公正的意义上讲，不存在公正的行为"。[60]

若由功利主义者当权，这种对于公正性的模糊混乱就可能导致真正的恶果。那些恨不得对人类事务指手画脚的人无一例外认为自己已经解决了"通用计算"的问题，并试图在道德上排除可能会与"公正观点"对立的各种个人观点和事情，从而使其应用于全世界。如今我们明白，不让人类继续驾驶汽车并不是那些想要从这种转变中牟利的人的计划，而是道德自身要求的计划。

我并不是说功利主义的道德是为了获取金钱利益而故意施放的烟幕弹，意识形态通常不是这样运作的。看似合理的是，我们并不排斥功利主义，尤其是在像英国这种对立的道德传统基本上已经消亡的地方。这种不排斥为那些把自己当成救世主的技术人员出于私心而自我欺骗创造了条件，为人们陷入集体混乱奠定了基础，而这些"救世主"为此颇为自鸣得意。

正如我们将在第 3 章中探讨的那样，我们能安全而顺利地共享道路是基于我们相互预测的能力。这是一种在社会层面上实现的智能形式，它依赖健全的社会规范而存在，这些规范可以支持我们对他人行为的合理预期。然而，作为对社会凝聚力下降的回应，自动化可能变得很吸引人：它是用机器创造的确定性来取代人类之间信任和合作的一个尝试。就像我们在前文中了解到的那样，"傻瓜式开车"这种设计原则可能会造成我们的技能进一步退化，这些技能包括以共同合作习惯为基础的集体自治技能。因此，建立一门行为管理科学很有必要。

普罗米修斯的耻辱或精神

让我们从"电车难题"及其在功利主义道德中的前身出发，考虑一种完全不同的思考人类行为的方式，然后看看它如何从其他角度来阐述自动化。

在古希腊，人们认为"道德"并不是强加于人的外部要求（因此古希腊人总是很难认识它，他们需要得到神职人员的指导），而是将道德视作形式更加多元的"美德"，意指在行为中表现出来的特别的优点。在这里，道德和实践密不可分，而且始终与经验保持着密切联系。

葡萄牙学者威廉·哈塞尔伯格（William Hasselberger）详细阐述了亚里士多德的观点。亚里士多德认为美德并不是由一组真实的命题构成，这组命题可与环境细节相结合，并进行道德计算，采用普遍原则来解决问题，由此产生由正确的行为组成的输出，就像在"电车难题"里那样。[61] 美德更像是一种技能，它需要在生活的艺术中进行长时间实践才能获得。它包括解读各种情况的洞察力，并习惯性对这些情况做出适当的反应。世界上不存在一套能够充分指导个体获得美德的规则，而且我们也不具备独立的道德推理能力，可以在需要时被唤起，从而应用于牵涉道德选择的不起眼的事件中。相反，我们变成了某种人——我们的道德倾向伴随着自身感知这个世界的方式以及我们虽已获得但无法表达的隐性知识在不断发展。我们知道的比想象中还要多，而且"做正确的事"（或不做）成了习惯，而不是在每种情况下都要仔细考虑或外包给专家去做这件事。我们对某种情况的反应往往已经隐藏在我们感知这种情况的方式中了。

这些美德是实用技能的体现，它必须得到锻炼，否则就会退化。这篇题外话的重点不是抱怨自动驾驶汽车缺少亚里士多德式美德，而是在考虑它们对人类造成的影响，以及人类把责任推给"智能"机器的行为方式。随着人类智能活动的空间被机器侵占，人类的智能被削弱，由此人类对自动化的需求进一步增加，并最终导致人类被"自动化"了。我所说的智能指的是身体技能、认知技能和道德技能，因为它们是紧密联系在一起的。从某种意义上讲，我们不再亲自参与事件，而这种不参与将人类行为与单纯的事件区分开来。那么事件会成为一种无人对其负责的东西。

这种将道德品质与实际判断力和技术能力捆绑在一起的方式，能否得出有用的结果？我相信它可以帮助我们理解半自动驾驶的特殊挑战。正如我们看到的那样，这些挑战几乎与近年来的坠机事件中暴露出的挑战如出一辙。根据美国国家公路交通安全管理局的说法，"过度依赖自动化且飞行员缺乏对系统的了解"是其主要原因。飞行员有时对"飞机的自动化逻辑有错误的思维模式"。[62]我想要探究的问题是，自动化逻辑的不透明性是如何既促进又要求操作者具有某种性格倾向的，这种性格倾向问题我们可以称之为精神不振。然而有时候，警惕的精神状态正是紧急情况下必需的品质，一种随时准备承担起责任的态度。

01 自力更生，当我们自己组装一辆车

由于高度自动化的汽车才开始出现在道路上，我们还没有丰富或复杂的碰撞分析主体。但我们对飞机进行过碰撞分析。近期最受关注的涉及高度自动化飞机的坠机事故都是由航空公司造成的，这些公司在训练飞行员时强调要他们完全服从飞机的自动化系统。[63] 特别是在部分发展中国家，飞行员在训练中采用手动驾驶的时间要少得多，航空公司还经常会鼓励他们使用自动化系统。[64] 在这样的制度下，飞行员肯定不会像手动驾驶特定型号的飞机时那样培养出快速反应能力和机械性直觉，包括对飞机何时会出现严重问题的直觉。

对于高度自动化驾驶舱中的所有飞行员来说，保持这些技能的良好状态是个问题。正如我们将在第 2 章中看到的那样，这是人因研究中一个主要领域。但还有一个与技能退化有关的更微妙的道德倾向问题：要推翻自动化系统需要有一定魄力，因为假设总是对它们有利。这只有在人们有信心时才能做到，不仅是对自己的技能有信心，而且对自己知道发生了什么问题及如何解决它有信心。有了这样的信心，就不会养成盲目服从的习惯，而是坚持自己操控、拒绝盲目服从。飞行员的这些性格倾向是通过长期的身体训练和认知形成培养出来的。

当然，只有在飞行员或司机确实充分掌握道路情况，甚至比自动化系统掌握得还要好时，信心和魄力才是可取的。2018 年 10 月，一架波音 737 MAX 8 在印度尼西亚坠毁，随后在 2019 年 3 月，另一架相同型号的飞机在埃塞俄比亚坠毁。巧合的是，波音 737 是波音公司通过迭代保持其延续性的一款传统设计产品，并且人们事先并不知道机身加装的

127

新系统是否必要。特别是为了保持竞争力，飞机安装了更省油的新发动机。但这些悬挂在机翼上的发动机比飞机最初设计的发动机要大得多。目前版本的 MAX 8 飞机在空气动力学方面存在固有的不稳定性。波音公司用软件解决了这个问题：授权自动驾驶仪向下推机头（以应对失速情况）的速度比以前快了 4 倍。波音公司没有告知航空公司飞机自动化系统的重要改变。内部文件显示，他们选择闭口不言的原因在于，如果告知航空公司，那么航空公司就得重新培训飞行员，包括使用模拟器让飞行员适应飞机行为花费的时间。这会显著提高成本，从而降低这款飞机对航空公司的吸引力。[65]

想象一下这样的情况：当飞机出现意想不到的行为时，飞行员意识到自己正面临紧急情况，并与系统争夺控制权。在这个紧要关头，他不想服从自动化系统，而是绞尽脑汁判断形势。也许他还很害怕，这令他更加难以思考。是从自动化系统那里夺回控制权，还是怀疑自己的判断，飞行员在两者之间摇摆不定。或许计算机知道得最清楚？在波音 737 MAX 的案例中，这种自我怀疑其实情有可原，因为飞行员掌握的信息不足。考虑到飞机销售的商业逻辑，事后回想起来，原因也并不令人惊讶。在某些情况下，自动驾驶汽车在公共道路上的调度揭示了相关组织对公共安全同样漫不经心的态度，这可能是出于"率先进入市场"的要求。[66]

飞行员对超出自己理解范围的事物会对自己抱有多大的信任呢？飞机的控制系统越复杂，飞行员日常飞行中对自己的信任度就越高。作为心理学中的一个主观问题，当一切几乎一直顺利运转时，这种信任就有可能转化为信心，也许是错误的信心。飞行员感觉自己掌握着指挥权，但他的指挥权限并没有用在他认为的地方。所以当危机发生时，飞行员就会感到迷惑。

精神饱满地准备承担责任对飞行员来说很可能不容易适应。对于设计自动化系统的委员会来说，操作者——一个自信的人类个体的这种性格倾向可能会成为自动化系统中的一个漏洞。因此，操作者需要完成一种性格养成，一种能够强调他自身的能力极限的重新定位。

事实上，对如今生活在物质文化中的人来说，这样的定位已经完成了一半。你永远不会认为你自己制造或你由于维护和修理而与之产生紧密联系的机器是无懈可击的。但如果那台机器是通过大规模合作设计和制造的，任何个体都无法完全懂得它的原理，并且它能完美工作的概率为99%，那么我们对待它的态度就会大不相同。我们不只是对这种机器模糊不清的逻辑感到畏惧，而且似乎觉得自己该对它们负责，并且害怕在它们面前出错。因此，即使是在计算机的控制下飞机撞向地面或GPS系统指引我们把车开入湖中的时候，我们也不愿意去挑战它们。

为最大限度减少人类智能发挥作用而设计的系统往往很脆弱，因为它们无法预测每一个偶然发生的事件。当它们没能做出正确的预测时，这种失败往往是系统性的，与它们控制的整体范围成正比。从本质上说，这要求我们完全相信自动化系统委员会能够在设计系统时全面考虑每一个相关因素，并通过工程的完整性做到这一点，而不是以商业思维为主导。该委员会成员包括波音公司、空客，很快还会有特斯拉和Waymo。从复杂系统设计的角度看，这种说法肯定会有些自以为是，但对系统的使用者——飞行员或司机来说，我则是鼓励他们拥有一种大不相同的心态，即对自动化系统有信心的同时也要对自己有信心。

德国哲学家冈瑟·安德斯（Günther Anders）可以帮助我们理解人类为何会服从机器：那是一种性格倾向。安德斯是纳粹德国的难民，也是美籍犹太裔思想家汉娜·阿伦特的第一任丈夫。第二次世界大战期间他定居美国加州，打过许多零工。他写过一篇题为《论普罗米修斯的耻辱》(*On Promethean Shame*)的文章。标题很吸引人，因为我们已经习惯"普罗米修斯的骄傲"这样的说法。普罗米修斯的神话故事的全部寓意就是告诫我们不要傲慢自大。安德斯以1942年写于加州的一篇日记作为文章开头。在这篇日记中，安德斯提到和朋友T去参观一个新技术展，比起观看新电器展览，他更有兴趣观察朋友。"每当一个极为复杂的电器开始运转时，他就垂下眼睛，沉默不语。更引人注目的是，他把双手藏在身后，就好像他为把这两件笨重、不雅且过时的仪器带到这些如此精密且精致的机器当中而感到羞愧似的。"[67]

两天后，安德斯又引用了另一篇日记，反思了自己看到的一切。"普罗米修斯式的违抗反映的是拒绝欠任何人任何东西，也包括他自己。而普罗米修斯的骄傲反映的是把一切，包括他自己，看作自己的成就。这是19世纪白手起家之人秉持的典型观点。我们今天仍能看到这种观点的一些残余。但我怀疑我们身上是否仍然具备这些特征。"[68]

在写这篇文章之前，安德斯与同在南加州的移民知识分子同行讨论了这些问题。其中就有德国戏剧家贝托尔特·布莱希特（Bertolt Brecht）和德裔美籍哲学家赫伯特·马尔库塞（Herbert Marcuse）。安德斯指出："人类的造物在历史进程中不断增加，因为人类成了自己所造之物的产品……人类与其所造之物之间出现差异，并形成了一道不断扩大的鸿沟，因为人类无法继续满足自己所造之物对他们提出的要求了。"[69]

这些要求可能与我们天生具有的能力不相称，或是类型有所不同。它们往往需要调动我们语言方面那一点微弱的能力：对于飞行员来说，这也许就是读懂描述各种自动油门模式的手册的能力。此类能力并不是我们身上所固有的。这些要求立刻以这种方式被限定和强化，并与我们最初具有的那种靠直接互动来了解世界的动物属性产生一定的交叉。其结果是，我们可能会变得意志消沉，就像动物离开了它所习惯的栖息地时的反应，因为那片栖息地能展现它所有的才能。

在这种精神不振的状态下，我们的能力确实变差了。这条轨迹的终点十分清晰：世界变成"失败者"的科技动物园，就像动画电影《机器人总动员》中那些目光呆滞的生物或者被饲养在有机玻璃笼里的实验大鼠一样。

在第2章，我们将讨论另一种与机器共存的方式。

成为一名民间工程师

> 接下来的几章讨论的是五金器具。我进行了更为细致的论述，因为硬件的成败取决于细节。
>
> ——哈利·里卡多（Harry Ricardo）爵士

> 趁我们还没失去耐心，最好先回顾一下德萨克斯元帅的话："尽管人们认为那些关注细节的人智力有限，但在我看来，这部分人必不可少，因为细节才是基础……仅仅热爱建筑是不够的，你还得懂石材切割。"
>
> ——米歇尔·福柯（Michel Foucault）

一辆红色的 1975 款甲壳虫开始出现在我常去的一幢大楼的停车场，我发现卡尔正打算把车卸下来。我这个中年人一直以来都克制着自己对汽车的兴趣，此时我的克制又受到了考验并立即瓦解。卡尔让我坐在驾驶座上，那感觉就像回到家一样亲切。这些汽车的驾驶舱封闭而紧凑，车内的每样东西一伸手就能轻松够到。我只是把手放在方向盘和变速杆上，并把脚放在踏板上，那些沉寂已久的机械性习惯就苏醒了，虽然它们早已被我的意识遗忘，却以某种形式依旧储存在我的身体里。随着记忆的浪潮渐渐平息，我的身体仿佛在说："就是这个感觉。"廉价的德国乙烯基材料制成的内饰散发出特殊的气味，或者说，我闻到的其实是填充在车顶衬里和老式座椅中吱嘎作响的弹簧之间的马鬃气味。可以毫不夸张地说，旧车具有一种有机的、像马一样的品质。1975 年生产的汽

01 自力更生，当我们自己组装一辆车

车是工业经济鼎盛时期的产品，你可以想象一下（精不精确无所谓）汽车制造材料的产地和汽车的生产过程。如果你用这种方法就可以想象出如此多的信息，那么你可能会发现自己希望成为一名民间工程师，或者做一些其他与这辆车相关的事情。

如果你像我一样，早早就开始对各种可能发生的事感到兴奋不已，那么你或许会犯下严重的错误。例如，今后买车的时候你可能会忘记把地毯掀起来看看车上有没有锈迹。

在我写这本书的时候，距离我买下那辆车已经过去 8 年了。现在原车只剩下中央骨架、后扭力外壳和车身外壳的上半部分，其余的都成了氧化铁粉末，在地毯胶泥的作用下，保持着大众汽车的形状。我为那辆车所投入的时间足够一个品位更高的人去学习中文，或者在小提琴演奏方面取得更大的进步。

我为什么要投身于这样一个项目中呢？我可能不适合回答这个问题——痴迷让我迷失了自我。但我希望前面的章节已经解释了为什么人们可以期望通过重温自动驾驶汽车发展的初期阶段，重拾驾车的兴奋感。

在我看来，对自动性和断开连接的迷恋，就像是普罗米修斯式耻辱中的一个文化漩涡：与那种尽在掌握的心态正好相反，我们通常会把这种心态与技术联系在一起。相比之下，自相矛盾的是，从那种对"现代"的老式理解来看，我正在打造的甲壳虫将是一辆注重"现代"的汽车。实际上，我正在利用自助式 MegaSquirt 平台，给它配备最先进的数字引擎管理系统。我觉得，与技术的完全自由的关系应该是既不会像躲避魔法一样疏远它，也不会不加批判地接受它。

在打造甲壳虫时，我采用的设计原则很简单：轻便、结实、可直接控制，当然还有马力——要有足够大的马力。我期待最终能获得舒适而优雅的驾驶体验，而带给我这种体验的汽车就像是一个合适的假肢。

不管怎么说，这只是我的幻想。在这个项目开始的最初 5 年里我完全是越弄越糟，原因只有一个：生锈。生锈是幻想的最大阻碍。我在拆解这辆车时，不断地在隐蔽的凹陷处发现层出不穷的锈迹，我只得切割掉更多金属片，让锈蚀的地方完全暴露出来。最终，我简直把车切割成了碎块。当我幻想的生活出现在网络论坛上时——这些论坛致力于创造精彩的新事物，我在车间里的真实生活却越发与锈蚀纠缠在了一起。

2011 年至 2017 年，我晚上经常会睡不着，想象着湿气在两块金属板重叠的接缝处缓缓流动，这让我有一种浑身发痒的感觉。锈蚀的狡猾之处在于，你越了解它的蔓延方式，它就越会以压倒性的方式强占你的大脑。锈蚀必须根除。我从没想过自己会成为一名业余化学家，可是当你要弄清防锈剂、溶锈剂、锈蚀密封剂、锈蚀转化剂的各种用途以及这类术语传达的所有意思时，就不得不强迫自己学习一些化学方面的知识了。[70] 宿命论是对氧化过程唯一真正理性的解释。那些花费多年时间修

01　自力更生，当我们自己组装一辆车

复旧车的人应该都没有听过这句话："不要把自己积攒的财宝堆在地上，地上有虫蛀和锈蚀。"

此类箴言说起来容易，做起来难。突然之间希望和灵感乍现，于是我把一根细软管接到一根长棍上，用它来把环氧树脂涂料喷射到我花费了好几周重新安装的加热器管道深处。我找到能承受住焊接热量的厚铜底漆，把它涂在面板焊接到位后就无法彻底除锈的位置。我装了一根虹吸管，这样就能把高压清洗机当作喷射媒介了。想象一下，一股压力达到每平方厘米227千克的水柱里满是碎玻璃。我用它来清除一层层尘垢、内涂层、油漆、底漆、车身填充物、接缝密封剂以及锈迹（就是它！）。颇具讽刺意味的是，这些垃圾大多是前任车主们为了防锈而弄上去的，但它们不仅无济于事，还堆在那里，妨碍我寻找和摧毁那个顽疾。在希腊语中，aletheia（真相）一词指"被揭开的东西"。我满心希望能看到裸露的金属，那是一个人想要除去所有乱七八糟沉积物的渴望，这些沉积物显然是之前没有做好本分之事的人所遗留的。弄清事情的真相后，凭借我的审视和意志，一切都变得清晰明了：修复旧车变成了一种形而上学的痴迷，它违背了所有真实的成本效益分析。

我的妻子经常提醒我"沉没成本"的概念，这是一个摆脱思想束缚的理念：有时候，放弃已投身其中的事情是有意义的。你已经坐在那里看了一小时的烂电影，但没有必要继续看到结尾，尽管你觉得应该看下去，因为它已经花了你一小时，但你没必要这样做。在一种纯理论的情绪支配下，她不会顾及车道上有什么特别碍眼的东西，依旧出声地念叨

135

着，有时人们必须后退一步，以不带倾向性的新眼光来看待一个项目。因为她太过理性，所以她不会理解对一堆生锈金属保持忠诚这件事。

内燃：终极百科

内燃机是个奇迹，其基本原理非常简单：活塞在汽缸中向下移动，汽缸内的空间增大，并形成真空状态。空气和雾化燃料的混合物在真空的作用下，通过一个开口被吸入汽缸。随后这个开口关闭，活塞反向运动，向上移动并将空气和燃料的混合物大幅压缩（这就是燃烧室，体积约为汽缸容积的 1/10）。在压力达到最大值之前的瞬间，点火系统放出一个火花。如果一切顺利，随后就会缓慢地发生一次爆炸（单位质量的汽油能量比 TNT 炸药高），这是一个移动速度刚好算得上是"爆炸"的压力波，迫使活塞往下回落。由于活塞连在一根曲轴上，它沿直线的往复运动被转化为旋转运动。想象一下，老式火车头的车轮是由连接在车轮外圈附近的轴带动旋转的。迫使活塞向下运动的爆炸能转化为扭矩，也就是在圆周运动中施力的能力。其中一些能量用来推动车轮转动，还有部分能量储存在飞轮中，连在曲轴末端，这部分能量马上就要用到。活塞在这时已经耗尽能量，动不了了，但飞轮会把能量返还给它，做旋转运动的组件的动量会把活塞带回汽缸顶部。为了让活塞完成这个向上的冲程，我们要在汽缸顶部另开一个开口，好让燃烧后的空气和燃料的混合物排出，这就是排气。随后这个开口关闭，第一个开口再次打开，整个过程又会重新开始。这就是四冲程发动机的一个完整循环：进气、压缩、驱动、排气。在循环过程中，曲轴完成了两次完整的旋转，活塞则完成了下降、上升、下降、上升的运动。

对这个过程了解得越详细，对有多少事情必须做到准确无误才能完成这个运转过程知道得越多，就越觉得这种事情似乎很神奇，更不用说单个发动机就能默默无闻地行驶33.2万千米，几乎不需要维护也不会出什么故障这种事了。我粗略算了一下，这相当于一台发动机在整个生命周期里总共转了大约10亿圈。[71] 对于一台六缸四冲程发动机来说，这意味着它要发生30亿次小型爆炸。对于主要通过数字方式认识事物的人来说，这可能是个抽象概念——它只是9个0组成的一串数字，并不比组成一个千兆字节的那些0更让人印象深刻。然而发动机是在吸入尘土飞扬的空气，并在公路上忍受着高温炙烤的同时，进行往复运动、旋转、屈伸、磨损、燃烧、敲击部件这些工作的。更重要的是，所有部件都是可以彻底检查的，你既可以把它们拿在手里，画张图，用锉刀把它们划开，也可以把它们随手丢在屋里。它们有重量和形状。整套组合的运转不需要启用所谓的存储在云端的那些神秘莫测的概念。发动机的家庭化及其毫无神秘感的物性激发了人类去探索其构造及原理的欲望。这应该是最好的启蒙物品了。

内燃机的发展是工程学进展中一个独特的案例。从一开始，内燃机就是数学科学的研究对象，但它可能也是人类历史上持续时间最久、分布最广泛的实践实验项目的受益者，是终极百科全书。[72] 如今的技术水平是训练有素的工程师与街头技师、非法的街头赛车手与环境监管人员,及花销巨大的汽车运动与以成本为导向的汽车制造商之间一个多世纪以来相互博弈的结果。

1885年,哈利·里卡多在英国伦敦出生,他的父亲是建筑师,母亲则出身于贵族家庭。里卡多这一姓氏源自葡萄牙语,是赛法迪犹太人的姓氏。1898年,里卡多的祖父购买了一辆汽车。可以想见,年轻的里卡多是英格兰最早见到汽车的人之一。10岁时,他进入贵族学府拉格比公学,并开始制造发动机。在剑桥大学读完第一年后,里卡多参加了剑桥大学汽车俱乐部举办的一场比赛,他凭借自己设计并制造的机器赢得了这场用1.1升汽油使机器跑得最远的比赛。1904年,里卡多制造了一辆可以行驶差不多64千米的单缸摩托车,这样每升汽油可以行驶56千米左右。人们不禁要问,里卡多的那些贵族同伴如何看待这样一个深深痴迷于摆弄发动机、身上散发出有失绅士风度的气质的人?

20世纪发动机最重要的进展之一,是利用直接喷射来实现空气–燃料的分层注入。换句话说,在燃烧室内的全部进气量中,空气与雾化燃料的比例是不均匀的。一小块区域中浓度较高的混合物首先被火花点燃,形成快速移动的火焰锋面,反过来又点燃了燃烧室中体积较大、较为稀薄的混合物。这样做的结果是更省油,而且热效率更高。还是孩子时的里卡多就利用这个理念制造出了一台发动机,比发动机的大规模商业化早了整整一个世纪。

大学毕业后,里卡多开了一家商店。第一次世界大战期间,他接受了一项挑战，开发一种烟雾排放量更少的坦克发动机。烟雾在战争中是个很严重的问题，因为它会暴露坦克的位置。里卡多的第一次尝试是制造了一台六缸发动机，解决了烟雾问题。在战争期间，他还将坦克的输出功率从 105 马力提高到了 150 马力，又在随后的迭代中进一步提高到了 260 马力。第二次世界大战期间，里卡多转而研制飞机发动机，并取得了类似的惊人成果。为表彰他在战争期间所做的贡献，里卡多入选英国皇家学会会士，并被授予大英帝国骑士指挥官的贵族头衔。当里卡多爵士跪在女王面前，让女王用那把古老的宝剑触碰肩膀时，我不确定他身上是否还散发着化油器清洗剂的气味。

里卡多的权威著作《高速内燃机》(*The High-Speed Internal-Combustion Engine*) 于 1923 年首次出版，又于 1953 年出版第 4 版。该书的开篇记述了一个有趣的观察结果，那就是在某些设计超越其他设计的过程中，偶然性所起的作用。

> 回顾机械工程过往的发展进程时，我们发现每条新发展线的开头都是一段试验和摸索的时期，在此期间会发展出多种类型的产品。经过一番淘汰，这些类型很快就会被缩减到仅剩下一两种。在对这些剩余类型的最终选择中，机会往往和优点同等重要。我们太喜欢把发明创造的天资记在少数几个人身上了。成熟的发明种子到处都是，只等着需求、环境与机会（或许是最重要的因素）以特定的方式组合在一起，来决定哪些种子可以发芽。

随后，整个工程界的注意力都会集中在这一两个幸存者身上，虽然它们未必是最好的。最终它们被一点一点改进得面目全非，几乎达到其能力的极限，这时就会有本质上更好的新类型取代它们。[73]

里卡多没有想到，有些人永远也不会得到部分早期发动机的结构已过时的记录，甚至还会继续推动它的发展。20世纪80年代初，我在上中学时，Top Fuel 高速赛车能产生3 000马力。没有人会想到，在21世纪初，同样的8 200立方厘米、每缸双气门、推杆V8发动机，以克莱斯勒1950年的设计为基础，能产生10 000马力。这是克莱斯勒公司推出的第一代产品马力的约55倍。该公司的第一代产品能产生180马力，在当时已经被认为是个魔鬼般的数字了。

人类往往会执着于一些次优的东西。说这是忠诚也好，是怪异也罢，抑或说这是一种文化传承，这种保守主义有时也能带来惊人的飞跃，这确实很矛盾。里卡多那些"到处都是成熟的发明种子"开始在一些固定的平台上发芽，它们"不一定是最好的"，但也可以让一个公共的专业知识体系得以发展。急于求成的革新者可能会把这类传承视为障碍，认为它是应该以"进步"的名义清除掉的东西。但传统本身可以成为推动进步的发动机，它是知识传播的基础，还为一些共同努力提供了一个固定称谓以及一套有历史意义的基准，这样人们就可以想象自己超越了过去的某些人，而那些人也在同样的基本限制下工作。因此，传统为卓越的竞争提供了一个平台，这种竞争有时会把整个社区带到意想不到的新领域。

从这个意义上来讲,我认为把改装汽车称为一种艺术形式很公平。我指的并不是往车身上喷涂糖果质感的油漆、割开车顶以及此类中规中矩的"创造性"工作,而是工程方面的改造。在艺术领域,材料造成的限制并非简单的限制,它们给艺术家的想象力设置了界限,规定了他们进行发明创造的可能范围。此外,艺术家的创作素材中固有的特性将他与前人的工作联系在一起。例如,雕塑家的创作意识不可避免地会与米开朗基罗用大理石进行创作的意识一致。他可以努力摆脱这种状态,进入虚无缥缈的自由境界,但他知道这么做有可能会一事无成。

我承认,我用艺术进行比喻可能有点不合适。然而我这么做是因为我觉得有必要证明或至少让大家理解,我为什么花费大量时间和金钱来制造一台高性能的风冷式大众发动机,哪怕只需投入很少的金钱就可以给自己的甲壳虫换一台性能毫不逊色、可靠性还要更高的斯巴鲁发动机。换发动机是有原因的,而我已经找到这个原因了。不过我担心这个原因会使人觉得过于微不足道,或者说制造这辆车的这项大工程不会让人觉得我在传奇的发明之路上迈进了一步。

在过去 30 多年(特别是过去 10 年)里,我一直在仔细琢磨自己的终极大众车的心理结构。如果说我对这种形式感兴趣,就会引出一个问题:为什么?这其中肯定有中年人的怀旧情结在作祟。正如我在《摩托车修理店的未来工作哲学》(*Shop Class as Soulcraft*)[①]一书中提到的那样，我在十几岁的时候曾受到一名强烈反主流文化的大众机械师的影响。但这还没完，因为我感觉自己被拖入一段历史之中，这段历史可以追溯到我出生之前，并且至今仍是大众汽车论坛上活跃且经常引发争论的话题，它引起了我的好奇：这些被镁壳包裹的小珠宝今后的发展会怎样？我分两个阶段制造这台发动机：第一个阶段，正常吸气，这将产生大约180马力；第二个阶段，涡轮增压和燃油喷射，这将产生大约300马力。

人民的汽车：一小段历史

1902年，捷克（当时是奥匈帝国的一部分）的一名年轻工人应征入伍。他从小就在父亲的车间工作，他的父亲名叫安东·保时捷（Anton Porsche），是一名技术精湛的钣金工。钣金加工是一种在金属板上手工锤打出复合曲线的艺术。这是早期马车和飞机机身的制造方法，目前仍然是制造订制车身的关键技术之一。现在我们称之为金属成型。年轻的费迪南德·保时捷（保时捷公司创始人）在部队里谋得了一份相当不错的差事——担任弗朗茨·斐迪南大公（Archduke Franz Ferdinand）的司

[①]《摩托车修理店的未来工作哲学》是一部为工匠精神正名的作品，一部探讨机械化生产时代如何重拾工匠精神的作品。它颠覆了鄙视体力劳动者的传统教育价值观，以一个新的视角重新探索和思考人类生活与工作的意义。该书中文简体字版已由湛庐引进，浙江人民出版社出版。——编者注

01　自力更生，当我们自己组装一辆车

机。你可能在中学历史课上看到过这个名字：他是奥地利王储，后来被暗杀，这个看似偶然的火花却点燃了第一次世界大战的战火。

应征入伍时，费迪南德已经离开了父亲的车间，并在奥地利维也纳工作了几年。他先是就职于一家电气制造商，后来又前往马车制造商雅各布·洛纳公司工作。工作之余，他有时会偷偷溜进当地的大学旁听。除此之外，在费迪南德还住在家里的时候，他还读过家乡技术学校的一些夜校课程。作为工程师，费迪南德从未接受过任何高等教育。而在20世纪末，全球汽车选举基金会把他评为"世纪汽车工程师"。

在雅各布·洛纳公司工作期间，费迪南德参与了公司准备在1898年推出的首辆汽车的制造。这个22岁的年轻人偷偷在所有关键部件上刻下P1的字样，代表自己设计的第一款汽车。这种年轻时的行为有一点大胆，现在回过头来看却是有正当理由的。1901年，费迪南德为公司设计了第二款汽车，这款汽车是混合动力车，配备电动轮毂电机和线控油门。

后来，费迪南德·保时捷运用自己的才华为纳粹德国效力，并因为在战争中为德国做出的贡献而被送进法国的监狱。这段时期的汽车历史之所以如此引人入胜，原因之一在于其丑陋的政治潮流与大众汽车这个汽车品牌真正的大众特性是分不开的。

在1933年举办的柏林车展上，新任德国总理希特勒（很快就将成

143

为元首）宣布将制造一款价格低廉、使用实惠的汽车，从而"使人民机动化"。这种车将被命名为 KdF-Wagen：一种可靠、朴素的家庭汽车。梅赛德斯－奔驰公司前经销商雅克·韦尔林（Jacko Werlin）委派费迪南德·保时捷与希特勒见面，费迪南德此时已新晋为独立设计师和汽车顾问的身份，并在德国斯图加特拥有自己的工程公司。在费迪南德的倡议下，公司的大部分资金都是从他的人寿保险借钱来的，他已经在研发基本符合要求的原型车了，并先后得到了 Zündapp 公司（不久后就因其生产的摩托车而名声大噪）和 NSU Motorenwerke 公司不定期的支持。在首次会面中，"希特勒提出了令费迪南德感到震惊的要求：这款车的时速要求达到 97 千米，油耗不得超过每升 17 千米，要采用风冷式发动机，车内可以装下 5 名乘客，整车售价不超过 1 000 马克。"[74] 在费迪南德看来，这些要求"完全是不现实的"，但这并不是希特勒想要的答复。

在 1969 年 5 月 1 日出版的《汽车》(Autocar) 杂志的《大众汽车增刊》(VW Supplement) 的一篇文章中，爱德华·伊夫斯（Edward Eves）写道："费迪南德在 1936 年展示他为 KdF-Wagen 设计的动力装置的计划书时，德国的老牌制造商们连连摆手，说这个价格永远不可能造出'这种飞机发动机'。今天的任何产品工程师都会这么说。"[75] 大众风冷式发动机通常被认为"简单"，但其外观有那么一点欺骗性。与个头小巧的雪佛兰 V8 发动机相比，制造精密的大众风冷式发动机简直是个奇迹，而雪佛兰 V8 在自己的爱好者群体中同样拥有不可撼动的地位。关键是，1939 年的大众分体式铝镁发动机更接近现代的日本摩托车发动机，而不是

20 世纪中叶美国底特律地区生产的粗糙的铸铁发动机。

大众发动机在经济学上的偏差是怎么造成的呢？从事汽车报道的记者 O. G. W. 费尔森（O. G. W. Fersen）参加了 1939 年的柏林车展，当时 Kdf-Wagen 登台亮相，他在跑道上试驾了这辆车。30 年后，费尔森在 1969 年的同一期《汽车》杂志上撰文回忆说："这辆小车看上去的确非常'廉价'，内部有大量金属板裸露在外，发动机也称不上精致。但它毕竟是一辆非常完整的汽车，并且价格还不到 1 000 马克，和一辆中型摩托车的价格差不多。"费尔森通俗地解释了大众汽车在经济学上偏差的原因："独裁者的命令催生出'人民的汽车'，汽车制造商不用考虑成本和商业因素。这款汽车由德意志劳工阵线生产，该阵线是一个精心策划成立的工会。"

德国汽车工业界并不认可这款车，因此德意志劳工阵线在费迪南德的指导下自己包揽了这个项目。最终催生出大众甲壳虫。

这款汽车价格低廉，还有一个平民化的背景故事，对 20 世纪 60 年代反主流文化中热爱和平的美国嬉皮士具有一定的吸引力。但从确切的法西斯主义经济的含义来看，它也是一款法西斯的汽车：它价格低廉，其原因归结于独裁权力、国家指导的投资和取缔不受纳粹控制的独立劳工组织。纳粹对于自由劳动理想的曲解或嘲弄，可以从张贴在几座死亡集中营入口处的"劳动使你自由"的标语上明确看出来。战争期间，生产"人民的汽车"在很大程度上是依靠大众汽车的奴隶劳工完成的。他们主要是捷克人和其他斯拉夫人，在希特勒的方案中把这些人标记为劣等种族。甫一建成，德国沃尔夫斯堡的工厂主要生产的并不是面向消费者的 KdF-Wagen，而是类似吉普车的 Kübelwagen 和用于军事用途的四驱水陆两栖 Schwimmwagen。这些车都是基于和 KdF-Wagen 相同的平台所制造的。战争期间，"人民的汽车"的产量仅够满足纳粹高官和外交人员的需要。回过头来看，希特勒要求 KdF-Wagen 采用省油的风冷式发动机，显然不是出于对家庭经济的关心，而是因为他计划前往缺乏燃料和水的地区进行长途征伐。

战争结束的 20 年后，美国南加州的改装车爱好者发现，这种被数百万热爱和平的嬉皮士追捧的"人民的发动机"，承载着可能会被转化为类似以战争为目的的隐性狂飙突进运动（Sturm und Drang）的蛛丝马迹。

因此这是一台充满矛盾的发动机，正因如此，它非常适合装在卧车上。

何为卧车

亚里士多德将"讽刺"一词解释为一种掩饰自己优越感的姿态，并称这是一种恶习。他在苏格拉底身上发现了这个恶习，那个臭名昭著、丑陋且身无分文的家伙在希腊雅典到处游荡，向身份高贵的人物询问一些听上去并没有什么恶意的问题。如果那些人上钩了，接下来的交流就会把他们的困惑揭示出来并展示给所有的旁观者。这的确是一种很卑鄙的行为。

我们可以借鉴上述的行为把一辆外观破旧不堪、锈迹斑斑的 300 马力大众汽车拿来当作苏格拉底式的探寻工具。让我们在红绿灯旁提个问题，看看那些声名显赫的人物是否配得上他们在这座城市的地位。

这就是奈飞在《最快的汽车》(*Fastest Car*)节目中探讨的基本动力学，在这个节目中，价格不菲的超级跑车与车主自造的汽车在 0.4 千米的赛道中竞逐，其中一些是真正的卧车。"只造不买"是那些看着兰博基尼就觉得"讨厌"的人的座右铭。要是能将那辆车和车主都揍一顿该多好啊。

黏糊糊的 2276 式构造干式油底壳

正如里卡多所言，要理解车迷的精神生活，就有必要先了解五金器具（见图 1-1）。除去那些初涉这个领域的人，接下来关于技术方面的琐碎内容可能对其他所有人来说太过枯燥。如果你对冶金学和测量技术不感兴趣，那么就请小憩一会，呼吸着芳香烃，让眼睛休息休息，因为我从这款发动机的制造日志中摘取了几段，并会试着解释我正在做的事情。

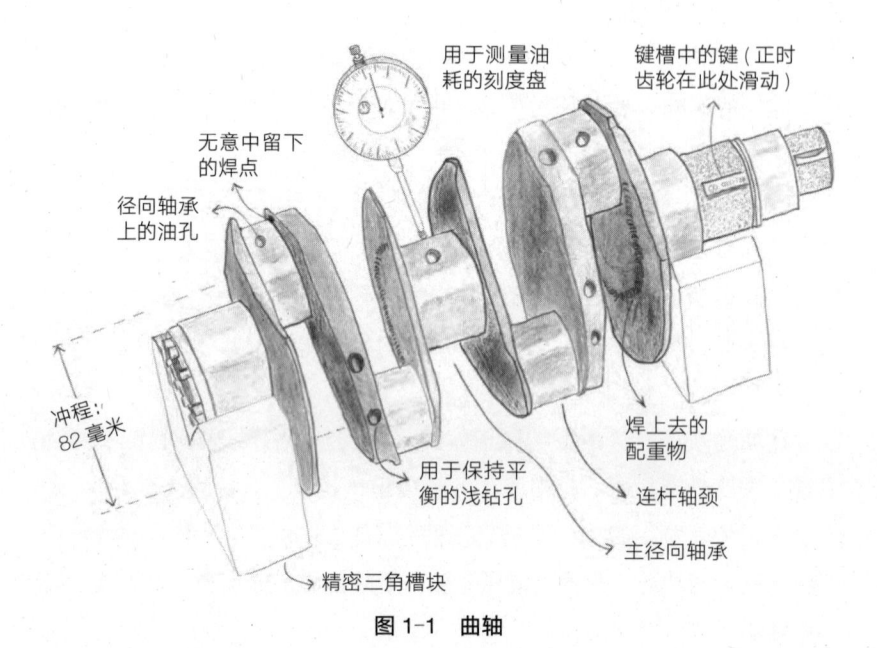

当放弃了方向盘，我们失去了什么　WHY WE DRIVE

图 1-1　曲轴

资料来源：曲轴由 Jose Alvarez 制造、Matthew B. Crawford 绘制。

2017 年 5 月 25 日

1 号和 3 号主径向轴承的精密三角槽块上带有曲柄，使用千分表几乎观察不到偏心（2 号主径向轴承约 0.000 8 厘米，4 号主径向轴承约 0.001 厘米），干得漂亮！

大众原厂 1 600 毫升发动机的冲程（即活塞从气缸底部移动到气缸顶部的距离）是 69 毫米，这个距离是由曲轴的尺寸决定的。我的曲轴是一个名叫何塞·阿尔瓦雷斯（Jose Alvarez）的人用切割成碎块的库存零件焊接而成的，他在加州圣安纳拥有一家叫作"DPR 机器"的公司。那个地区是奥兰治县大众风冷式发动机的制造中心，第二次世界大战结束后，这种发动机的制造就开始在南加州发展起来，并且仍是那些如今已经罕见的专业工程技术的集中地之一，这些集中地曾遍布美国各地。

何塞是制作定制曲轴的最佳人选。在与他通电话时，我要求将曲轴的冲程加长到 82 毫米以增加发动机的排量；还要增加配重，使发动机的旋转平稳（提高发动机的转速）；并且要按照雪佛兰的标准而不是大众的标准制造连杆轴颈。因为雪佛兰的连杆轴颈大的一端略小。如果使用这样的连杆轴颈，我就不用从曲轴箱中除掉那么多金属，好给这个超大的旋转组件腾出空间了。

令人惊讶的是，这个按照"3o 标准"——公差在 0.000 X 厘米以内的规格手工制作的曲轴，成本还不及中国为大众汽车爱好者大批量生产的曲轴，只有 400 美元左右。你不必等很久就能拿到中国生产的曲轴，它们由铬钼钢制成，理论上讲应该更结实。但大众原厂曲轴是用德国钢制造的，在那些把这种小玩意安装在飞机和高速汽车上的人看来，大众曲轴往往是首选。冶金行业一直都存在一丝神秘主义色彩。它确实是一门神秘的科学，其历史可以追溯到笼罩在大马士革钢和武士刀上的类似宗教式的行业秘密。在中世纪，一个主权国家的冶金业状况在很大程度上决定了它在军事上是否具备优势。但即使是在工业时代，生产好钢所需的知识和技能也没有完全减退到可以按照一个可以阐释清楚的配方来制造的程度。一切都取决于"厨师"。[76]

我还对何塞说，我想要一个比标准中央主轴颈更大的中央主轴颈，以减少曲轴在高转速下的弯曲。能把曲轴弄弯的惯性力会随转速的提高而成倍增加，我打算让这台发动机的转速达到每分钟7 000转，而原厂发动机的转速如果超过每分钟4 500转就可能发生故障。正如里卡多爵士所言：

> 在低转速发动机中，活塞和其他运动部件的惯性产生的动力相对较小，因此这些部件可以做得非常结实，而不会给结构或轴承造成过大压力，但动力会与转速的平方成正比增加，在高转速发动机中占据主导地位。因此，设计高转速发动机的精髓是尽可能将结构设计得坚固、紧凑，包含的运动部件越轻越好。[77]

大众汽车于1968年在其生产的较重的车辆上安装了自家的"4型"发动机，增加了曲轴主径向轴承的直径，并对曲轴箱进行加工使之相配，这款发动机后来也被用来为保时捷914提供动力。我在早期的汽车架构中也采用了这个标准。在过去那个汽车发明还处在一团迷雾的时代，一些车迷发现了一种由宝马而不是大众制造的特殊轴承，而这种特殊轴承正好适用（见图1-2）。

01 自力更生，当我们自己组装一辆车

从网络社区中挖掘出这些信息并非一件小事，它需要花费我大量的时间阅读那些无关的夸夸其谈和陈年的唇枪舌剑。但不管怎么说，我也已经浪费了大把时间。有些线索就像侦探小说，不把它看完根本停不下来。有时候，技术方面的谜题解开了，但同样的，故事也常在乌烟瘴气的矛盾中逐渐结束——用了长达 7 页的篇幅。有人改变了话题。在 1970 年美国企业家比尔·费舍尔（Bill Fisher）颇具开创性的著作《如何改造大众发动机》（*How to Hot Rod Volkswagen Engines*）出版以前，从未有过讨论这个话题的图书。这半个世纪里，技术水平取得了不小的进步，但知识体系还未形成。

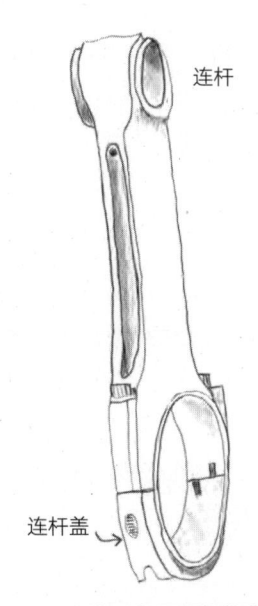

图 1-2　连接活塞与曲轴的连杆

在过去 20 年里知名度较低的改进之一，是约翰·康纳利（John Connolly）为大众风冷式发动机开发的"超压"活塞。要想从康纳利那里得到这样一套活塞，你必须签署一份保密协议，还要同意绝不发布露出活塞顶部的照片。虽然我正在使用这些活塞，但是我无法向大家描述它，因为我必须遵守保密协议。这种活塞的主要优点是，可以在不发生爆震的情况下允许人们增大压缩率。正如里卡多爵士所解释的：

> 人们很早就意识到，过去正是因为爆震事故，通过火花点火发动机点燃挥发性石油燃料而产生的动力输出和效率得到了限制……
>
> 爆震的机制是，在气缸内形成一个速度极快的压力波，撞击气缸内壁，使之发生振动，从而发出尖利的"砰"的一声。[78]

增加燃烧室中的湍流可以降低发生爆震的可能性，通过"挤压"就能实现。里卡多解释说，挤压是"困在活塞和气缸盖一些平坦或对应表面之间的气体的快速喷射"。[79]操纵活塞顶部和气缸盖之间的空间形状便可完成挤压。

由于之前的保密协议，我不能再说下去了。我只想说，这些神秘的艺术必须善用而不能用来作恶。

2017 年 5 月 27 日

校准扭矩扳手。

在螺纹上有油的条件下,连杆盖的扭矩约为 34 牛顿米。

#3 连杆的侧间隙为 0,有束缚感,拧紧连杆螺栓时让我感觉不稳定。除此之外,还有哪里不对劲。仔细检查后我发现,连杆轴颈旁边的曲拐上有一小块焊点突了出来。该死的何塞!

我用放大镜研究了一下状况,认为用锉刀应该就能除掉这个多余的金属块。我锉削的地方与连杆轴颈的抛光表面之间只有几毫米,因此我首先用一块柔软的铝箔把它的周围包住,再用软管夹固定,把它保护好。

连杆盖拧紧之后,用塑料间隙规测量的连杆螺栓的油隙全部为 0.002,用侧隙规测量的侧间隙如下:#1 0.015,#2 0.016,#3 0.014,#4 0.009。

基本确定曲轴和连杆目前的情况后,我用孔径规测定正时齿轮的内径,用千分尺测定曲轴鼻突部的外径和键的宽度,用小孔规测定键槽的宽度。理论上讲,所有这些物件都要一起工作。那为什么要费心费力地去测量每一样物品呢?在做这样的工作时,你将会学到的是不要相信任何人,这种方式可不轻松。与"高性能"、售后市场和精品零件甚至原厂配件打的交道越多,你就会越坚定地持这种态度。你可以将它称为怀疑伦理,也可以将它叫作经验主义。人们对他人的证言、对利益相关方的陈述，以及对多年前赢得的声誉都会不太重视。你只相信自己的工具。对于那些沉浸在自己幻想中的发动机制订预算的人来说，很难建立起这种怀疑的心态，他们只是把自己在杂志上看到的所有零件的价格简单相加，认为这就是这些零件的成本。我们最好把自己购买的物品看成"初稿"，是与最终成品近似的东西。那么你的任务就是把这堆金属大杂烩提高到最高标准。身为"主管机械师"，你要根据某项计划把几十个不同生产商制造的零件整合在一起，而这项计划从来就不是那些顾客的计划。在整合的过程中，到处都有干扰和不相容的情况。

我跑题了，因为如果一个改装车爱好者对一个老手说自己正在制造一台发动机，对方就会露出奇怪的表情，问道："你的意思是重新制造一台发动机？"不是这么回事。"那你的意思是从头开始制造？"也不是。实际上，我们称所做的事情为发动机"绘制蓝图"，这种说法的起源不甚清楚。绘制蓝图就是制订总体规划，每样零件的尺寸都被完全限定在某些可以接受的公差范围内。然而这个术语更有可能直接来源于这样一个事实，即机械师用蓝色染料来标记干净的金属，这样一来，任何轻微的刮擦或磨损都能留下可见的痕迹，我们就能看到两个零件在哪里发生了接触。例如阀门与阀门座的接触是否均匀，或者一些平面与一个完美平面的偏离情况——通过打磨一块玻璃的表面，观察哪里有残留的染料就能实现，抑或两个齿轮齿的啮合深度。染料的这种用法是一项极为灵敏的技术，它能揭示出人们肉眼看不到或机械师使用普通工具无法测出的不规则情况（见图1-3）。

01 自力更生，当我们自己组装一辆车

图 1-3　测量正时齿轮的内径

注：这个齿轮是直线切削的。

　　我把曲轴在冰箱里放了一夜，也因此给家里造成了一些混乱。第二天，我拿出准备装在曲轴末端的正时齿轮丢进锅里，倒入植物油，然后把锅放在厨房的炉子上，一直加热到油开始冒烟。烹调发动机通常需要把厨房里的烹饪方法都用一用：烘焙、油炸，诸如此类。这道"菜"完全是用于展示的。我往冷冻曲轴的鼻突部滴了一点机油，用螺丝刀把正时齿轮从热植物油中捞出来。接着，我戴着厚厚的焊接手套抓住它，立即将它装到曲轴上，于是它顺顺当当地滑了上去。经过了几秒钟的热传递，齿轮稳稳固定在曲轴上。事先测量的常温间隙约为 0.001 3 厘米，我本来想要的也是 0.001 3 厘米左右的过盈配合（过盈与间隙相反），不过这样也可以接受。变硬的键可以防止二者相对旋转。

155

接下来我来为大家介绍正时齿轮。首先，它们是什么？它们把曲轴和凸轮轴连接在一起。曲轴上的正时齿轮小，凸轮轴上的大，因此凸轮轴的转速是曲轴的一半。在大众的原厂发动机上，它们是螺旋切削的（见图1-4），这样一来齿轮的噪声较小。（想象一下两个齿轮齿呈掠射角而不是正面相撞。齿轮齿沿其宽度逐渐相触，而不是一下子撞在一起。）但由于齿轮齿啮合角度的问题，它会产生一个推力。换句话说，齿轮不仅会使凸轮轴转动，还会沿凸轮轴长度的方向推动它。

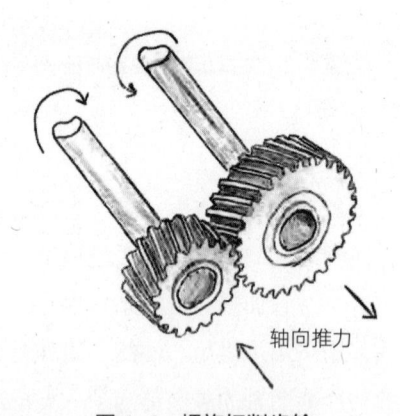

图 1-4　螺旋切削齿轮

注：螺旋切削齿轮会沿其旋转轴的方向移动，这叫作推力，不是什么坏事。

原厂发动机不用担心这种情况，但在高转速发动机中，需要使用更结实的气门弹簧以防止气门因其自身的惯性而浮动，即与用来控制它们的弹簧断开，而增加的弹簧压力通过气门机构传递给齿轮，产生更多的推力，导致凸轮轴磨损。因此，人们选择使用直线切削的齿轮，而不用

01 自力更生，当我们自己组装一辆车

螺旋切削的，因为前者可以消除推力。但它们的噪声更大。齿轮啮合得越松，噪声就越大。所以，人们希望啮合度又好又紧密。

然而这可没那么简单。它们啮合的紧密程度取决于外壳中的凸轮轴孔与曲轴孔的距离。但这个距离是无法调整的。这也是大众制造各种尺寸的凸轮齿轮的原因——为了适应间距的细微变化。但如果你使用的是售后市场的直线切削齿轮，就没有那么多种尺寸可供选择了，只能有什么选择什么。理想的齿轮游隙，即相邻齿轮齿间的空隙是 0～0.005 厘米。而我的齿轮游隙约为 0.0114 厘米（见图 1-5）。

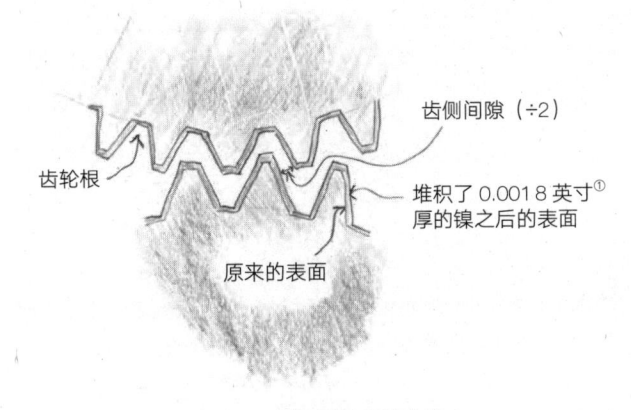

图 1-5　直线切割凸轮齿轮

注：用镀层使齿轮组的表面增厚，从而缩小间隙。

---

① 1 英寸 =2.54 厘米。为了保证数据的准确性，本书保留了部分英制单位。——编者注

我知道你在想什么：人生苦短，随它去吧。然而你一旦打破自满的魔咒，对一台发动机承担起责任，就很难接受不完美的零件了。我能否在凸轮齿轮上堆积一些材料，让其表面变厚，从而缩小齿轮齿的间隙呢？据我所知，论坛上好像没有人这么做过。如果将这些材料剥落，掉进油里，其结果可能会是灾难性的。

在负责任心态的驱使下，你会希望尝试创新和改进。你摩拳擦掌，却也觉得有必要谨慎行事：如果没有人这么做过，则他们可能会有不去尝试的理由，又或者确实有人做过，但我们从没听说过，因为他们对结果感到太尴尬，所以就没有公布出来。我们必须提防"智商税"，于是车迷们采用 KISS（keep it simple, stupid，保持简单、愚蠢）预防原则来防范这种失败的风险。如果偏离常规，人们更有可能把事情搞砸，而不是取得持久的成就，但这个教训我们一般只有在事后才会明白。

我考虑过用电镀来增厚齿轮表面。我上网查了一下，才知道在诸如齿轮齿根等半径较小的物体表面进行电镀时很难控制其厚度。但有一种称为"化学镀镍"的表面处理方法，干这行的人声称能对厚度进行精细控制。我把自己的凸轮齿轮送过去，要求镀上一层 0.004 6 厘米厚的镍，磷的含量为 6% ~ 10%，这样硬度才会合适。由于在齿轮齿的每一侧都会加入一层额外的涂层，因此我应该能把间隙缩小至约涂层厚度的 2 倍，也就是 0.009 1 厘米，从而达到我希望的 0.002 5 厘米，正好是要求规格的中间数。我取回齿轮后，按照电镀工的交代，把它放进烤炉里，在 288 摄氏度左右的温度下烤了两小时，他说这样可以把表面硬度提高到洛氏硬度^①56HRC左右。

这只是我在各种工业流程中接受长期教育的一个插曲,当我不再想当然地认为现有零件足够用时,这种教育就很有必要了。在这种尚在进行的教育中(汽车还没改装完),我买了一台金属车床,并被获准使用一台铣床,而且我发现以前我没有这些东西时居然过得还挺好。接下来,我要做的就是测量每样零件、不相信任何人、必要时从头开始做。

这样的心态让我想起现代故事中人们经常提及的那个时刻:伽利略借助自己制造的仪器,拒绝接受权威,而相信自己的眼睛。深入任何技术领域都是在思想独立性方面取得进步,并感受到操控的自由随个人能力的增长而增加。这就要再次走向现代,而不是像沉重的魔毯那样,用普罗米修斯式的耻辱来压制我们。

如果不去重新考虑汽车的各个方面,人们就无法把汽车的设计马力变为原来的5倍,然后就这么算了。自从完成对锈迹的修复后,我把时间都花在以下一系列事情上:制造防滚架;对车身进行缝焊以增强其刚度(与原厂的点焊不同);在各个承受新力的地方进行支撑和三角定位;为刹车和离合器制作一个液压系统,该系统需要使用4个独立的主

---

① 洛氏硬度是根据压痕塑性变形深度来确定硬度值的指标,以0.002毫米作为一个硬度单位。测量洛化硬度最常用的3个标尺为A、B、C,对应的洛氏硬度为HRA、HRB、HRC。——编者注

缸（这辆车原本只有1个）；订制车轴；使用更重的球笼等等。我从一对旧制动鼓开始，用我的车床量身打造了后轮毂，这对制动鼓已经在我的车间里躺了很多年。我从中吸取了一个教训：铸铁是一种很难用机器加工的金属。它肮脏、落满尘土，而且会疯狂地毁坏工具。我设计了轮毂，好让它匹配保时捷914的刹车片，我把它与大众高尔夫的制动卡钳（购自易贝）和大众帕萨特的卡钳支架搭配在一起，戴维·卢克斯科将这个过程称为"高性能拼凑"。

这个拼凑起来的系统需要大量的研究。尽管表面上看来互联网上的信息无穷无尽，但有一种非常基本的信息在互联网的任何地方都几乎无法找到，那就是物品的尺寸。这揭示出当代物质文化的一些有趣之处。任何物体都可以根据表达的目的，以不同的方式表达出来。在网上，你会发现零件的照片、零件的价格和零件编号。如果你只是打算用一个完全相同的零件替换自己其中一个零件，那么这些信息都是你需要的。零件编号是用来管理汽车制造商庞大目录中的库存物品的系统，是将零件整理得井井有条的方式。其中有很多零件由遍布世界各地的分包商制造，而这些分包商在全球资本主义动荡中被合并和收购时，还会遭遇所有权的变化。如果一家汽车经销商的零件经理在这个职位上干了很久（幸运的话，你可以把他从零件柜台后面招呼出来），他就成了这个系统的专家，也是零件编号的语言学家。他可能看得懂一个12位数的零件编号，不仅能告诉你这个零件是什么、适用于哪款车，还能告诉你它的使用年限。当然，所有这些信息都应该储存在零件柜台上每个店员面前的计算机里。如果店员被难住了（根据我的经验，这种事经常发生），他向经理求助,经理可能会盯着放大的零件图表看上一会儿,然后又翻起眼皮看一会儿天,调动他大脑皮层深处的一些突触并思考一阵。随后他会说几句只有在他的神秘世界里才有意义的话。"前置代码错误,1993年的时候他们把它改成了字母代码,凯美瑞在中期年度车型的生产上变化了。"或者其他类似的话。

这是人们所能获得的最深层次的行业知识了,而且通常还要去零件柜台跑一趟,因为真正懂行的人不会做这种接听电话的客服工作。

但只有当人们身处行业范围内时,这类信息才算得上是知识。询问零件经理这样的问题试试:"支架上与主轴相配的安装孔的中心距是多少?"你将会得到一阵长长的沉默。这就好比你问中国古代最博学的官员,做正宗的西班牙海鲜饭要用哪种藏红花一样,你的语气还暗示他应该知道答案。零件经理从来没有被人用这种态度质问过,他以前思考过的问题不包括这种类型。如果你接着又问:"你有一整套卡尺(用于测量)吗?"这就暴露出你是个爱找麻烦的人了。

进行高性能拼凑就是要从零件编号的世界中彻底抽离出来,进入用通用单位表示尺寸的世界。在尺寸的问题上,无论是谁,只要有几样基本的测量工具就能测得尺寸。然而库存系统中并没有这些尺寸。在处理材料方面的问题时,我们必须掌握的知识系统并没有把它们包括在内,这就是你最终要买一台金属机床和一台铣床的原因。自己动手做一些零件比应付官僚机构要容易。另外,你需要用有趣的活动来取代那些令人懊恼的活动。

"谁都能行"这个理念以及与之相关的普遍标准（例如计量单位），是启蒙运动知识理念的核心。整个观点是为了绕过由神职人员和书吏维护的专有系统，这些专有系统把人们困在黑暗当中，使人们更容易被控制。这就是我们给自己讲述的何为现代的故事。我们没有注意到的是，自己搭建的知识体系表面上来看是超级现代的，实际上却与中世纪时期的更加接近。[80]

如果你有耐心读下去，那就让我来告诉你变速器是怎么回事吧。它需要处理5倍于原发动机的马力，还能通过黏糊糊的赛车轮胎把这个动力传到地面而使轮胎不至于断成两半。我还想要一个五速变速器（而不是原来的四速变速器）以及一个限滑差速器，以便在转弯时以最小的车轮转速向下传递动力。它也或多或少地需要匹配。斯巴鲁新车型中的变速器似乎还不错，只需将它截短几厘米，并将全轮驱动转换为双轮驱动。此外，旧款大众汽车的发动机在车后部，而斯巴鲁的发动机在车前部。如果只是简单地把斯巴鲁的变速器换到甲壳虫上，那么就会有1个前进挡和5个倒挡。这样一来，把车停入停车场时会制造出一些滑稽的场面，但并不怎么实用。变速器的输出需要转向与其设计者意图相反的方向（相对于其输入）才能完成。值得庆幸的是，澳大利亚一位名叫托德·特里布勒（Todd Triebler）的变速器专家已经解决了所有这些问题。他不仅制造出了一个反转的环和小齿轮组，而且设计出一种更换方法，这种更换方法或多或少管点用。

或多还是或少取决于飞轮问题。飞轮是发动机、变速器、离合器和启动装置的结合处，它必须与这些部件配合得很好才行。我们所需的飞轮必须在德国车和日本车中顺畅工作，并能成为这些并无天然关联的动力传动系统之间的桥梁。

这是一个历时 18 个月之久的长篇故事，跨越了三大洲。我用铅笔小心翼翼地绘制出一份图纸，并遵照特里布勒的偏好以 1/10 毫米为单位（而没有用 1‰ 英寸）标注了尺寸，那位澳大利亚人会根据我的图纸制作出整个组件的计算机模型。（在美国，哪怕是加工公制零件，机械师也都会以英寸为单位，这是因为他们的工具和仪器都是按照英寸来校准的，并且长期使用这些计量单位会形成专门的技能：一名经验丰富的机械师用指甲划过时就能知道 2‰ 英寸到 3‰ 英寸的级差是什么感觉。）来回沟通多次后，特里布勒寄给我一个 3D（三维）打印的塑料飞轮原型。这个模型需要做些调整，于是我们又开始新一轮的测量和设计。最后，特里布勒寄给我一个根据他的计算机模型加工出来的钢质飞轮，是在亚洲的什么地方做的。从表面光洁度、颜色和寄到时已经严重锈蚀的情况，我可以判断出这个飞轮是海运来的，并且它显然不是像原厂的德国飞轮那样，是用"铬钒"钢制造的。

我用自己的车床和钻床对飞轮进一步做了点加工，又进行了焊接、打磨、使用标记染料，还对之前制作飞轮的那些人说了一些刻薄话，终于做好了一个差不多能用的组件。我还需要一些小东西，直到现在我才想到它们：把离合器压盘固定在飞轮上的固定销钉。我用小孔规和千分尺测出飞轮上装销钉的孔的孔径为 8 毫米。压板上对应的孔的孔径是 6 毫米，所以我需要阶梯状的销钉，一端是 8 毫米、另一端是 6 毫米。压板适用于 2014 款斯巴鲁 WRX 的售后市场配件，我的变速器就是从那里买到的。有这样的销钉吗？特里布勒制造的这个飞轮上的销钉孔与斯巴鲁飞轮上的销钉孔大小是否相同，我是否只要直接使用原厂的销钉就行了？我上网查了一下，看能不能找到这个尺寸，以便与我测量的孔进行核对。同样地，我只找到了图片、价格与零件编号。于是我去了斯巴鲁的零件柜台，要求看看固定销钉。

"请问型号和年份是什么。"

"用在我想象中的车上，可以吗？"

"'一端 8 毫米，另一端 6 毫米'只能让我们毫无头绪。"我又询问了零件经理和维修技术员，后者是真正与离合器打交道的人。他俩都不曾注意过我所描述的那种阶梯状的固定销钉。于是我得出结论，特里布勒没有按照斯巴鲁的标准来钻孔。

现在我真的只能靠自己了。我开车回到家，决心自己做几个固定销钉。但在抛弃社会、成为一个彻头彻尾的"炸弹客"之前，我给售后市场离合器制造商打了个电话，做最后一搏。我设法打通了一名技术人员的电话，和他进行了一次不同寻常的谈话。这次谈话之所以不同寻常，是因为这个人很懂行。加之能接触到多种不同品牌的汽车，所以他可以从普遍的视角了解事物，而不受各生产商自己规定的内部名称的影响。以下是这名技术人员所了解的特殊事情，愿老天保佑他：2001年至2014年生产的福特野马有一部分装配了V8发动机，但并不是那种真正疯狂的V8发动机，它用的就是一端为8毫米、另一端为6毫米的固定销钉。这真是太令人惊喜了！

我觉得他实在了不起，就毫无保留地全对他说了。我们从零件谈到管理资本主义。他的一个点子解决了我的问题，除了雇主支付给他的报酬以外，他还因此得到了我的认可。有时候，真正的人际关系出现在最意想不到的场景中。他似乎不愿放下电话，因为他觉得我是一个很不错的聊天伙伴，我理解他这类人所提供的价值，中规中矩的流程图中鲜少会体现出这种价值，即深刻、具体、不武断的知识。这种知识不必用特殊的术语，也不需要官僚机构内部的标志性话语就可以表述出来。

这次交谈给人的感觉几乎是颠覆性的，就好像我们是一个破坏分子小组的成员似的。如果有一天零件编号系统崩溃了，我们会是能够幸存下来的人之一，就像游戏《公路勇士》（*Road Warrior*）中塑造的那种追求马力至上的怪兽。澳大利亚内陆地区那些即兴发挥的民间工程师虽然有点不着调，但他们也把文明的种子保留了下来，看着他们，人们可以期待文明的重新崛起。

从这一点来看，他们必须相互依靠。我的故事讲到现在，我们可以看到其中一个主要的复杂之处：大多数时候，你无法亲自动手测量，因为你想要测量的对象（它们是否适合你使用呢？）并不在你面前。我从论坛上的网友那里学会了自己攒刹车系统的方法。我们站在巨人的肩膀上，这就是文明，而文明就是我们互相学习。

由零件编号之类任意而为的符号把持的知识垄断，把我们相互隔绝，并扼杀了人类进行创新的动力。就像里卡多说的那样："成熟的发明种子到处都是。"这样的垄断正是车迷们所反对的。

WHY WE DRIVE

02

赛车运动和游戏精神

当放弃了方向盘,我们失去了什么　WHY WE DRIVE

因暴力而丧生是极致的浪漫。

——威廉·詹姆斯

汽车是一种竞赛的等价物

漂移

购买一辆超过 100 马力的摩托车带来的兴奋感将无与伦比。你基本上就是在对自己说,"在可预见的未来,我就是要像个混蛋一样一往无前"。到那时,世界上其他一切都在缓慢移动,令人倍感痛苦,道路上画出的车道仿佛一望无际。与你挤在同一条道路上的那些车窗紧闭、龟速前行的车辆简直就是一动不动,而按照它们的规则行事则毫无意义。

把你自己想象成英国著名物理学家斯蒂芬·霍金,有一天醒来时，你发现自己的身体和美国职业篮球运动员斯蒂芬·库里（Stephen Curry）互换了。在那时，你原来的生活将戛然而止，无论黑洞和方程式给你带来了多大的思维上的享受。你的面前突然间出现了一个意想不到的宇宙，它是彻头彻尾的物质的宇宙，并且在不停地扩张，它在削弱你现有的能力，还在招呼你前进：再快点。时空膨胀，你在另一个时空里工作。

7年来，我每天都要骑一辆35马力的自行车，后来，我买下了一辆约有120马力的现代雅马哈摩托车。这感觉就像从爱尔兰驴车跃升到核动力驱动器，其精密程度堪比瑞士手表，加速时几乎让人产生幻觉，转弯时就像手术刀划开皮肤一样流畅。

几个月后，我骑着这辆摩托车前往美国弗吉尼亚国际赛车场，去看一场有着各种汽车项目的比赛，这些比赛全都赶在一个周末进行。我沿着帕多克北路慢慢地骑行，在经过弗吉尼亚国际赛车场的入口后没多久就看到一团烟雾飘上闷热的夏日天空。那不是一小团烟，而是翻滚着向上升腾的浓重积云，这看起来可不妙。我想到一个车手头下被困在底朝天的车里，拼命想启动灭火系统的画面。但随后我发现，这团烟不是汽油和塑料燃烧时发出的那种黑色的烟，它是白色的。我凑近了一些，看到这是轮胎燃烧时发出的烟，它不是车祸造成的，而是漂移后产生的。

漂移是一项汽车运动，从事这项运动的人驾车转弯时会让车身侧过来，车轮疯狂地旋转。如何侧转呢？最厉害的车手有时会以近乎向后倒车的方式入弯，让汽车提前旋转起来，在转到180度时，车头会朝着目标方向，视觉效果极好。你想象一下电影中精彩的追车场景就能理解了——两三辆汽车排成一列玩漂移，它们一连漂过几个弯时彼此相距不到一米，你会感到人类已经创造出一种新的舞蹈形式。这可能是4个轮子能演绎的最美的动作了。

但在当时，我有一些更紧迫的个人问题。我即将坐上这些1 000马力巨兽中的一辆，我可不想让自己出意外。有几名车手似乎快要精疲力竭了，我当真觉得，一辆红色日产有好几次快要失去控制，马上就要一头撞上混凝土护栏，但不知怎么的，车手每次都把它拉了回来。这种速度、震耳欲聋的排气声、轮胎带起的浓烟，最重要的是驾车过程中车手表现出来的坚定的意志，让我怀疑我能不能应付得了。

我的车手会不会因为车里有一个"菜鸟"而把难度降低一两个等级呢？我骑了3小时的摩托车从里士满赶来，站在那里，身上的牛仔裤和靴子都湿透了，头盔里的头发也被汗水濡湿。我签署了一份长到读不下去的弃权声明，尽管如此我还是看到了"极其危险"这4个字。

我的车手名叫弗里斯特·王（Forrest Wang），看上去25岁左右。他没有穿防火服，没有用汉斯装备（标准安全颈枕），也没有任何此类安全用品。他穿着一件仿美国说唱乐队Run-DMC同名专辑封面的T恤衫，不过上面印的是RUN 2JZ（2JZ是一个发动机代码）。这不是一级方程式赛车，赛道上方没有悬挂"阿联酋航空公司"或"劳力士"的广告横幅，也没有医疗直升机在附近盘旋。弗里斯特自己做了一个防滚架。"真是太棒了！"我说道，语气却不怎么真诚。

这是一次练习赛，它不是 D 级方程式积分系列赛事，不过同一系列赛的车手会在赛道上同场竞技。因此，这场比赛虽然不涉及排名或赞助费的问题，但一群彼此相熟的自负者聚在一起，难免会上演各种明争暗斗的好戏。在集结待命区周围的各个营地里，车手们在秘密地进行调试硬件的例行工作，每个营地里都有几顶尼龙帐篷，为他们遮住弗吉尼亚州的阳光。弗里斯特的母亲就坐在其中一顶帐篷里卖 T 恤衫。

时间到了，弗里斯特帮我组装、上锁，并拧紧六点式安全带上的凸轮，这根安全带会把我牢牢固定在有强力支撑功能的赛车座椅上。这时，我才想到一件关于头盔的小事：我戴的是全脸摩托车头盔，然而赛车审批机构不允许佩戴摩托车头盔，因为这种头盔不防火。我想到了自己整张脸被烧伤的样子，换个头盔的想法在脑海中一闪而过，但此时我们正和另外 3 辆车在集结赛道上等候。他们的发动机正在转动着，他们在心里默默计算着发动机暖机和冷却的时间，并估算着在当前的赛道温度下轮胎剩余的转数。现在担心头盔的问题已经来不及了。

这里说的"他们的发动机正在转动"，并不是指发动机像等红绿灯时那样悠闲地空转，而更像是被皮带狠狠勒住阴囊的斗牛在等待大门打开，拼尽全力挣脱折磨发出的哀嚎声、鼻息声和跺蹄声。旗手手中的旗子落下后不到几秒，第一辆车就驶入了赛道，这时我们的车下发出一声响亮的金属撞击声，这声音在没有一丝软质材料的全金属车壳中回响着。弗里斯特把变速器降到一挡，他说，那个声音是"狗箱"序列式变速箱发出的，这种变速可以让你快速地用力换挡，而无须齿轮啮合。变速箱与带坚固金属底架的底盘相结合，使刚性达到最大，但是这样没有橡胶绝缘体吸收噪声。我们加速前进然后缓缓停在了旗手站的地方。

轮到我们进入赛道了，这是我最好奇的时刻。坐在一辆重达 900 多千克、拥有 600 马力和黏性很大的大赛车轮胎的车里疾驰会是什么感觉呢？[1] 这种感觉……很狂暴。最大的声音既不是大开的排气管发出的，也不是轰鸣的涡轮机发出的，而是变速箱齿轮的噪声，听起来很怪异，就像无线电遥控汽车发出的尖锐的"嗡嗡"声。

刚接近第一个弯道时，我紧张得双脚抓地，那是个非常急的左转弯。弗里斯特先略微向右打了一下方向盘，接着又用力向左打，同时猛踩油门，然后车尾被甩了出去。接着，车在左转弯处漂移，他向右打方向盘，双手从快速旋转的方向盘移到换挡杆上最后又移回来，这一连串动作令人眼花缭乱。漂移与公路赛区别很大，公路赛的教练有时会叮嘱学员放慢手速，这是通过心理或生理手段帮助他们放松：不要"追求速度"，而是让赛道来找你，让赛车底盘的动力决定你的节奏。如果超出牵引力的极限，赛车就无法达到最快的速度。此外，在漂移时，司机利用汽车的动力有意使它失去平衡，然后在混乱中再建立一种平衡。在一连串的转弯中，弗里斯特转得一气呵成，我戴着头盔，不禁发出惊叹。

02 赛车运动和游戏精神

那一刻是纯粹的艺术狂欢。

从这方面讲,漂移是一种奇特的赛车运动形式,它更像是花样滑冰而非速度滑冰。参赛者不会穿亮闪闪的衣服,但他们确实在努力追求心中最基本的艺术梦想,也正因为如此,尽管速度是标准之一,但仅凭耗时等简单的标准很难对他们进行评判。要欣赏这种表演,就需要先了解这种艺术形式。

我们已经追上了较早出发的那些车,现在演出就要正式开始了。有两辆车突然转到主赛道一侧的备用车道上。我转过身去,看到他们侧着车身你追我赶,大概在我们右侧约18米处并且就要与我们的行驶轨迹相交。每辆车下面都升腾起白色的浓烟。弗里斯特也看向右侧并放慢车速。就在我们的行驶轨迹眼看就要交汇在一起时,那两辆车的重心突然从右侧转到了左侧,车子的重量也转移到左边,并沿顺时针方向偏转。接着,弗里斯特开始加速,他把车也调整到类似的进攻角度,紧咬着他们不放。仔细想想:"紧咬着"听起来似乎胜券在握,但实际上这个时刻相当紧张。这就像是看着美国高山滑雪运动员博德·米勒(Bode Miller)在速降滑雪比赛中几近失控——不是看电视转播,而是趴在他背上看。

此刻,3辆车都在摇摇晃晃地剧烈滑行,彼此相距1.5~3米,我认为弗里斯特在大幅度向右横扫,但在刚入弯的时候我还不确定,因为那时车厢里充满了轮胎冒出的烟雾,挡风玻璃外是一片密不透光的白色。然而弗里斯特并没有松开油门。我觉得我们偏航了，但大概有四五秒的时间，我看不到任何东西，无法证实我的感觉。烟雾散去时，我们开得飞快。而弗里斯特在整个转弯过程中一直在"盲驾"。由此可见，这些竞争对手彼此十分信任。

我们排成一列漂移，这让我想起 20 世纪 90 年代我在芝加哥米德韦（Midway）参加街头冰球赛时的情景。有时候，冰球朝一个方向飞去时，我会发现自己与两三个球员（哪个队的都无所谓，在那一刻这无关紧要）像战斗机编队一样一同歪着身子去接冰球。我们每个人都想得到那个冰球，就像灵缇犬想要抓住兔子一样——为了得到球，球员们恨不得把对方的头拧下来。但同时，我感受到的是那些与我一起追逐冰球的运动者之间强烈的爱。我们都知道我们共同做了一件美好的事情。

荷兰历史学家约翰·赫伊津哈在探讨"文化中的游戏元素"的经典著作《游戏的人》（*Homo Ludens*）中写到，游戏体现了一种"对抗和友谊相结合的精神"。他在体育运动中、在仪式化的战斗中、在竞技舞蹈中、在被艺术化的带有侮辱性质的交易中，以及在每种依然充满活力的文化的夸耀性竞赛中发现了这一点。我认为这很好地抓住了赛车运动的社会元素。赫伊津哈认为，"人类对战斗的需要"与"人类对生活在美中的永恒需要"紧密相关，"除了在游戏中，这种需求无法得到满足"。[2]

游戏是所有高等动物的共性。赫伊津哈写道："我们只需观察幼犬就能发现，它们的快乐嬉戏中包含了人类游戏的所有基本要素。它们以某种礼仪式的态度和动作邀请其他幼犬一起玩耍。它们遵守规则,即不能咬其他幼犬的耳朵,起码不能使劲儿咬,不然被咬的一方会假装非常生气。"

如果说狗的嬉戏与人类的游戏类似,那么不妨反过来说,游戏表达了人类的"动物性精神"。因此,它与当代文化中普遍存在的理性控制的理想相违背。"大胆、勇于冒险、敢于承担不确定性、抗压,这些都是游戏精神的实质。"赫伊津哈如此写道。照这样理解,游戏满足了人类一个最基本的需求。它可能是我们所做的最严肃的事情,它代表了人们的一部分精神品格,但这部分精神品格与当代社会对秩序的推崇格格不入,因此人们以安全为由批判这种行为,或者因其具有竞争性而指责它对平等尊重这一道德观造成了威胁,都是不负责任的表现。

西奥多·罗斯福在讴歌"艰苦奋发的生活",批判他看到的越来越多的"娇生惯养"型生活方式时,大力推崇一种新兴的"活力论"传统,即给予"动物性精神"应有的尊重。这一思想是对某种悄然蔓延的功利主义的回应。这种功利主义似乎正在从高度紧张的精神中松懈下来,松开了行动的弓弦。法国哲学家亨利·柏格森(Henri Bergson)认为,"生命冲动"是人类品质的关键;德国哲学家尼采则轻蔑地写道:"'末人'(the last man)这种精于算计的生物只会追求舒适、安全和资产阶级的'小快乐'。"美国心理学家威廉·詹姆斯曾经在寻求一种"战争的道德等价物",即可以在和平时期使人依旧保持坚韧的品质,因为他认为这是一种文化的必要性。1999年上映的电影《搏击俱乐部》(*Fight Club*)

重新提出了这一系列观点，它强调的美德并非基督教所倡导的温顺和谦逊。

理性主义者以怀疑的眼光看待那些不带功利主义色彩的文化源泉——游戏。游戏是多余的。因为它们除了游戏本身，没有其他目的，因此它不属于"目标—手段"的推理范畴。游戏打断了以贪婪为基础的社会追求。它有明确的时间限制，并且经常发生在游离于"真实世界"之外的游戏场（或赛车场）中，它是一段现实世界的插曲，是在追逐日常生活中难能可贵的快乐时的暂时停歇。

可以想象，赞同蒙台梭利教育理念的人会支持这种游戏。毕竟，为过度结构化和被过度保护的童年感到惋惜是我们文化中的一条主线。然而，竞争的这一特性以及人们对卓越的渴望，正是赫伊津哈所认为的游戏中至关重要的文明元素。对于这一点，我们并不能坦然接受，自尊是人人都平等享有的。在说回赛车运动之前，我想就一般的竞争心理学提出一些想法，因为我相信在当代文化中，我们隔离和压制它的决心就隐藏在某些困难的表面之下。

游戏与社会秩序的起源

人类天生心怀抱负，这种天性通过竞争把我们与他人联系在一起。我想成为那种人，而不是那些自鸣得意的人，这种竞争意识促使你离开舒适区，你觉得应该成为更好的自己。但实质上那个更好的自己可能具备什么能力，这是需要你自己去发现的，而整个过程是通过观察他人以及被自己与他人的差距刺痛来启动的。

赫伊津哈写道："竞争的'本能'首先并不是对权力的渴望或对支配的意愿，而是渴望超越别人，成为第一，并因此感到荣耀。"[3]在平等主义文化中，想要超越他人和想要支配他人之间的区别被忽略了，对卓越的渴望便因此受到各种怀疑，而这些怀疑其实应该留给一个可能成为"暴君"的人。颇具讽刺意味的是，这种对竞争精神的压制本身就显示出了对别人实施控制的暴政式的需求。[4]举例来说，你可以在富人学校操场管理员身上看到这种现象，他们监督孩子们玩耍，寻找某个正忙于培养脆弱自我的孩子是否表现出了早期创伤的迹象。

撰写本书的目的之一是探讨社会控制手段和目的的演进，其漫长的发展历程可以追溯到英国哲学家托马斯·霍布斯的著作《利维坦》，书中阐述了民主需要平等的尊重，而不仅仅是平等的权利或机会。如果一个民族竞争的活力被牢牢地限制在对社会有用的渠道中，如经济生产力中，那么这个民族的人也会相互孤立，因此更容易控制。

赫伊津哈让我们有理由担心，控制并摧毁对卓越的渴望最终会从源头上吞噬社会秩序。对荣誉的争夺会让参与者对彼此产生尊重和信任，正如赫伊津哈所说，我们恰恰应该在这里寻找制度的起源。[5]无论如何，竞赛和游戏都需要规则。与单纯对权力的欲望不同，它们要求参与者承认标准的合法性，而这些标准并不只是他们自己意志的体现。

　　在感知到这个世界对你的冷漠之后还能去适应它，这是婴儿所不具备的能力。世界都围着他转，他觉得母亲是自己无所不能的意志的延伸，任何有违他意愿的事情都会让他怒不可遏。在弗洛伊德的心理学模式中，这被称为婴儿自恋症。[6]让我们把弗洛伊德的这个理论与我们从赫伊津哈那里了解到的东西结合起来。世界不会仅仅因为你是你而爱你，但如果你能接受它的挑战，那么它可能会赋予你与他人不同的卓越。一个人可以在众目睽睽之下与他人争斗，以此争夺卓越的地位，同时还要遵守某些游戏规则。自我与超我相互需要：倘若人们没有相应的自我厌恶的能力，就不会有发自内心的自豪，而正是他人和他们的游戏规则提供了衡量的标准。

　　打着平等主义的旗号，抹杀这个尺度或否认它的存在，就是在纵容阻挠大规模发展的行为。这种阻挠可以有很多种形式，我认为在试着理解当代一些"幼稚症"的表现时，我们最好采用综合了弗洛伊德和赫伊津哈的视角。想一想那些年轻人制造的悲惨的大规模枪击事件，他们似乎想不出用什么方式在这个世界上留下印迹，让别人知道自己，只能通过发泄愤怒来达到目的，这种愤怒是唯我主义的。他们会平生一种无所不能的幻想，这种幻想从未遭遇过其他人以文明方式进行的抵抗。这样的行为与战斗和游戏是相反的。

游戏中的绅士：赛车运动至死方休

在对古代文化的研究中，赫伊津哈发现，两个群体之间的生死搏斗往往被描述成一种游戏的实例。希伯来语的《撒母耳记》(The Book of Samuel) 中记述了一场战斗，描述这场生死博斗的用语是"在欢声笑语中进行"。希腊花瓶上描绘武装竞赛的画面中都有笛子伴奏，而奥林匹克运动则上演着生死决斗。

在现代，我们依然可以在曼岛 TT 摩托车大赛上找到此类竞赛的影子，这项赛事每年都会在位于英格兰和爱尔兰之间的曼岛举行，并且每年都有几个人在比赛中丧生。这是一场全速公路赛，摩托车时速可达 322 千米，比赛会在狭窄的公共道路上进行，但是许多道路都用石墙加以封闭。有时，人们会把这种惊险的场面与蹦极或过山车等活动混为一谈。然而像俄罗斯轮盘赌之类纯粹碰运气的游戏一样，单纯地追求刺激也是乏味无趣的。这些游戏可能会刺激参与者体内的肾上腺素，但并不能形成文化。正如赫伊津哈所言："一旦游戏需要努力、知识、技能、勇气和力量，那么情况就会发生改变。游戏的'难度'越大，观众的紧张感就越强……它越是能够调动个人或群体的情绪（即生命强度），就越有可能成为文明的一部分。"[7]

有一部关于最近十年的 MotoGP 摩托车比赛的精彩电影，片名叫作《直击弯心》(Hitting The Apex)，由布拉德·皮特担任解说，而皮特也是《搏击俱乐部》的主演之一。《直击弯心》中有一段对豪尔赫·洛伦佐（Jorge Lorenzo）车队经理的采访，洛佐伦曾是这个时代最优秀的车手之一，你也可以说他是选手之一。那位经理表示："我曾经很幸运。这就是我想说的。"他认为，他的好运在于他能够坚持为美好的事物服务。"在摩托车的世界里，任何跌倒的人，像洛伦佐或马克·马尔克斯（Marc Márquez），即使身体骨折仍参加比赛，他们证明一个人可以为了继续拥抱醉人的梦想而从伤病中恢复……我们必须分享胜利的味道，让周围的人从我们的例子中感受到分享的快乐。"选手通过他们的例子让周围的人感受到快乐：赛车运动与古代竞赛文明的风范遥相呼应。

第一次世界大战期间出现了一种新的战斗形式——空战。从工业化屠杀的背景来看，空战与古代竞赛的相似之处十分特别，工业化屠杀也在那场战争中首次出现。要掌握空战的特殊性，我们还需要掌握其他相关灾难的本质。

19世纪末至20世纪初，战争迅速向机械化转变，这让那些具有"骑士精神"的贵族感到厌恶，在他们看来，战争美学对于加速社会运转至关重要，他们仍然认为战争在其中发挥着作用。此外，能操作机器的人（比如司机）比能体现军事理想的人社会地位要低。英国前首相丘吉尔在20世纪30年代初出版的自传《我的早年生活》（*My Early Life*）中表达了这种延绵至今的偏见。1895年，他被任命为骑兵军官，在第四轻骑兵团服役。在下面这段话中他转述了一位年轻绅士对战争的看法。

一支骑兵队小跑行进时发出清脆的"叮当"声带有一种富有魅力的兴奋感,而当小跑变成飞奔时,它就会进一步发展成令人愉快的刺激感。战马的动作、它们身上的装备发出的"叮当"声、奔跑的快感、战马羽毛的抖动、与一台有生命的机器相融合的感觉、制服的优雅庄重,都令骑兵训练成为一件美事……

很可惜,这场战争在进行过程中表现出来的贪婪、卑鄙、投机,把这一切美好的事物都抛在了一边,转而拥抱戴眼镜的化学家,以及那些可以拉动飞机或机枪操纵杆和扣动枪械扳机的操作人员。[8]

后来成为德国王牌飞行员的曼弗雷德·冯·里希特霍芬(Manfred Von Richthofen)同样擅长骑马,他于1911年被任命为骑兵军官,其军旅生活过得很是愉快。除了操练,他还参加过赛马和障碍赛。1914年6月,第一次世界大战爆发,这位绅士突然被派往法国凡尔登。这可不太符合体育精神。随着一种新型地面战陷入僵局,骑兵在一夜之间被淘汰,他们也爬进了战壕里。我们可以想象,年轻的里希特霍芬从泥潭、痛苦和绝境中抬起头来,看到一个孤独的身影在空中自由自在地飞翔。

他对这些新式飞机一无所知,而且像大多数军官一样,对那些飞行员不屑一顾。可是看看那些倾斜的俯冲!在三维空间里的俯冲追击线路,有时甚至低到擦着树梢而过:两名飞行员正在为大家上演着搏命大戏。旧的偏见瓦解了，里希特霍芬申请调到空中勤务部门。

1915年夏末，他第一次尝到了空战的滋味。9月17日，他所在的中队遇到盟军的一支飞机编队，里希特霍芬瞄准了一架"法曼"F. E. 2b战斗轰炸机。这是一架"推进式"复翼飞机，螺旋桨在机身后部，这样无论敌方飞行员驾驶的飞机在自己的后方还是上方，观察员都可以用旋转的.303口径机枪射击。里希特霍芬的中队从阳光下俯冲而过。据报道：

> 里希特霍芬由于经验不足，招致那架盟军飞机上的观察员对他进行了几次危险的射击，但他最终还是设法接近了那架飞机，并击中了它的腹部。他跟随那架被打得遍体鳞伤的飞机下降，并在附近降落。接着，他看到自己国家的几名士兵把两名受重伤的敌军飞行员从驾驶舱里抬了出来。那位观察员看到里希特霍芬并认出了他就是击中自己的人，在临死前他微笑着向里希特霍芬致意。[9]

作为里希特霍芬的首次歼敌，那位英国飞行员绝不会想到，他所致意的胜利者日后会成为大名鼎鼎的"红男爵"，并取得80次的空战胜利。（对作战双方来说，作为"王牌"的基准是至少取得5次胜利。）

让我们感兴趣的是那位观察员临死前的微笑。或许这个细节有那么一点夸张，带有一丝神话色彩，但神话意义重大，因为它们指向了一个

02 赛车运动和游戏精神

共同的理想。垂死飞行员的微笑也许可以理解为崇高体育精神的一个典范：他不是一个输不起的人。因为空战本质上是一种致命的游戏，这正是赫伊津哈在古代社会中发现的那种特质。飞行员们有时会在敌后"投下战书"，这就是邀请他们参加游戏。

里希特霍芬终于遇到了对手——加拿大皇家空军飞行员亚瑟·罗伊·布朗（Arthur Roy Brown）。在里希特霍芬追击另一名加拿大飞行员的同时，布朗在追击里希特霍芬。这场追逐战跨越了盟军在法国的占领区，直抵澳大利亚野战炮兵部队第53炮兵连的机枪阵地。是谁击落了"红男爵"尚存争议。正如一位历史学家所说："无论是从空中还是从地面上击中，里希特霍芬都受了致命伤。他扯下护目镜，短暂地松开了油门，然后关闭发动机，向下俯冲，准备紧急迫降。他的飞机向上弹起，螺旋桨被折断，在塞利-勒-萨克附近的一片甜菜地里停了下来。他很快就没有了呼吸。当时是上午10点50分。"

让我觉得特别重要的，是第二天发生的事情：

> 1918年4月22日下午晚些时候，曼弗雷德·冯·里希特霍芬被葬在法国贝尔唐格勒一处脏乱的小墓地。一位英国国教会牧师在做了一个简短的仪式后，里希特霍芬被按照完整的荣誉军事仪式下葬。澳大利亚飞行队第三中队的12名士兵每人向空中鸣枪3次，其他军官在墓前献上花环。里希特霍芬的双脚朝向"墓碑"——一个用四叶螺旋桨做成的十字架。[10]

这场葬礼所表达的对敌人的尊重，与那位英国飞行员临终前的微笑所表现出来的精神如出一辙。所有游戏中都有一个游戏社区，从而与"其他人"区别开来。例如，法国村民对把一个德国人的尸体埋在他们镇上这件事情怒不可遏，这些村民还试图挖出尸体。当战争被视作一场游戏时，对手的人性是不可或缺的前提。他不仅仅需要是个人，还必须是个值得尊敬的对手，否则这场游戏就没有去玩的必要了。游戏在本质上具有排他性，所以以这种理解方式去展开的战争必然是有局限的。大规模灭绝违反了竞赛原则，在这一点上，伏击或征伐同样如此。[11]

丘吉尔年轻时曾看不起"拉动飞机操作杆的操作人员"，他在1940年的不列颠之战期间已成为英国首相。当年8月16日，丘吉尔访问位于英国阿克斯布里奇的英国皇家空军地堡时，这种势利的态度随即消失无踪——在他离开时，丘吉尔对黑斯廷斯·伊斯梅（Hastings Ismay）将军说："先别跟我说话，我还从来没有这么感动过。"沉默了几分钟后，丘吉尔说："在人类历史上，从未有过这么少的人为这么多的人做出如此之大的牺牲。"[12]

在谈到"少数和多数"这个话题时，丘吉尔援引了一个永恒的政治主体。但这些"少数"，即英国皇家空军的战斗机飞行员，大多并非英国社会的高层人士。[13] 然而，他们身上似乎体现出了古代战争中的贵族理想：在代表更大的群体进行单兵作战时表现出来的对死亡的蔑视。丘吉尔青年时代那些马背上的士兵所推崇的"骑士精神"，在工业化屠杀中由意想不到的阶级以意想不到的方式呈现了出来。文明就是这样自我进化的。

自行车道德家的出现

赫伊津哈所描述的"人类对战斗的需要"有时会以文化战争的形式出现,而这可能会通过"车辆政治"表达出来。大家可以想想"自行车道德家"的出现。

一位朋友从美国奥克兰给我写信,在信中他提到一位"书呆子学术律师爸爸",这位爸爸大声训诫他那淘气的孩子,让他不要玩学校里的游戏器材。还是这位爸爸,他在骑自行车送孩子上学时,"没有像其他骑自行车送孩子的家长那样直接骑上人行道,然后进入学校的操场,而是把他定制的亲子自行车停在路边的应急车道上,让孩子从自行车后座爬下来,就像从汽车后座上爬下来那样。我觉得人们正在严格遵循那种职业自行车式的城市生活方式,甚至快要发展成了精神疾病,确切地说是一种错觉:'我的自行车就是汽车!'这就像是英国著名喜剧团体巨蟒剧团喜剧中的场景。"

假设那个人并没有真的产生幻觉,我觉得如果他在车道上等着孩子爬下车,那么骑自行车送孩子上学这件事会引发更多争论。"这是我的车,它只用一升汽油就能跑十万八千里。"假如他只是低调地骑自行车送孩子上学,人们就不会注意这件事。

另一个朋友从英国伦敦来信说:"我这些天发现,汽车司机一般都很冷静,也很有耐心,反倒是那些身穿莱卡服装骑自行车通勤的人更有可能因为权利受挫而发火。我注意到,有那么一部分穿戴全套装备的人喜欢监督道路上其他人的行为,包括(也许尤其是)其他没有像他们那样穿戴如此多装备的骑车人。与此同时,那些没有穿戴多少装备的骑车人就像无政府主义者一样横冲直撞,寻找可以闯的红灯和可以快速穿过的人行横道。在我看来,自从他们开辟这些自行车道把自行车与机动车隔开以后,情况就大不相同了——由于显而易见的对头已经消弭,同类人群内部就会产生更多对立情绪。一种新的等级制度正在出现,同类人群中又有新的群体,而人们之间的情谊大大减少。"

我能想象到,城市中骑车的人可能会觉得自己与汽车司机之间存在本质上的差别,这就像摩托车手把汽车和汽车里的人称为"笼子"。他们大概因为自己能更敏捷、更投入地参与战斗以及更能融入这个世界而觉得高人一等。非要让自己与这些又大又笨重的废物、这些碍事的箱子平等地共用道路,这种感觉太不公平了!虽然摩托车每升汽油能跑80千米,但是摩托车手在历史上常被认为不合时宜——他们莽撞、吵闹,而且一点都不环保,而自行车是具有前瞻性的,并且是欧式的,它是每位新城市规划专家呼吁让城市更加人性化的核心。这一定会是个强大的组合。由于骑车人在做众所周知非常正确的事情,因此他们会穿上时髦的服装,去展示拥有美德的人最美丽的身姿。

我出生于1965年,或许是由于我成长的那个年代还没有如此重视自行车，所以我没有立即将自行车与美德联系在一起。在那个时候，它们只是好玩而已。

WHY WE DRIVE
驾驶的故事

在我的家乡有个臭名昭著的流氓名叫特洛伊，有传言说他因为杀人而坐过牢。当时他应该是 13 岁左右，我那时是 8 岁。我家在一座陡峭的山脚下，有一天，我看到我家外面聚着一群人。我走出门，听说特洛伊正在山顶上骑自行车，他的手下和追随者搭起一个坡道，坡道下面摆放着十来个大号垃圾桶。就在我家面前，他们即将上演真正的埃维尔·克尼维尔（Evel Knievel）[①] 式特技！我清楚地记得，特洛伊尖叫着从山上冲下来，疯狂地蹬着自行车。他腾空而起，越过大多数垃圾桶，落地时车轮火花四溅，即使大白天也能清楚地看到。紧接着我看到了血，这实在不妙，但这也是我看到过的最了不起的事情。这件事让我意识到，有些人属于类型完全不同的坏蛋。

[①] 埃维尔·克尼维尔是美国冒险运动家和特技明星，以表演驾驶摩托车飞越障碍物而闻名，被誉为"世界头号飞人"。——译者注

差不多在同一时期（应该是 1973 年前后），我曾破天荒地得到了 20 美元，这是我的母亲送给我的生日礼物，是货真价实的现金。这笔钱我还剩下 9.8 美元，我把它们装在一个唐老鸭造型的零钱包里。我得穿过小镇去我父亲在卡尔顿街上的公寓，我清楚地记得我当时在为这笔钱发愁，犹豫我是否应该把这么一笔钱带在身上。最终我决定冒这个险。然而，我大约走了 3 个街区之后，特洛伊和他的打手们骑着 BMX 自行车赶了过来，把我团团围住。我害怕极了。特洛伊仍旧缠着绷带，这让他看上去更不好惹。

"鹅颈管不错。"他边说边打量我的自行车。确实如此。为了增加强度它经过了"热处理"，这一点从它平滑的黑色饰面上就能看出来。它是从越野摩托车车把上拆卸下来的，是我从废车场中淘来的好东西之一，特洛伊一眼就盯上了它，说道："能把它给我吗？"

我实在不记得我们是怎么谈的了，但当我重新上路的时候，我那 9.8 美元已经不见了。

我是个听天由命的孩子，也没有向大人求助的习惯，只是由于我的一次失言，父亲才得知失窃的事情。他勃然大怒，问我窃贼住在哪里。我努力向他解释，爸爸，你不明白，那是特洛伊，你不能去找他。但父亲坚持要知道。我们开车来到一个可能知道特洛伊住处的孩子家，晚上我们就站在他家的门廊上，他不愿意说出特洛伊的住处。听到我们的要求他似乎感到浑身难受，但我父亲没完没了地拷问他。我觉得这太疯狂了，大人们对这个世界真正的危险竟然可以一无所知。

按照那个孩子的描述，特洛伊家的房子更像是别人家房子后院里的一个棚屋。我父亲用力砸门，过了很长时间，一个女人开了门，从屋里飘出一股香烟的味道。我父亲愤怒地向她讲述了情况。父亲当时的年龄和我现在差不多，1973 年的时候，他看起来就像个地狱天使①。虽然父亲并不是那类人，但他留着一头蓬乱的长发，穿着没洗的衣服，还蓄着大胡子，样子着实有点吓人。特洛伊的妈妈向我们道了歉，很显然，她愿意相信我们对她儿子的任何控诉。我们没有见到特洛伊的父亲。她把特洛伊从棚屋里叫了出来，他可能已经听到了全部对话。然而此时面前的这个人与那个可怕的流氓毫无相似之处。他畏畏缩缩，目光低垂，用几乎听不到的声音咕哝着，回应他妈妈的询问。他妈妈拿出一些钱，说："我给你 10 美元怎么样？"我清楚地记得父亲的回答："我们不会趁火打劫。"那是正义的声音。此时，我的胆子壮了一点，能说出话了。我提出，还有唐老鸭零钱包的费用。据特洛伊说，那个零钱包早就没影了。

---

① "地狱天使"本为横行于加拿大的黑帮组织，成立于 20 世纪 80 年代，后指穿皮衣、骑大马力摩托车横冲直撞的人，多为男性。——译者注

这似乎就解决了 20 美分差价的问题。父亲接过那 10 美元，我们就走了。在和父亲回他的车的路上，他把钱递给了我。

我非常惊讶。对我来说，这件事在我之后的道路上始终让我警醒，让我知道该怎样做一个父亲，以及孩子为什么希望能有父亲的陪伴。

我记得父亲还有一次以这种方式处理问题，巧合的是，那次问题也与一辆自行车有关。我那辆自行车被偷以后，父亲给我买了辆新的。我得到新自行车后没几天，尽管车子上了锁，可还是被偷走了。怀着既羞愧又害怕的心情，我告诉了他这件事，就在我们说话的时候，我无意中透过被灌木丛包围着的狭窄车道向街上望去，有那么一两秒钟，我确信我看到了有人骑着我那辆新自行车在街上跑着，旁边有一个同伴骑着另一辆。我连忙告诉了父亲自己看到的情况。我们立刻行动起来，跑向他的车，那是一辆 1963 款红色福特 Fairlane 敞篷车。父亲没有打开车门，而是直接从车顶跳进驾驶座，我则跑上车的后备箱，跨进副驾驶座，就像蝙蝠侠与罗宾那样。我们出发了，往圣巴勃罗大街开去，碰碰运气。我们还没驶过 3 个街区，就看到两个孩子在街道中央骑着车。父亲径直把车开到骑着我那辆自行车的孩子身边，抓住他的背包，然后慢慢把车停了下来。他的同伴继续骑着，一边疯狂地蹬着自行车，一边惊恐地回头张望。现在我不能容忍开车去截停正在骑自行车的孩子这种做法，但是我想在那个时代人们就是这样做事的。不管怎么说，我终于找回了自己的自行车，它多么可爱啊。

两场大赛和一场混战

第一幕：撞车大赛

"撞那辆车！撞那辆车！"

那个女人站在外围，正在指导她刚学走路的儿子把他的玩具电动车撞向另一辆暂时不能动的玩具车，那辆车的塑料车身挂在了一根木头上。活在当下吧，小家伙。在苏格兰—爱尔兰的育儿学派中，这种关于司机教育的早期形式有一个非常重要的教学点：开始学习阿巴拉契亚仇恨伦理。

如果你是个来自美国加州的外乡人，生活在美国南方地区，下次你被一辆皮卡狂追，或在一条双车道马路上超车（你觉得自己的超车操作完全合理）时被人扔过来半听啤酒，你要知道这里面有这样一条原则在起作用。

我来到沃伦县集市，准备参加将在周三晚上举行的撞车大赛，不过我提前了一天到达来参加周二晚上举行的"动力轮大赛"。我不知道那是什么，也许是"大脚"卡车？一定是什么吓人的玩意。事实证明，动力轮是幼儿驾驶的汽车。如果你在人人彬彬有礼的地区参加过以家庭为单位组织的活动，就会经常听到"不要打""轮着来""让大家都能赢"以及类似的指示，所有这些都与赫伊津哈所说的"人类战斗的需要"相左。

对动力轮参赛者所做的"技术检查"包括确保每辆车的前部和后部各贴有一个气球。比赛规则是把别人的气球弄爆，同时保证自己的气球完好无损。这或多或少与"成年人版"撞车大赛的目标一致，只是用气球代替了散热器等汽车部件。

在周三晚上举行的成年人版大赛中，参赛者们大部分时间都要倒车行驶，取胜的策略是用自己车的后部撞击别人车的前部。为了保护油箱（通常是个廉价的塑料燃料罐），参赛者会把油箱转移到汽车内部。所有玻璃都被拆掉了，作为替代焊上了钢条或沉重的铁链，以防止别的车撞进来。车门被焊死了。我看到一辆车的发动机计算机被贴在了仪表盘上，好让它离散热器远一些。用来充当胶水的东西看上去就像某只路过的巨兽随意拉出来的一大摊铺设屋顶用的沥青。有些汽车的排气管穿过发动机罩伸出来，而不是悬在发动机罩下面，否则很容易被什么东西钩住，这让他们有一种"疯狂的麦克斯"[1]的感觉。汽车的油漆和材料看起来像是从家居装饰用品连锁店劳氏而非汽车零部件零售商 Summit Racing 那里购买的，所以这些汽车是"用一次就扔掉"的。从这些乱七八糟的即兴创作中，很难辨认出汽车的品牌或型号。一个身材高大、看上去 30 多岁的金发女人在她的车上写着"吃玉米面包吧"。

所有车子靠墙排成一排，车头朝里，准备出发。喇叭声响起，它们

---

[1] 指美国影片《疯狂的麦克斯：狂暴之路》中的人物，影片讲述了前公路巡警麦克斯带着 5 个女人横穿沙漠逃难的故事。——译者注

02 赛车运动和游戏精神

向后倒车并散开，司机们转过头，开始互相冲撞。按理说不应该撞击其他车司机一侧的车门，但要知道这些车是在滑溜溜的泥泞中行驶的，司机对车的控制力有限。

我没有想到的是，自己竟然有一种时光倒流的感觉。说到这里我得小心一点。我们很容易把农村人浪漫化，觉得他们身上具备过去时代的那些美德，或者把他们妖魔化，认为他们拖了社会快速向前发展的后腿。但是在我看来，我穿越时光回到的那个文化时刻并非美国画家诺曼·洛克威尔（Norman Rockwell）笔下的宁静小镇，更像是1983年前后英国"铁娘子乐队"的演唱会。但这里可不是人为营造的舞台效果，而是真正的爆炸（原因是电池短路）和散热器散发出的滚滚蒸汽，看起来像极了预示大火和死亡正在迫近的烟雾。在金属板巨大的撞击声和司机头部的猛烈甩动中，这种危险的迫近显得十分真实。一辆车以巨大的力量撞到另一辆车上，被撞车被顶到对方的发动机盖上，又抬升到他的车顶上，对方继续冲向混凝土路障时，被撞车就那样斜挂在他的车顶上。被撞车载着无助的司机侧着从对方车上掉落下来，摇晃了一会才四轮着地，准备复仇。

"撞他的脸！"
"再撞他一次！"

在我右边，看上去都是50岁出头的两个人坐在被围栏围起来的啤酒区里，在这场刚刚开始的大战中形成了对立的两拨。身材瘦高的那一位留着一头长发，头发从印着南部邦联旗帜的帽子下面露出来，显然没有用护发精华素保养过。另一位的体型像个消防栓，扎着一根老鼠尾巴一样的小辫子，不过头发被精心修剪过。

很多人在谈论"无意义的暴力"时，把它说得像是件坏事一样，但对真正的行家来说，无意义的暴力才是最好的那种。

适应性强的人有时会被此类场面所吸引，但可能很难说清原因。当然，有一种简单且值得尊重的说辞，那就是这样一场比赛是能量的一个"出口"，否则能量可能会寻找其他更具破坏性的释放方式。不过这样说就是把撞车大赛纳入负责任行为的范畴了，从而抹杀了它对参与者的显著意义。这项比赛给予他们的是破坏带来的纯粹、狂欢式的快乐。

第二幕：成年人肥皂盒汽车大赛

肥皂盒汽车大赛是通常为儿童举办、参赛车辆仅靠重力驱动的一项赛事。从 1997 年开始，美国波特兰成年人肥皂盒汽车大赛每年都在塔博尔山（Mt. Tabor）举行，塔博尔山是波特兰市区内一座山丘陡峭的公园。这项赛事的官网透露出它的特色——在汽车上装一个"火人"就会很对路，并讲述了它的起源：1994 年，成年人肥皂盒汽车大赛的一位创办人在美国旧金山看到了一场类似的赛事。他首先描述了那次比赛中的服装——"朋克""后工业化""花花绿绿的破裤子"，然后是比赛中

02 赛车运动和游戏精神

的动作场面，包括：

有的车撞上了别的车，把无畏的车手抛上弥漫着血腥气的空中，最终摔在冷酷的混凝土地上。另一辆车失去控制，撞向观众，冲下悬崖，但还是有部分车辆成功到达谷底，成为胜利者和传奇。人群中一片欢腾，人们互相泼洒啤酒，向天空中挥舞着拳头。

对于沃伦县撞车大赛，我从未看到过类似的起源故事。据我所知，它一点相关介绍都没有。波特兰的那项赛事听起来有点吓人——那种暴力、犯罪以及无所顾忌的氛围，我应付得了吗？此外，我还有点困惑。这是一场以重力作为动力的比赛，车辆同时出发时，是不是应该相当平静和安静呢？

比赛前一天，我从里士满飞了过来。比赛当天早上，我选了一个距离那座公园只有几步路的地方吃早餐，结果发现餐厅位于一个百万美元豪宅区内。此前我从没来过波特兰，因此我很想看看他们的生活是什么样子的。我注意到一件事，那就是院子里的牌子上写着居民们对各个阶层人士的喜爱。其中有几个牌子上写的是几行阿拉伯语，我看不懂。令我印象深刻的是，有这么多波特兰人不辞劳苦地学习这种难度很大的语言。在我看来，与院中牌子上所列类别相符的人士其实只有一些西班牙裔场地管理员，他们在一栋漂亮的工匠风格的平房外打理茂盛的植物。

周六早上，我坐在科奎因餐厅的户外餐桌旁，看着邻里之间友好而轻松地互致问候，那种彼此之间完全信任的风度和气氛，让我看到了某种乌托邦的影子。

早餐后，我开始徒步上山。路过带着野餐毯聚在一起准备观看比赛的观众时，我听到他们谈话的零星片段。一个浑身上下都是文身的女人对她皮肤黝黑的男伴说："你想喝泡菜柠檬草血腥玛丽还是普通的血腥玛丽？"再往上走，一个男人对染着蓝色头发的女伴说："那是真正的自由市场，不是这个我们称之为资本主义的法西斯产物。"他的女伴看上去很无聊，也很恼火。

有家小卖部出售艺术范儿的T恤衫，上面印着"惧怕旗子"，指的是手持橙色旗子、驻守在比赛各个地点的比赛官方人员，他们的工作是出于安全的原因，防止观众进入赛场。他们在行使权力的同时也讽刺了权力，这样其实很好地调和了各种情况，使得此类比赛能够顺利进行。反叛者成为比赛的官方人员，这样的窘境有着某种辛酸，人们对他们脆弱的自我认识深表体谅。

我在起跑线附近找到一个地方，旁边有个男人带着一只小狗。不知为什么，那只狗的样子又是可爱又是凶巴巴的。我说："它看上去像是豺，也可能是鬣狗。"身后传来一个声音："你说的是非洲的狗。"我转过身，说话的是一位看上去70岁左右的老妇人。她握着一根徒步旅行者使用的那种手杖，表情严肃，表明她可能拥有某种官方身份。我没有

02 赛车运动和游戏精神

理会她，而是用开玩笑的语气对狗主人说："你最好看好它，它可能会咬你的喉咙。"拿手杖的老妇人说："这一点也不好笑。"我决定接着往其他地方走。

比赛分为两组，第一组参赛者是那些追求速度的人。开赛前，我在集结待命区转了转，发现其中几辆车的工程设计令人印象深刻，制造工艺也很出色。后来赢得这一组别比赛的是利用空气动力学原理打造的全封闭车，由一队美国海军陆战队员建造和驾驶，他们穿着迷彩服站在那里。这些海军陆战队员的确与众不同，他们在社交方面似乎很薄弱。他们不与他人交往，那天在山上，他们是一个安静的反文化的存在。

第二组由"艺术车"组成，在车上展现出的才能是为智慧而非速度服务的。其中一件作品是电影《机器人总动员》中那个可爱机器人的复制品，它的脖子和眼睛都是用铰链传动的，动起来的样子很神秘。

但是我莫名地对大多数艺术车都不太"感冒"。与其他人一样，我也喜爱艺术，但我必须承认，以城市情绪、身份和文化立场的形式出现的"艺术"，我从来都没有什么感觉。我不大确定它是什么，但对那些喜爱它的人而言显然有一些重要的意义。我认为，它与人们违抗公共规范或之前已经存在的规范有关。但矛盾的是，它似乎在某种方式上也是某个事物的归属物。可以肯定的是，更多参赛者以及这项赛事的重心显然都在这支队伍身上。他们似乎汇聚着波特兰的主流精神。

197

我在一个弯道上站定,看着车子一波一波开过来。为追求速度而制造的车外形光滑,在路上行驶时通常没有什么戏剧性的场面,速度最快的车大概可以开到每小时 48 千米。有些艺术车的时速能达到 16 千米左右,当然,对这些车来说,重点在戏剧性而不是速度。戏剧性部分来源于整辆车意欲展现的文化参照;部分来源于参赛者尽最大努力去处理笨重的装饰物(其中一些非常大);还有部分来源于从人文学科专业的学生身上体现出的那种工程设计的效果。我看到一辆车的形状像一匹巨大的玩具马,两只前轮安装在单独的垂直转向轴上,倾斜度(或者说后倾角)为 0,车子剧烈地摇晃着(想一想购物车上那些乱晃的轮子)。我不禁同情那些坐在速度最慢的车子里的人。我猜参赛者在前一天事先想象比赛日的情景时,会想象自己风驰电掣(就像观众看到的那样)、肆无忌惮地在地面上留下一条尾迹,车速快到观众已经看不清楚刚才到底发生了什么。但是当车实际上以步行的速度行驶时,就很难保持那种"灾难边缘"的氛围,而这种氛围正是整场冒险活动的基础。对那些驾驶最慢艺术车的参赛者来说,他们遭遇到观众冷漠和严肃的审视,这时候气氛往往是一片沉默。有些车手不再安静地坐在车里,而是拼命手舞足蹈来给车子添彩,以图掌控局面,然而这些努力在车子每小时 13 千米的速度下似乎都会落空。

我往终点线那里走去,途中经过一个巨大的捕鼠器。我在山脚下看到一群成年男子装扮成天线宝宝,站在一部配套的卡通风格的手机旁;还有一群成年男子只穿着尿布,在一辆巨大的婴儿车附近闲逛。男性参赛者似乎很中意自扮婴儿这个主题,女性参赛者则穿上风格硬朗的服装——黑色牛仔裤、男式背心与摩托车越野赛头盔。我感觉自己像是进入了一场暗号比赛，参赛者十分清楚比赛规则。在波特兰于2018年前后举办的比赛中，比赛规则似乎要求男性表达出"无害"的主题，而女性表达出"凶猛"的主题。

在这一点上，人们肯定能感受到一种英勇之气。男人这种时候会将表达凶猛之感的权利交由女人。我只能站在局外观看这出服装大戏，就像一个美国人在路易十六的沙龙里观看法国贵族的宫廷戏一样。据我所知，要想成为勇者，就需要男性遵守某些必须遵守的形式，这并不是让男性戴着撒了粉的假发或化上白色的男性妆容，而是让男性在两性之争中挥舞白旗，期待在这种环境中能以此种姿态获得女性的认可。18世纪时，在行将崩塌的社会统治阶层中，与之极为类似的规范大行其道。

第三幕：极限越野摩托车拉力赛

在2018年美国阵亡将士纪念日那个周的周末，我骑车沿10号公路向东赶往弗吉尼亚州萨里，去观看朋友巴伦参加的极限越野摩托车拉力赛。这种摩托车比赛是要骑着越野摩托车穿越树林。今天比赛的赛道长约10千米，道路狭窄而曲折，成年骑手要在赛道上跑5圈。参赛者的服装、装备与涂装方式一律是花里胡哨的，并且到处都印着品牌广告，让人分不清哪个是骑手、哪个是摩托车。想象一下，一个犹如半人马的混合的人形，踩着越野摩托车的踏板站立着，摩托车沿着赛道绕过一个弯道飞驰，接着轧到一个鼓包飞了出去，径直飞向一棵橡树，却不知为什么摩托车突然在半空中歪斜了。专业骑手似乎在用臀部控制方向，将从空中落下的后轮胎插入土中，向左、向右、向后调整方向，这是一种短促的船尾急流般的节奏和身体语言，与极高的速度融为一体，飘浮着穿过树林。随之而来的是二冲程发动机间歇性高速旋转时发出的尖利刺耳声，其瞬时油门反应能帮助骑手控制摩托车。最优秀的骑手在做这些的时候，样子就像动物一样，仿佛这种动作模式已经经过了漫长的进化：奇特而美丽的掠食者把开阔稀树草原上的速度带到了黑暗而逼仄的森林中。

由于赛道十分狭窄，难以通过，因此起跑至关重要。骑手们每隔几分钟分批出发，根据各个级别的参赛者人数，每5到15人排成一排，从开阔的草地出发。所有人都在争取"领先过弯"，从而能够在进入第一个弯道前取得领先优势。这是一场乱糟糟的混战，一些骑手的摩托车前轮抬起后冲出起跑线还不到100米，骑手就摔下了摩托车。在这场比赛中没有公正的裁判来宣布骑手在出发时是否犯规，只有一群成年人在争先恐后地骑行。

还有那些未成年车手。"儿童级"（4～6岁年龄组和7～8岁年龄组）车手出发的方式也一样。如果有人想知道是什么让孩子也变得如此强悍，那么缺乏一个可以向其投诉的权威人物便是问题的关键，这个问题甚至比这项运动的严苛程度给人留下的印象还要深刻。

上午最开始的几场比赛都是儿童级别的，我到达的时候他们已经在比赛了。我注意到有的头盔下有马尾辫露出来。第一场比赛结束了，骑手们开始摘下头盔，果不其然，其中约有 1/4 是女孩。这场比赛没有为女孩子单独设置比赛级别，她们与男孩排在一起比赛。巴伦告诉我，这些女孩有的后来变得"速度奇快"，并以"专业女赛车手"的身份参加比赛。

没有任何监管机构来确保这项运动的性别平等，也看不出比赛中哪里有特别关怀女性的文化。她们只是来参加比赛。我和一些参赛的专业女赛车手聊了聊，她们大多数成长于骑手家庭，骑摩托车对她们而言就像骑自行车一样自然。

如果你很关注这里发生的一些趣事，你可能就会被我们社会元素中性别关系的某种发自内心的轻松自然所打动，这种轻松自然就是类似骑越野摩托车这样的事。在这样的区域和中上层文化非常井井有条的场景下反复思考时你会发现一种对比，男女之间的关系有一种不同的味道。我们能否先跑个题，聊聊这个话题？

献给乡村女人的颂歌

在那些与机构关系非常紧密、非常依赖它们提供认证和评星（这些认证和评星使人们在精英社会的角斗场中不断前行）的社会群体中，有一个我们已经习以为常的、赋予年轻女性权利的项目。作为几个女儿的父亲，我很愿意参与其中。走出那个世界，人们有时会看到一个缺乏管理的场景，它更类似于法国思想家托克维尔所描述的自我管理的"自治组织"。与作为机构任务的"赋予女性权利"相反，在这些非正式的场景中，没有官僚机构来确保是否所有女性都获得了适当、平等的权利。

我对极限越野摩托车拉力赛中女性骑手的人数颇感惊讶，同时也深受鼓舞，因为我想让我的女儿J骑摩托车，我觉得这样能带给她快乐。我不禁开始思考，是什么造就了强大的女性？在广告、超级英雄电影，以及那些已经成为大众娱乐重要内容的女性暴力复仇幻想题材中，女性动作高手的形象无处不在。在男性身上被称为"有害"的品质，在女性身上似乎常常被视为"赋权"。但这些女主人公变得如此强大的过程，却是一个想象力上的空白，很少有人来填补它。

显而易见，人们把很多希望寄托在宣传方面，也就是在中小学、大学、企业工作场所、有组织的青年体育活动、育儿咨询行业等场合中以及在企业新闻中，所有这些女性的权利能够被肯定。然而根据中上层机构在看待性别问题时普遍存在的偏见和对受害者的态度，宣传收效甚微。为了保护被赋权的年轻女性微妙的敏感心理，行政授权和治疗方案成倍增多，也就是说，人们的言行将会受到更为严格的监控。因此，在社会场合，这些机构实实在在把自己的失败转变成深入扩展其影响范围的理由，而在这个场合之外，或许我们应该把目光放得更远些，在更广阔的范围内寻找"是什么使女性变得强大"这个问题的答案。在人们相对不受监控的社会关系中，住在乡村的人也许可以教给我们一些东西。

首先，让我们想一想玛丽莲·西蒙（Marilyn Simon）的经历：她是一名15岁的女孩，在一家24小时营业的餐馆工作，经常遭到性骚扰。起初，她感到羞耻和难堪，但很快她便发现自己粗俗的言谈跟那些厨师不相上下：

> 我很快就意识到，尽管在8小时一班的工作中，他们当中有个人会骚扰我无数次，但我有能力拒绝他。不只是简单地说不，而是用玩笑式的侮辱来拒绝他，然后让他在这一班剩余的工作时间里成为笑柄。

正是由于后厨文化中这极为下流的一面，让人感到在那家24小时营业的餐馆里工作是一种煎熬。然而也正是由于工作场所中所有这些粗俗的侮辱，让我们在那里工作时有了一种坚忍不拔的尊严。如果说在那里工作的人是这个家庭中的一员，那么蔑视主流社会礼节的规则（在餐馆的用餐区必须严格遵守这些规则）就是加入这个大家庭的入场券。自从那个夏天以来，我了解到，那个廉价小饭馆的后厨文化中包含着丰富的人类学要素：例如，它有莎士比亚戏剧中的小酒馆那种类型的群体，这种群体的作用便是与官方直接对立。它的货币充斥着肮脏的快感，它的经济破坏了对价值和尊重的标准的要求，而对价值和尊重的标准的要求是社会权威和中产阶级道德的两大支柱。在厨房里，你表现得越可憎越好！厨房里自由肮脏的文化是用餐区礼仪性约束的解毒剂，正如它也是在我们的政治道德标准中占支配地位的僵化、不冒犯伦理的解毒剂一样。[14]

在一次为青少年设立的新手车赛开始之前，我听说有个长得很像美国知名演员兼制片人罗西巴·芭尔（Roseanne Barr）的女人冲着一名身材瘦高的年轻男子大吼大叫，那名男子一身全套骑行装备，却是一脸犹豫不决的表情。女人吼道："别像个娘们儿似的！"我以前从未听到过这样的话，有点吃惊。这也许是古希腊作家普鲁塔克笔下斯巴达女性情绪的一个更粗鲁版本，斯巴达女性会让她们的儿子去打仗："要么带着你的盾牌回来，要么战死沙场。"据说在中下阶层中，男权制思想依然是最顽固不化的，倘若如此，那么这种男权制似乎与那些专横的女人相得益彰，她们好像可以毫无困难地控制自家男人，如果有必要，她们可以斥责男人们"拿出男人的样子来"。

阶级差异也许并不在于谁做主，而在于统治者的态度符合"男性规范"还是"女性规范"，此处借用的是社会学家帕特里夏·塞克斯顿（Patricia Sexton）于1969年使用的术语。我知道，以今天的标准来衡量，这听起来非常"二元"，但塞克斯顿的观点是，这两种倾向中的任何一种都有可能被男女两性接受，或都不接受。它们的文化传播和接受度是可变的，而这两种倾向性本身作为连贯的价值观和行为的集群都是可以辨识的。根据塞克斯顿的说法，与工人阶级相比，上层社会中的男性和女性接受的女性规范较多。[15] 如果我们把这个观点与西蒙对于餐馆后厨文化中团结一心的见解结合起来,就会生出这样的想法:也许使用粗俗的语言是一种男性规范,不过这个规范有时并不是为了吓唬女性,而是为了划定阶级界限,在这个界限的另一边是思想保守的人。

根据塞克斯顿的说法,工人阶级女性更喜欢她们的男人男性气概十足。我们可以理解为,在这方面她们是接受了男性规范,认为这是合理的,甚至是至关重要的。而标准的女权主义者则认为,她们在上述过程中遭受了一种错误意识的困扰,这种意识迫使她们处于从属地位。但这很难与人们看到的情况对上号。

事实上,工人阶级的"男权制"表面看上去与女权制极为相像。美剧《混乱之子》(*Sons of Anarchy*)讲述的是加州北部一个摩托车犯罪团伙的故事,剧中对这一点做了很好的描述。由凯特蕾·萨加尔(Katey Sagal)饰演的盖玛是这个虚构帮派的领袖贾克斯的母亲,也是帮派创始人的遗孀,她没有抱着削弱或提升女性的影响力的目的,而是按照帮派内部的男性规范来统治这个帮派,而她也完全认同这种男性规范。她综合了男性的强悍和女性的魅力,总的来说就是超级性感。

尼采提出了 3 种情人的类型。其中人们最渴望的情人并不是那种可以拯救自己,并使自己能够重整旗鼓的女人,而是一个正因为他的邪恶而爱他的女人。

盖玛就是这样一个女人,一个在犯罪活动中不折不扣的合作伙伴,在她的调教下，她的儿子变得更加冷酷无情。她的儿子的内心深处确实隐隐地存在着恋母情结。他想达到他父亲设立的标准，而他父亲俘获了他母亲的心。正如法国启蒙思想家和哲学家卢梭所言，如果想让男人变得讲究美德，那么就要让女人知道什么是美德。无论是异教的美德还是基督教的美德，也无论是男性规范还是女性规范，这一点似乎都适用。因为男人会把自己变成女人喜欢的样子。

普鲁塔克（Plutarch）说，有一座城市的军队打了败仗，在往城内撤退时，城里的母亲们堵住城门不让他们进来。这些母亲爬上城墙，掀起裙子对他们说："你们在干什么，要爬回娘胎吗？"于是军队又返回去作战，并取得了胜利。

我们已经信马由缰地聊到是什么使男人强大的话题上了，答案是要求获得权利的女人。而我们是从"是什么使女性变得强大"这个问题开始聊起的，那就让我们回到这个问题上吧。和一位名叫杰丝的女性朋友描述了我在极限越野摩托车拉力赛上的见闻后，我向她提出了这个问题。她说，这不过就是"去做事，而不去在意你作为一个女人在做这件事"而已。听起来没错，甚至回想起来也觉得是对的，它表明从根本上来讲，男性和女性没有那么大的不同。它雄辩地抓住了女性赛车手所持有的或缺乏的态度。

不过杰丝接着指出，颇具讽刺意味的是，在我们的社会中，女性在直接"做"的过程中特别容易遇到一种"征服者情结"障碍。我认为她指的是某种道德勇气的诱惑，人们鼓励女性勇于以女性的身份来做事，前提是除行为中本来就可能存在的挑战之外，还需要她们对女性的压制进行特别的反抗。这就需要人们自觉地与行为保持一定距离。但是无论做什么事，一个人只有完全投入其中才能把它做好。与她们的男性同侪一样，最令人印象深刻和最成功的女性似乎并不觉得自己负有推动历史前进的责任。她们只是做她们要做的，并在发挥自己技艺的过程中找到满足感。

当专业女赛车手对自己的摩托车进行最后的调试、擦拭护目镜并排好队准备开始比赛时，我在泥泞的赛场上闲逛。我和一个看起来三十出头的女人聊了聊。因为与其他人相比，她的表情不那么严肃，看起来比较随和。几年前她有了孩子后才开始参赛，而且非常喜欢这种摩托车比赛。我问她有关这项运动的文化，以及作为一名女性身处这种环境中是什么感觉。很不幸，就在这时，喇叭响了：离比赛开始还有 30 秒。赛场上爆发出一片发动机启动的声音，发动机高速旋转起来，让人精神为之一振。我不想在这个时候给别人找麻烦，但我的确想知道这个问题的答案。我凑近她的头盔大声喊道："你觉得这是'赋权'吗？"

我不确定她是否听懂了我的意思，也许她只听到了更熟悉的音节"动力"[①]。不管怎么说，她喊道："试试二冲程的！ 13∶1 压缩！"

[①] 即 power，这个词兼有"动力"和"权力"之意。——译者注

就在这时,最后一声喇叭声响起,她冲了出去,把一大片泥浆甩到了我的笔记本上,我的眼镜也溅上了泥点,她的摩托车前轮在空中舞动,因为她要抢在别人前面过弯。

沙漠中的民主:卡连特 250

我开着租来的现代雅绅特离开美国拉斯维加斯,沿 15 号州际公路开了 30 多千米,然后拐上 93 号公路。交叉路口处有一个卡车停靠站,前方空荡荡的,我仔细考虑了一下,谨慎起见,似乎应该停下来检查一下这辆车是否还有足够的玻璃水,同时也给自己储备一些水。一切准备好之后我很快又回到驾驶座上,沿一条双车道的公路向北驶去,穿过广阔的高原沙漠,我的右侧有一座山峰。太阳渐渐在牧羊场后面落下时,3 架巨大的双旋翼军用直升机慢慢从我的头顶飞过,在我的左侧低空编队飞行。它们齐刷刷向上升起,越过前方的山脊,随后消失不见。

这一路的风景极好,以至于现代车已经逐渐从我的意识里消失了。起初,周围的地形是稀疏的矮树丛,接下来的 160 千米又变成仙人掌和奇形怪状的岩层,沿途的景观让人对地质的丰富多样感到惊叹。一堆堆沙滩球大小的石头很光滑,看起来就像是古代某个崇拜石头的部落精心堆放在那里的。享受了一两小时空灵的风声和轮胎的摩擦声后,我打开收音机,并没有期待能在收音机中听到什么。但这辆车有卫星广播,我很快就找到一个似乎和周遭风景相得益彰的电台——播放 20 世纪 30 年

02 赛车运动和游戏精神

代经典的西部音乐，或者说是"牛仔"音乐。这些曲子美极了，以前我从没注意过这样的音乐。

我把车停在路肩上，关掉发动机，下车去放松一下。沙漠里万籁俱寂，天空中蓝黑色的暮光在逐渐消退。我走在碎石地面上的脚步声被放大了，我就这样毫无遮挡地暴露在天空下。沙漠中也没有多少生物。

我正在前往卡连特小镇的路上，没有什么确定的计划。我倒是有过一个计划，不过落空了，所以此时此刻，当我驶进这个寂静的居民点时始终保持着警觉和侥幸心理。我变得比平时更擅长交际，我在寻找机会，就是独自开着租来的车、想要进入陌生小镇的男性要找的那种机会。（与单身女性旅行者相比，我们受到的审视是不一样的。）

我在彩虹峡谷汽车旅馆预订的房间正好在一楼，我把金属折叠椅从房间里搬出来放在雨篷下面，雨篷下还有一袋开心果和一个高个子男孩。我从这里可以看到 50 米外的镇上唯一一座加油站和便利店里来来往往的人。夜晚的温度恰到好处，不像弗吉尼亚夏天的空气那样黏腻，加油站的电灯周围也没有一团团疯狂的昆虫。

我和戴夫·亨德里克森（Dave Hendrickson）约好，他参加 SNORE Knotty Pine 250 比赛时，我坐在他的赛车上担任副驾驶，这是由内华达州南部越野爱好者俱乐部（SNORE）举办的 400 千米沙漠车赛。SNORE 这个缩写词或许可以看作是对 SCORE 的嘲讽，而 SCORE 是"加州南部越野爱好者组织"的缩写,该组织曾主办花费高昂、备受媒体关注的"巴哈1000越野赛"(Bafa 1000)。问题在于,戴夫在上一次比赛中摔断了脚,而我现在无车可搭,希望能赶快结交一个新朋友。

第二天早上,我坐在多节松树酒吧多功能大楼的早餐柜台前遇到了85岁的老先生卡尔·泰格姆(Carl Tygum)。他镶着一口金牙,1982年他搬到卡连特,当过伐木工和矿工。泰格姆给我朗诵了几首他写的诗,并告诉我在他刚出生后不久,他在南达科他州的家乡的居民几乎全部死于霍乱,而他被两名懂得治疗方法的原住民妇女救了下来。

在这家汽车旅馆的停车场里,我遇到了五十来岁的流浪汉格雷格·迈耶(Greg Meyer),他住在一辆看上去像是20世纪80年代复古风格的小型野营车里,还有一只十分热情的比特犬陪在身旁。野营车后面绑着几把铲子、一把耙子、一个水桶、一块垫子以及其他一些打理露营地的工具、一根用废旧铝型材制成的保险杠、一个安装在仪表盘上的骷髅装饰,还有一根用沿野营车一侧垂下来、长约4米的龙舌兰茎做成的帐篷杆。他滔滔不绝、态度坚定地对我讲了离婚的好处。

我注意到有一小群人在教堂外面走来走去,就在我住的汽车旅馆门口的碎石路对面。我走过去想看看发生了什么事,看上去六十出头的佩格(不是她的真名)告诉我,他们的嗜酒者互诫会刚刚结束。卡连特有7座教堂。她的一个同伴说,教堂的数量比酒吧还要多。据我统计,酒吧有两个:多节松树酒吧和三叶草酒吧。

但这些人都不会参加这个周末的比赛。于是我开始开着车到处转，看看有什么可看的。除了灯火通明的辛克莱加油站和一家家庭美元店以外，卡连特看上去就像是一处被时间遗忘的地方，一座被阳光晒得褪了色的破败的西部铁路小镇，零星分布着看起来好像已经荒废了数十年的企业。许多房子都是双单元组合房车，加装了车棚或其他扩展设施。过了联合太平洋公司铁路站场就是卡连特青年中心。不久后我就会知道，这是内华达州三所关押青少年罪犯的机构之一。根据家庭美元店收银员蒂娜的说法，卡连特本身是一个团结的社区，这里的孩子们受到的教育是要乐于助人。例如，孩子们经常把丢在停车场中的购物车送回来，或从小溪中捕捞古比鱼，放进邻居家的池塘里。她说，虽然林肯县是内华达州最穷的地方之一，但这里几乎没有毒品或其他安全问题。

这里的大部分居民都是摩门教徒。不知怎的，这个小镇虽然贫穷，但并不显得破烂。在西部沙漠各州，游客不会产生那种强烈的防护心理，使他们想与他人保持距离。

或许这种差异在于我个人。我发现，在没有计划也没有人接待的情况下独自一人上路时，你会向他人敞开心扉，并对他人不带有什么偏见，而这样做可以影响他们招待你的方式。暂时从一成不变的生活中抽离一段时间是件好事。你孤独的内心不再感到疲惫，身上所有的身份、立场和怨气也都消失不见，在你常去的地方，它们与你如影随形并定义着你，让你感觉非常疲惫。

我去当地小学参加见面会,这是一个由来已久的传统,赛车手们在学校外面把车排成一排,彼此侃大山,并在比赛前一天为孩子们签名。蒂娜告诉我,当地的孩子们从小就把赛车手当成偶像,有些家庭几代人都在同一比赛检查站和维修站工作。比较出名的赛车手会派发卡片或小张的海报,上面印着他们在沙漠中驾车飞驰的照片。我和一名头发花白的老将聊了聊,他从1970年开始参加沙漠车赛,现在来这里是为他的女儿助威,他女儿的车在1600级别。其他人——例如肯尼·弗里曼(Kenny Freeman)从20世纪80年代初就开始参加此项赛事(弗里曼在本次比赛的1600级别中再次获得第二名);乔·戴维(Joe David)在去年的比赛中获得第一组别的冠军和总冠军,他父亲是前"薄荷400"越野赛冠军汤姆·科赫(Tom Koch)。

原先与我约定好的车手戴夫让我在他缺席的时候去跟几个人打声招呼,所以我至少要给他们做一下自我介绍。其中一人是乔尔妮·理查森(Journee Richardson),她穿着一身粉红色衣服,有一辆粉红色房车,此时她开着一辆粉红色的1600车,车头印有"#车队笨蛋"字样。戴夫是这项运动的资深人士之一,他说自己把理查森当成女儿看待。每当理查森有需要的时候,戴夫和儿子们都会在赛车方面帮助她。对理查森而言,赛车界就像一个家庭,大家对她都很照顾。

理查森驾车的速度也很快。她的名片上印有一张她穿着背心斜靠在自己爱车车头上的照片,上面写着:女孩们也会变脏!那天晚些时候,预赛结束后,我问理查森觉得这个场地怎么样,她说太平滑了。

02 赛车运动和游戏精神

"我喜欢粗糙的。"她说。

"原来如此。"我说。

我们停顿了大概有半拍的时间，我努力让自己的眉毛不要挑起来。"就像巴斯托（Barstow）①那样。"我说。"没错。"她说，同样是一脸严肃。

当晚七点半，大家在学校体育馆里召开了赛前车手会议，会上我们讨论了州土地和联邦土地的管理问题、比赛对野生动物的危害以及比赛场地的特殊性。许多区域的通过空间有限，而在通过弯道时必须慢行。"要有耐心。这不是一件容易的事情，必须动脑筋去思考着来。"赛道在穿越小镇的赛段有严格的速度限制，这个限制仅靠大家的荣誉制度来自觉执行，这与SNORE比赛和卡连特镇居民长久以来的良好关系有关。这就好像是托克维尔描述的一种情况：人们因为某种利益而自发地走到一起，并为了自己去解决问题。托克维尔认为这种交往形式孕育了民主的美德，这也是美国人的理念中最好的部分。

"孩子们在做游戏时惯于遵守自己设立的规则，还会惩罚其他孩子做出的被他们自己定义为不端的行为。"因此，托克维尔对美国人自我管理的习惯以及为养成这种习惯从小就被要求和鼓励的性格感到惊叹。他说："同样的精神体现在社会生活的每种行为中。"美国历史学家尤

---

① 巴斯托是加州圣贝纳迪诺县内的一座城市，经常举办包括汽车越野赛在内的各种户外活动。——译者注

尼·阿佩尔鲍姆（Yoni Appelbaum）在《大西洋月刊》（Atlantic）撰文指出，从工会、贸易协会到互惠保险公司、兄弟会组织、志愿消防部门，这些志愿协会占用了美国人大量时间。[16] 然而正如哈佛大学政治学家罗伯特·普特南（Robert Putnam）在《独自打保龄》（Bowling Alone）一书中描述的那样，这种生活方式在 20 世纪末已经或多或少地瓦解了。我们仍然有志愿协会，但它们现在通常是由领薪水的专业人士而非协会成员自己运营。

会上多次提到"动脑筋"一词。在我们这个高度化管理、诉讼频繁的社会中，这个词已经成为一个听上去有些陌生的口号。人们越来越期待能获得一些经过安全认证的体验，这种体验让他们花钱就能得到，就像在游乐园里一样。相应地，无论何地，只要有大型群体聚集，就有必要从各个方面去保障环境的安全，并提前规定每种允许的行为。这件事通常由某些私人团体而不是政府来做。更糟的是，它成了一种我们不加思考就采纳的态度，我们被训练成把自己视为人造经验的消费者，而不是能够以一种未经过滤的方式应对世界的理性生物。

在沙漠中，在辽阔的天空下，在面对一群响尾蛇时，这一事实始终都存在。然而赛车手们的情绪显然不是对社会的蔑视：考虑到他们为自己承担的责任，他们的态度在本质上是成年人而非青少年的。

我没能在比赛前一天的最后一刻拿到坐副驾驶座的名额，这显然是在我的意料之中。我只是一个从弗吉尼亚州来的小文人，不懂急救技

02　赛车运动和游戏精神

能，不知道怎样扶正滚翻的车辆，而且对任何车型的系统和结构也没有多少深入了解，没法为比赛做什么贡献。当各个级别的赛车相继出发时，我在集结等待区转来转去，唯一能做的就是记录下越野比赛界民间工程的工艺水平。在压力巨大的竞争中，什么操作是有效的、什么操作是无用功，都能更加明确地暴露出来。否定和完善的交替迭代变得更快。自从我十几岁时迷上以大众甲壳虫为原型打造的 5 级车（无限巴哈虫）起，这些车内悬架行程的数量几十年来增加了不少，在通过粗糙路面时，弹簧刚度会更低，车速也可以更快。速度最快的级别称为"奖杯卡车"（Trophy Trucks），我年轻的时候这种车还不存在。在 20 世纪 80 年代，没有人会想到一辆重达 2 700 多千克的汽车能以每小时 160 千米的速度在起伏不平的沙漠中行驶，这都是 100 厘米悬架行程和庞大的外部冷却减震器的功劳。"奖杯卡车"诞生之初是具有高度试验性意味的一次性作品，但其设计如今已经趋同。

在整整一天的比赛中，我作为观众分别在几个不同的地点观看比赛。在起点附近，赛车必须穿过一座供牛行走的桥，桥面非常窄，两侧的汽车轮胎各有一部分悬在两边桥面之外。有的车手在尝试过桥前需要先停下车，好像是在为自己壮胆；还有的车手双眼紧盯着地平线，似乎觉得保持稳定的车速会更好；有些车手甚至在开上登桥的陡坡前就踩下油门以减轻车前部的重量，使过桥的过程更平稳。我看到有几辆车差点出事，但并没有车真的从桥上坠落。桥高约 6 米，下面是一条已经干涸的河床。

到达桥的另一端即标志着比赛开始,因为在镇上驾车的速度限制从这里起被取消了。一开始的几千米风景甚是优美,因为赛道紧贴着连绵的红土丘蜿蜒向前。在平坦的道路上,我看到一辆20世纪70年代制造的雪佛兰开拓者偏离车道、滚下路堤,最终侧躺在了河床里。随着赛道向沙漠腹地延伸,从远处汽车扬起的尘土尾迹可以分辨出赛道的路径,那些被激起的尘土高高飞扬在空中。

我随后来到赛道中间,这样一来,我就得开着那辆租来的现代车沿一条土路行驶,这条土路最终会与比赛路线相交。在这个交叉口有一个检查站,几支车队在那里存放了燃料、备用轮胎以及其他零部件。令人印象深刻的是,其中两支车队还在那里存有全套的奖杯卡车装备,配有用于紧急维修的移动车间。这里的地形变得更加开阔,充满淤泥的赛道从沙漠灌木丛和仙人掌中间穿过。我看到速度最快的赛车在这里行驶的速度接近每小时100千米,但它们不停地上下左右移动,因此很难从所有这些无关的动作中判断出它们的净前进速度。偶尔有一两辆车被堵在一辆速度较慢的车后面无法通过,被堵住的人可能也无法透过尘土看清周围的情况。赛车都开着明亮的红灯,一闪一闪地提醒后面,以避免发生碰撞,但在团团尘土面前,这些灯也无济于事。

我从这里返回镇上,在赛道终点处找到一个落脚点,汽车要从此处一座绵长陡峭的岩石山丘上跑下去,这个山丘就在三叶草酒吧的后面,俯瞰着卡连特小镇。赛车手们把它称作"我的上帝山"。这天早些时候,我曾登上这座山。山上有的地方非常陡峭,山体表面十分松动,步行下山都不啻一项挑战。现在我站在这座山脚下，惊讶地看到（或者更确切地说听到）最有信心的赛车手居然在冲下这座山时踩着油门。在比赛的尾声，许多汽车的外观和声音都不大妙。我听到了让人很不舒服的声音，那是没加润滑油的金属相互摩擦时发出的痛苦呻吟，还有我想象着可能是发生事故后，玻璃纤维车身镶板在微风中拍打的声音，而为了彰显出不在沙漠中乱丢垃圾的决心，车手用保险丝把它绑在了车上。这让我想起几句文学评论：我强烈怀疑美国记者亨特·汤普森（Hunter Thompson）在1971年出版的《惧恨拉斯维加斯》（*Fear and Loathing in Las Vegas*）一书中对"薄荷400"大赛的描述很不准确。可以肯定的是，那是个不一样的时代，也许1971年的沙漠车赛与今天的赛事没有什么相似之处。不过我对此持怀疑态度。相反，不一样的其实是周围的文化，以及一个雄心勃勃的作家对沙漠车赛的利用方式。

在这个时代，某些大都市的中心有一群相对富裕的年轻人，他们自诩对沉重的社会责任发起无政府主义酒神精神[①]式反抗的先锋。汤普森以其极具表现力的方式使自己成为这种文化情绪的化身之一，而且很明显，他就是带着这个项目遇到了沙漠车赛，这是《滚石》（*Rolling Stone*）杂志派给他的任务。据他自己坦言（或者说夸口），由于从洛杉矶开始就与他如影随形的毒品问题，他似乎基本没有关注比赛本身：

[①] 酒神精神（Dionysian）最初指从个体的痛苦和毁灭中获得与宇宙生命本体相融合的悲剧性陶醉，后来指从生命的绝对无意义性中获得悲剧性陶醉。——译者注

我甚至都不知道谁赢了比赛,也许根本没人赢。据我所知,整场比赛被一场可怕的骚乱给打断了,那是一场由一群拒绝遵守规则的醉鬼挑起的愚蠢的暴力狂欢。

这是汤普森不断奉上的"肯·克西(Ken Kesey)[①]遇见地狱天使"的文化炖菜,但不管他表面上想报道的是否为环境问题,他自己就是其中的主要"配料"。但沙漠车赛是个表彰车手精心准备机械设备和他们开车时的持续专注性的活动,而不是醉酒后放纵的场合,因此这里不是他表现自己的最佳场所。[17]

在比赛结束后那个雾气蒙蒙的下午,我在三叶草酒吧找了个地方坐了坐。不知何故,调酒师迈克似乎不太了解波本威士忌。尽管我发现了一瓶美格波本威士忌并把他引到那里,但他还是不甚清楚。我在那里遇到了二十来岁的维多利亚·黑泽尔伍德(Victoria Hazlewood),她在沙漠车赛中是个新手,也是较重级别越野车的副驾驶。她的车出了点机械故障,抛锚了,再加上比赛场地能见度有时接近0,因此她被一辆时速大约140千米的车追尾了。黑泽尔伍德说她肯定昏迷了几秒钟,因为她不记得这件事了。我说:"天呐,你最好去医院看看。"她说:"还好,我已经习惯了,我平时是搞马术的。"一小时后,我在消防站的颁奖烧烤宴会上看到她在台上为各级别的获奖者颁发奖牌。

[①] 肯·克西是美国著名小说家,被称为嬉皮时代的催生者和见证人,代表作包括《飞越疯人院》。——译者注

社区是什么？它是一种可能要求一个人站在台前发表演讲的地方。获得冠亚军的选手一个接一个轮流上台，接着有人把话筒递给他们。这时他们会说点有价值的东西，并好好表现一番。

有个人借此机会提到他的一个竞争对手及其妻子，他俩的卡车和房车在赶赴比赛的路上翻了车，他俩只得被空运到医院去。这个人将自己冠军的荣誉献给那对夫妇，并鼓励其他人去医院看望他们。大多数人并没有多少机会在一大群人面前讲话，这是一个用言语展示自己的时刻。你整个人都会暴露在众目睽睽之下，你感到血液中的肾上腺素升高，掌心冒汗，喉咙发紧，仿佛灾难就要来临。通过颁奖仪式和车手会议，我发现这是一个通过演讲和行动来实现自我塑造和更新的社区。所有行动都是为了给个人和团队赢得荣誉，演讲则是为了展现大家对公共利益的重视。我曾在这座体育馆里看到一个小男孩坐在车手会议的前排，他专心致志地聆听着大人们谈论严肃的事务，而我对他接受的是什么样的教育感到好奇。因为这里就像托克维尔笔下的新英格兰市政厅会议一样，一群市民会在每年 6 月出现在内华达州的灌木丛中，有如沙漠一年一度的鲜花盛放。

WHY WE DRIVE

03

自治，或不自治

当放弃了方向盘，我们失去了什么 WHY WE DRIVE

我们对野蛮人以无法无天的方式坚守自由深恶痛绝。

——康德
《论永久和平》(Perpetual Peace)

车辆管理局的经验

车辆管理局里挤满了人。我是 5 辆摩托车（其中 1 辆在用）、4 辆汽车（2 辆在用）与 2 辆房车的注册车主，我十分了解操作流程。我先排队取号，然后坐下来等候叫号。我的号码是 S37。显示器上显示着

正在办理：
B34
P181

03 自治，或不自治

R211
R209
T88
B33

我找了个地方坐下，摆出那种你不知道什么时候会有什么事情降临到你身上时会摆出的架势。我创制了自己的一套做法来应付车辆管理局，这是受到古老智慧的启发：听天由命。20分钟前我出发前往车辆管理局时，内心深处仍然固守着自己这一天的安排与计划。现在发现自己 傻得不行。

让人摸不着头脑的排队数字命理学在车辆管理局内部肯定有某种作用。我猜人力资源部对分属于不同类别的服务项目有配额和时间表：对文件齐全的人来说，简单快捷的注册更新过程可能是个喘息的机会，即从法院高级官员调动高水平智慧去解决的棘手案件中喘口气的机会。根据工业心理学的原则，简单的案件需要采用激励和安抚的方式来处理，也就是安抚员工。

但对我们这些坐在固定的塑料椅子上的人来说，排队时的不可知性似乎是为了诱导人们服从官僚逻辑存在的明显专断性，这种逻辑首先是倾向于为内部行方便。去车辆管理局是一种"公民教育"，让人服从于一种依靠不透明性来隔绝自己的权威，这种现象很像航空公司依靠"系统错误"之类的提示来暗示管理层决策的后果是超出人类认知的。

223

在这一点上，我们看到的其实是一种前现代形式权威的复兴。我们自认为是超现代的，但美国制度生活的特殊性质似乎会把我们带往相反的方向，损害公民对逻辑操控力的信心，而我们正是依靠这种力量来理解这个世界的。现在要讨论的问题是我们是否准备努力去理解，以及我们是否相信自己的理解力。这些都是各种启蒙运动人物所阐述的共和主义人格的特征，但它们并不是我们目前的管理体系想要的。接下来的章节将深入探讨这个问题。

鲁莽驾驶

在《惧恨拉斯维加斯》一书中，汤普森提出了几个与警察打交道时极不明智的建议：

> 大约在距此 8 千米的地方，我与加州公路巡警擦肩而过，他没有把我拦下，也没有让我开到路边停车，什么例行公事也没有。我一贯是严格遵守交规去驾驶的，虽然可能开得有点快，但我的驾驶技术总是完美无瑕，对道路也有天然的感觉，就连警察也发现了这一点。警察生来就喜欢在三叶形高速公路的立体交叉道路周围精密部署，查控高速漂移。

> 很少有人了解与这些公路交通警察打交道的心理。一般超速者看到身后的大红灯时会惊慌失措并立即靠边停车……然后

03 自治，或不自治

便开始道歉，乞求原谅。

这么做就错了，警察会打心眼儿里看不起你。你以160千米左右的时速飞驰，突然发现一名加州公路巡警在你后面紧追不舍时，你应该做的就是加速。千万不要在第一声警笛响起时就靠边停车。要猛踩油门，让那个追你的混蛋开到时速190千米，一直开到下个出口。他会跟着你的。但他不会理解你为什么突然打右转向灯。

这样做是为了让他知道，你正在寻找一个合适的地方停车说话。这时你要继续打转向灯，寻找出口匝道，即那种上坡的侧回路，路边有标志牌上写着"最高限速40千米"。在这个地方，诀窍是突然离开高速公路，以不低于160千米的时速把他带到陡坡道上。

他会差不多与你同时踩下刹车，不过他要花点时间才能意识到，自己将以这个速度来个180度转弯。但你已经提前准备好的——准备好迎接数个重力加速度的力，还要完成"脚跟－脚趾"的快速动作。如果运气好的话，等他赶上来的时候，你已经在弯道处的路边完全停好了车，并站在自己的车旁了。

他最初会蛮不讲理，不过无所谓，让他冷静冷静。他会想抢先开口，那就让他先开口吧。他的大脑会陷入一片混乱：刚开始时他可能唠唠叨叨说不清楚，甚至可能拔枪。先让他放松，笑脸相迎。这样做是为了让他知道，你始终完全掌控着自己的行为和车，而他却对一切都失去了控制。

在我们与法律的对抗中，有多少次是与真正的人对抗？有多少次我们会认为太阳镜后面隐藏着人类品质？很可能还包含了作为一个混蛋的品质。他的胡子出卖了他：这是一个了解经典的老式无聊比赛的人，而且虽然我肯定会在这场法律大战中输掉，但无论是官僚层面还是技术层面的客观机制，都无法彻底消除人类之间的争斗。输掉一场战斗是一回事，而在抱定"没有战斗，只有公正性的操作"的情况下，不知不觉被扼制则是另外一回事。汉娜·阿伦特称其为"无名氏的规则"。

安全工业综合体：公共权利的幕后

在西方国家，速度检测摄像头屡遭损毁，这不是偶发的破坏行为，更像是一场政治叛乱。能不能把它当成青少年和不满者自然产生的那种单纯的自由主义愤怒情绪而一笔勾销呢？有时，摄像头屡遭破坏背后的动机截然不同：它是西方民主国家更广泛的政治合法性危机的特别具体的表现，这种表现已经酝酿了一段时间。本章准备探讨的是自动交通执法引起的愤怒，特别是它充分暴露其政治属性的时刻。

在生活中越来越多的领域，算法正在代替身份明确、可承担责任的人类来做出判断，官方给出的理由是自动化决策会更可靠。但更具吸引力的原因其实是，程序在行使各种形式的权力时不会受到公众不满的影响。

我们之所以愿意默认这一点，部分原因肯定在于我们对程序公正性的期待，它要求尽可能用规则取代当权者行使的个人裁量权，因为权力不可避免会被滥用。这是自由主义的原始内核，它可以追溯到英国革命时期。

用算法来裁断类似于自由主义的程序主义，它的确立依赖于我们遵守规则的习惯以及我们对可见的人格化权威的怀疑。但其效果恰恰是侵害了程序自由，并将权威排除在审查之外，而这些程序自由是自由主义传统的伟大成就。

此时此刻，我们更大的目标是要了解令那么多人感到愤怒、被人利用与无能为力的原因，以及为什么那么多人在表达愤怒时会提到一种叫作"权势集团"的东西，那是个神秘又无处不在的实体。问题在于制度权威的本质特征——它带给我们的体验。

在 2016 财年，雷达交通执法摄像头给美国华盛顿哥伦比亚特区带来了 1.072 亿美元的收入，再加上闯红灯摄像头和停车罚单的贡献，这个数字达到了 1.93 亿美元，占全市所有罚款和收费的 97%。[1] 警方给出的理由当然是为了安全。自动交通执法项目启动后没多久，可能是金钱促成了这个项目的说法令华盛顿警察局长十分反感。然而，执法人员似乎并不是因为那些交叉路口特别容易发生事故才安装摄像头的，而是因为那里交通流量最大、黄灯时间最短。据报道，安装摄像头的公司是国防承包商洛克希德·马丁公司的一家子公司，它在向市政厅推销时强调，绝大多数被罚款的司机都是住在弗吉尼亚州和马里兰州的通勤者，因此并不是华盛顿哥伦比亚特区的选民。从本质上来说，这是免费提供的资金，一个完全不受政治负面影响干扰的收入来源。我们必须指出，华盛顿哥伦比亚特区车牌上的格言是"无代表，不征税"。

WHY WE DRIVE

驾驶的故事

一些出色的调查性新闻记录下了美国日渐增加的自动交通执法制度。马特·拉巴什（Matt Labash）报道了华盛顿哥伦比亚特区的案例，他在《旗帜周刊》（*The Weekly Standard*）发表了5篇系列报道；戴维·基德韦尔（David Kidwell）则报道了芝加哥的案例，他在《芝加哥论坛报》（*Chicago Tribune*）撰写了一系列深度报道。这些报道加上他们引用的科学研究成果和政府调研结果，为我们呈现出了一个清晰的画面。

黄灯的持续时间（即"黄灯时间"）是交通工程师最可靠

的安全工具之一。人们可能会天真地认为，只要持续时间是一致的，司机们就会调整自己的行为与之相适应。然而当红绿灯变成黄色的时候，司机的头脑和身体中通常会发生一连串极为复杂的事情。对每个人来说，感知—反应时间基本上是不变的，这是他的神经连接在相当"低水平"上的功能（按照神经生理学家的说法）：需要多长时间才能把黄灯加工处理成一项"行动计划"并输送到程序中，使肌肉产生适当的反应？在这方面，每个人的情况都不一样，为了适应我们当中神经最大条的人，审慎的做法是设定黄灯时间［在交通工程师协会的《交通工程手册》(*Traffic Engineering Handbook*) 中，计算黄灯时间的公式假定反应时间是一秒］。不过我们的反应还有一个层面，它发生在一个更高、更恰当的"认知"层面，速度也更慢——你必须决定是停下来还是继续通过交叉路口。交通工程师把这种情况称为"两难区"。"当黄灯亮起时，司机必须立刻做出决定。"《芝加哥论坛报》引用了一位专家的话："'我离交叉路口有多远？我的速度有多快？我觉得自己有多少时间？黄灯时间会持续多久？'有的司机会算错，可能会在变成红灯几分之一秒后才进入交叉路口。他们这么做并不是出于故意或挑衅，他们只是算错了。"同一篇报道中引用另一位专家的话表示，黄灯时间太短造成的问题是"在强迫司机做出决定，要么突然减速，要么加速冲过交叉路口，而这是不应该的。眼看就要犯错的时候，你不会希望把这个时间设置得太短"。

黄灯时间越短,"两难区"就越紧凑,你前面的司机在黄灯亮起时做出的反应也就越多种多样,他的行为变得更加难以预测。黄灯时间哪怕只延长一点（例如从 3 秒延长到 3.5 秒）,对减少交叉路口的交通事故也有很大影响,而且无须花钱。[2]

但显然,对当局而言,免费的安全保障并不像免费得来的钱那样有吸引力。截至 2016 年,芝加哥的闯红灯摄像头系统已经带来大约 6 亿美元的收入。该市的交通网站声称闯红灯摄像头系统遵循的是交通工程师协会的标准计算公式,但《芝加哥论坛报》的调查记者发现,当局修改了公式中的假定时间,使用的减速率是 11.2 英尺/秒/秒,而不是交通工程师协会推荐的 10 英尺/秒/秒,好让黄灯时间更短。当局还假定汽车按规定的限速行驶,而不是像交通工程师敦促当局去做的那样,对交叉路口的实际车速进行调查或做出更符合实际的假设。2014 年,《芝加哥论坛报》聘请得克萨斯农工大学运输学院的交通研究人员对芝加哥的闯红灯摄像头系统进行研究。研究人员发现:"该市经常把摄像头安装在几乎不会发生会造成伤害的碰撞事故的交叉路口,摄像头对于提升安全保障起不到多大作用。与此同时,专家们发现,安装在 70 多个交叉路口的非必要摄像头逼得许多司机猛踩刹车,目的是避免收到自动开出的罚单,这导致全市摄像头附近造成伤害的追尾事故大幅增加。"2016 年,该报报道:"虽然一年多以前,芝加哥市长拉姆·伊曼纽尔（Rahm Emanuel）及其交通部门主管获得科学证据，表明其中许多摄像头引发的伤害比它们预防的伤害要多，但大多数摄像头仍在拍照，并为市政厅赚取了数百万美元的交通罚款。"[3]

安装摄像头的 Redflex 交通系统公司总部位于澳大利亚。现在，不要说是来自另一个大陆的公司了，哪怕就是来自美国库克县以外的公司，都不会在还没有建立起正确的关系前，就敢贸然闯入芝加哥赚大钱。公司需要有人教他们以芝加哥的方式行事，并告诉他们哪些市参议员和市政厅生态系统中的其他相关人员会关心市民的安全。想想孩子们吧！

让我们来认识一下约翰·比尔斯（John Bills）。他从 1979 年开始在芝加哥工作，当时是路灯维修工，而他真正的技能却不在于此。据《芝加哥论坛报》报道："20 多年来，比尔斯是马迪根有权势的第 13 区政治组织中收入最高的区长，他曾是芝加哥电力局的早期雇员，因资助军队而崭露头角。由于第 13 区供职于电力局的'忠实'员工众多，因此城市工人把该机构称为'马迪根电力'。"比尔斯凭借自己的努力当上了芝加哥交通局的二把手，他在那里工作了大约 10 年，在职期间，他"下令在全市范围内安装新摄像头，每个摄像头收受了多达 2 000 美元的现金贿赂"。[4]

既然这么做了，就会面临挑战。《芝加哥论坛报》报道称："一家与之竞争的摄像头公司与第14届芝加哥市参议员爱德华·波克（Edward Burke）结成同盟，波克是市议会财政委员会主席，有很大的权势。"波克"正在努力破坏Redflex的交易，以便把它交给与自己合作的摄像头供应商——自动化交通解决方案公司，这家公司雇用了波克的一个长期盟友当分包商"。

同样来自《芝加哥论坛报》的报道称："交通经理比尔斯的净收入约为200万美元，之后他才发现，自己被送上了从芝加哥市政厅通往伊利诺伊州乔利埃特市监狱的传送带。"我们尚不清楚他手里还有多少钱。现在我们永远都不会知道了。审判的结果是比尔斯要服刑20年。Redflex的高层管理人员和所有董事会成员都接到通知，要求他们退回赃款，他们被控在美国的13个州都有类似的行为。摄像头投入使用后，黄灯时间会缩短，这也是他们一贯的处理模式。

在芝加哥的案例中，有一群如美国剧作家戴维·马迈特（David Mamet）影片中那样的各色人物，有可能使我们忽视市政财政方面一个很普遍的事实：城市会一味追求增加收入，甚至在其不正当的影响已经展露无遗甚至被要求给出一个官方的合理解释时，当局也不大愿意修改自动交通执法系统。[5] 2017年，华盛顿哥伦比亚特区预计在未来5年内收取超过8.37亿美元的交通罚款和费用。[6]

从这些案例中我们可以归纳出一个结论。有时候，人们会故意把规则制订得不合理，而这些规则是由那些在此冲突当中获取利益的各方制订的。

控制黄灯时间是达到这个目的的特别简单的方法，但这场交易中还有其他"猫腻"。道路中的"几何"元素，如车道宽度、路肩宽度、道路曲率、坡度都会影响我们的驾驶方式，因此如果车道宽度从4米缩减至3米，那么在公路上观察到的普通汽车司机的"自由流动速度"（交通通畅时）每小时就会降低10.5千米左右。[7] 靠近车道中央时，我们自然会感受到更大的挑战并做出合理的行为来避免发生意外。因此，车道宽度的标准与该路段的限速相对应，旨在使法律与我们自然做出的合理行为相一致。但对于一名贪心的地方官僚来说，这些事实也提供给了他们一个"发财"的机会。华盛顿哥伦比亚特区的乔治·华盛顿大道就是个臭名昭著的限速陷阱。那里的车道按照88千米/时的行车速度标准修建，但实际限速是72千米/时。采用这种策略创收的效果十分显著，因为司机在驾车时实际上对规定的限速很不敏感。

美国联邦公路管理局进行过一项试验，发现当限速每小时改变24千米时，85百分位车速，即85%的司机的驾车速度的变化幅度不超过每小时1.6～3.2千米。在另一项研究中，同一支工程师团队在美国联邦公路管理局前安全和研究发展技术总监塞缪尔·提格诺（Samuel Tignor）博士的带领下发现，"目前的限速标准定得太低了，绝大多数司机都认为不合理。每10个限速区中，仅有1个限速区的遵守率高于50%。在规定的限速下，以合理和安全速度开车的司机成为技术上的违规者"。[8]

我们可以在其他政策领域发现类似的情况。即规则的泛滥提供了一种合理性的光泽，但官僚主义作风正是在规则与合理性之间的夹缝中滋生出来的。[9] 监狱行业的大规模兴起与严格的判刑法律和"毒品战争"密不可分。美国国家公路交通安全管理局为"安全戏剧"的舞台剧制定了规则，我们每个人都要表演这出舞台剧，而他们清楚地知道这其中大部分都很荒谬。那么那些你一走进去就会受到大剂量微波辐射的机器呢？还有，用湿纸巾擦拭一下、然后插入一个黑盒子检测爆炸残留物的东西呢？它们基本上都是没用的，因此军方拒绝使用它们，相反，如果要寻找爆炸物，他们会用搜爆犬。但机器是大宗生意，驯狗则不是。与此同时，独立审计报告发现约有90%试图偷运到飞机上的武器都没有被发现。[10]

诸如自动交通执法等涉及高科技的决策，我们有责任格外仔细地审查那些想从人们日常行为中攫取金钱的人的主张，因为他们会拿表达对我们福祉的关切来当作他们谋取利益的幌子。机器不会做判断，它们只是遵循物理学定律。然而机器确实会给人留下中立和必需品的印象，在这个印象的引导下，人类的判断变得更难辨识，也更难追究责任。《芝加哥论坛报》只得从其他州聘请一支司法鉴定工程师团队，来查清芝加哥使用自动执法系统在干什么。黑盒子的真正用途在于它可以把权力与公众的愤怒隔绝开来。

这与我们如今体验公共权利的方式高度相关：它似乎是由某个不可言说的实体行使的，就像那名留着胡子的加州公路巡警那样；它也有可能位于澳大利亚，就如同位于美国的市政厅，大家都知道这一点。这无疑加速了合法性危机在自由民主国家内的蔓延。"黑盒子"所具备的权威属性可能是由于它存在于高深莫测的机器逻辑中；可能源自国家主权向不透明的超国家机构（例如欧盟）的转移；还可能存在于多数人与似乎拥有自己内部密码的统治者之间的社会学夹缝里。

2018年底，法国总统马克龙面临着第二次世界大战后法国从未有过的大规模政治动荡。[11] 黄背心运动得名于所有司机在应对紧急情况时都必须穿在身上的极为醒目的马甲。在这次运动中，成千上万抗议者涌上各个城市的街头游行。这场动荡由两项措施引发——旨在减少碳排放量而加征燃油税和调低限速。这些措施对法国的"飞行途经地"（flyover country）① 或法国地理学家克里斯托夫·古鲁伊（Christophe Guilluy）所称的"边缘的法国"（la France périphérique）产生了尤为严重的影响。在内陆地区，人们经常需要开车，因此这些提议触及了人们的切身利益。而大城市的金融、媒体和学术界专业人士的利益则有所不同，这些人的利益是马克龙当政的核心。他们依靠地铁出行，而同样重要的是，他们生活在一个具有象征性的道德经济环境中，其环境美德对于该阶层的自我形象至关重要，它也是马克龙执政的标签之一。

以受过良好教育著称的法国官僚阶层也来自同样的环境。他们毕业

---

① 飞行途径地通常指在乘飞机经过时才能知道的地方，即较为偏远或默默无闻的地方。——译者注

于名校，接着顺理成章地进入欧盟政治管理国际骨干队伍。这些人更有可能在巴黎定居，而不会住在他们实施开明政策的比利时布鲁塞尔单调乏味的辖区内。从"边缘的法国"的角度看，这一切显然开始变得像是自行车道德家、电动滑板车骑手和禁碳主义者组成的一个大团体。

从《纽约时报》刊登的一张照片我们可以明显看到这种文化隔阂的一些蛛丝马迹，它突出了"黄背心"对经济状况更大的不满，但该报并未给出评论：在2019年1月初与警察的街头混战中，他们点燃了一辆自行车。这可以被视为一种诙谐的嘲弄，矛头直指统治阶级的自我形象。

在2018年出版的《公众的反抗》（The Revolt of the Public）一书中，美国中央情报局前分析师马丁·古利（Martin Gurri）剖析了2011年世界各地爆发的抗议活动，包括美国的"占领华尔街"运动、西班牙的"愤怒者"运动、英国伦敦的街头暴力抗议等。古利认为它们都是依靠谴责的快感而非任何积极的计划驱动的一种纯粹否定的政治活动。这些抗议活动传递出民众对机构言论的不信任和社会权威的显著崩塌等信息。无论左翼还是右翼，用美国前总统特朗普常挂在嘴边的话来说，人们感觉制度遭到操纵，实际上政治领导人自己也对这种观点深信不疑，坚持认为自己一方在选举中落败是不合法的。这种情况很危险，它是某种形式的政治虚无主义，古利将其归结为互联网打破信息垄断后引发的认知危机，而那些信息垄断曾经维护了机构的权威。黄背心运动的抗议者似乎与古利的分析相符，或者说由于该运动受到被否定精神感动的半职业煽动者指使，所以他们也开始这么做了。但在黄背心运动的早期阶段，它表达了某些更具实质性的东西，这种实质性的东西对于理解我们在本书中所要达到的目的很重要。

抗议者造成的真正重大的物质损失，是破坏了法国庞大的光电雷达测速仪网络。截至 2019 年 1 月，约有 60% 的测速仪无法使用。单就破坏的规模来说，我想不出现代社会中还有什么能与之相提并论。我们该如何理解这种广布的游击队式的行为呢？首先要注意，它的缘起是许多主干道的限速从每小时 90 千米降到了每小时 80 千米，这个调整看起来似乎微不足道。但还有个问题，是否这个限速原本就是在一个比较慢的速度开始调整的呢？在对道路没有直接了解的情况下，这就很难讲。美国记者克莱尔·伯林斯基（Claire Berlinski）在写到黄背心运动时说，由于光电雷达测速仪系统遭到破坏，"法国将因此损失数千万欧元的收入……在 2017 年，交通罚单平均每月可以带来 8 400 万欧元的收益，这当然就是黄背心们砸毁它们的原因。他们认为国家正在借超速罚单进行敲诈"。

官方的反应一如人们的预料，但多了一点道德炫耀。法国内政部长克里斯托夫·卡斯塔内（Christophe Castaner）表示："我在社交网络上看到几个蠢货出现在被烧毁的测速仪旁边，我不希望他们有一天会陈尸街头。这无关数字，而是事关生命。"法国道路安全部门负责人埃马纽埃尔·巴尔比（Emmanuel Barbe）说，人们的生命已经受到威胁，"破坏测速仪系统将导致很多人在驾驶中死亡，我对此深感悲哀"。[12]

的确，死亡可不是开玩笑的事，速度会要人命，这不言而喻。但让我们来研究一下这个问题。突然减速确实会致人死亡。这是一个简单的物理学问题：假如两辆车相撞，在其他所有变量都恒定不变的情况下，毫无疑问，速度越快，损伤越大，受伤或死亡的可能性也越大。但在牛顿的无摩擦表面上相互撞击的台球并不是综合了道路设计、交通状况、天气条件和"人为因素"的复杂情况，而这些因素却构成了真实的驾驶情况。一些国家制定《基本速度法》的原因就在于此，这项法律推翻了规定限速，并要求司机在现行条件下对安全驾驶负责。不能用简单的规则来取代人类的判断，然而自动测速执法并不符合上述要求。

在每一次辩论中，统计数据都是倡导者们最喜欢的工具之一，然而确切地解读量化数据是一项更加细致入微的工作，大多数人都不愿意做。要做好解读工作，就需要在这些数据经过筛选和带有倾向性地断章取义并转化为谈话要点之前得到原始数据。用这种统计数据的方式，我们至少可以注意到那些用数据来说服我们去相信某件事的人的利益所在。我不了解法国的情况，但在美国，记者们撰写超速流氓"肆无忌惮"地在道路上撞人的"标题党"文章时，引用最多的资料来自美国公路安全保险协会。来自该协会的资料显示，这个实体由其会员保险公司"完全支持"，那么它赞成降低限速并坚定地支持自动交通执法就一点也不奇怪了。正如拉巴什所指出的，这个行业"看到自动开出的交通罚单越多，其获得的经济利益就越大，因为超速和闯红灯可以让保险公司在未来3～5年内从客户身上榨取更多保险费"。[13]

关于超速行驶在撞车事故中的危害程度，更客观的信息来源可能是美国政府，而不是保险行业、靠引证来赚取收入的机构或自我标榜为"朱庇特"[①]的政府中的部长们，后者的支持率只有20%出头，他们试图把司机塑造成无端屠杀者的形象，从而平息司机的反抗。美国国家公路交通安全管理局公布的超速情况很复杂。由于某些定义方面的问题以及官方只将涉及死亡的交通事故数据统计在内的事实，导致情况变得复杂，因为只有在这些情况下警方才会被要求收集相关数据，然后录入死亡分析报告系统。考虑到上述需要注意的地方，以下就是2016年（我撰写本书时有数据的最近一年）造成死亡的车祸数字，在这些车祸中，超速是一个"相关因素"："18%的涉案司机在发生车祸时是超速驾驶的，27%的死者死于至少有一名超速驾驶的司机造成的车祸。"[14]

美国国家公路交通安全管理局官方网站表示："如果车祸中的任何司机被指控犯有与超速驾驶相关的罪行，或者有警察指出有竞速行为，又或者在某些条件下开得过快或超过规定限速是导致车祸的一个因素，则美国国家公路交通安全管理局会认为该起车祸与超速驾驶有关。"这就是说，超速驾驶是否会引发车祸的因素很大程度上取决于接警警察的裁量。"在某些条件下开得过快"是一种自由裁量权，我觉得大可相信州警察会做出适当的裁量，因为他们一般都拥有丰富的经验。但"超过规定限速"则是一个包罗万象的表述，起码可以把绝大多数司机囊括在

[①] 朱庇特是罗马神话中统领一切的众神之神，高高在上，无人敢挑战其权威。有媒体给马克龙贴上"朱庇特式"总统的标签。——译者注

内，因为每10个限速区中仅有1个限速区的遵守率高于50%。考虑到接警警察遇到的现场可能会模糊不清、证据不足，听到的证词会相互矛盾，他还需要勾选一些"促成因素"，因此"超过规定限速"就具备这样一个优势：它可以通过调查滑行痕迹和碎片分布场等相对容易的手段来确定，这就成为一个简便易行的方法——随时能排除干扰、清理现场、让交通恢复正常。采纳"超过规定限速"这一标准来确定哪些车祸"与超速驾驶有关"，肯定会使这个类别中的车祸数量增多。但即便如此，在导致死亡的车祸中，超速驾驶作为"相关因素"的影响也比酒精和"未能在适当的车道上行驶或冲出道路"小得多。[15]

我们该如何理解这些数字呢？要想做出正确的判断，就需要有人长期在交通安全研究领域深耕并进行公正的评估。弗吉尼亚理工大学的一支学术研究团队似乎完全满足这两个标准，该团队由前美国联邦公路管理局安全和研究发展技术总监领导，他们最终得出的结论是"大多数限速区的规定限速比'最高安全速度'低24千米/时，他们建议提高限速区的规定限速，因为这样会有助于提高司机的合规率，并使限速只针对那些最危险的司机"。[16]

人们通常把限速问题归结为自由与秩序之间的冲突，并必须加以平衡。这大体上似乎是正确的。但德国的情况很奇怪，人们甚至在质疑这种对立的必要性。《纽约时报》近年来的一篇文章指出，世界上仅有为数不多的几个地方没有限速要求，阿富汗和马恩岛是两个，德国的高速公路网是一个。然而德国又是一个因为在生活中的许多领域都有规则约束和以强调秩序著称的国家，地方官员甚至对太阳伞的颜色之类的事情都有规定。在某些方面，德国与美国的郊区开发项目类似，这类项目由一个主事的业主协会的志愿附属机构负责监管，监管方式类似于到处测量人们家中青草的高度。然而，有相当一部分德国人在高速公路上的驾驶速度经常超过每小时160千米，而这是合法的。不知何故，这些事情都在德国人的性格里得到统一。在本章中，我们将讨论德国高速公路的起源以及使德国高速公路不限速成为可能的特殊文化条件。在此，我只想简要地指出，最近有关高速公路的争议又为我的论点提供了一个数据点，即公众对超速执法的反应可以对更宽泛的政治趋势做出解释。

据《纽约时报》报道："一个由政府任命的委员会于2019年1月提出对高速公路（该国著名的公路网）实行限速的想法时，差点引起骚乱……愤怒的司机上了电视广播。"[17] 在德国，此类提案大约每10年就会被讨论一次，但最终结果都差不多。

德国的司机长期以来一直被政治化，就像现在发生在法国司机身上的那样。限速问题甚至促使宿敌罕见地团结在一起：当有人提议对高速公路限速时，德国劳工领袖就会"气势汹汹地穿上黄背心，暗示要举行街头抗议"。时任德国交通部长的安德烈亚斯·朔伊尔（Andreas Scheuer）不想成为马克龙那样招人讨厌的人，于是很快变卦，并宣布公路限速"违背了所有常识"。

处理交通问题的法庭

在美国弗吉尼亚州，车速只要超过 128 千米/时就可被认定为"鲁莽驾驶"，即使在限速为 112 千米/时的公路上也是如此。这属于一级轻罪，最高可判处入狱 1 年。2016 年，该州参议院审议了一项法案，将鲁莽驾驶的门槛从 128 千米/时提高到 136 千米/时。当地的一份报告称："民主党党团会议主席唐纳德·迈克伊钦（Donald McEachin）是一名代理人身伤害案件的律师，他认为驾车时速超过 128 千米就很危险了，法律应该继续对此有所反映……'那是鲁莽驾驶。你的行车速度超过了你能够行驶的速度，也超过了你能够控制自己车的速度。'他说。"[18]

现在，人们在驾车的时候肯定会出现一些状况，就算我们不是代理人身伤害案件的律师，也能面无表情地说出来。如果我想象凯瑟琳·赫本（Katharine Hepburn）① 颤颤巍巍却又不失端庄地开着一辆砂石卡车，以每小时 128 千米的速度在弯弯曲曲的山路上行驶，我会感到这样很不安全。而在 5 月一个阳光明媚的日子里，我骑着自行车走在笔直的分车道公路——360 号公路上时，感觉好极了。就在这时，我发现有州警站在中央分隔带上，于是我捏了一把前刹车。当时我正骑着自行车从弗吉尼亚国际赛车场回来，我这辆自行车装有三盘式刹车，重量是"雪佛兰郊区"的 8%，大概能产生 2 倍的横向转向力，车身宽度是公路车道宽

---

① 凯瑟琳·赫本是美国著名女演员，曾 4 次获得奥斯卡最佳女主角奖，其代表作包括《小妇人》《猜猜谁来吃晚餐》《金色池塘》等。——译者注

度的 1/3 左右。他给我测了速：132 千米 / 时——鲁莽驾驶。

在弗吉尼亚州的一个农村地区阿米利亚县，执法似乎是唯一切实可行的产业。阿米利亚县位于里士满和弗吉尼亚州首屈一指的公路赛车场之间的路线上，地理位置十分理想。人们从牛顿定律占主导地位的环境中突然转换到弗吉尼亚州法律统治的地区一般都需要时间来适应和调整，而这就为执法部门提供了一个机会。360 号公路的确是沿途各县的"商业走廊"，不过从其满目荒凉的环境来看，这样子并不像是那些标牌上所宣传的"商业走廊"。

这就是我对此事的嘲讽，直到几个月后我出现在法庭上。没有什么比涉及坐牢更能抹去一个人脸上傲慢的表情了。我真的感觉自己很渺小，在威严的法庭上，我感到自己犯下了严重的罪行。上午九点半整，一个留着大胡子的警长挥舞着"魔杖"，例行公事地传唤在法院大楼外闲荡的违章者，法庭上笼罩着弗吉尼亚州凝重的气氛。警长在每个人身上都晃一晃他的魔杖。他说这是用来探测金属的。我们一坐下来，他就发表了一通高谈阔论，动作夸张，如同狂欢节上的演员。房间里挤满了人，但法官还没出现。接着，他突然停顿了大约 30 分钟，这是一段精心估量的时间，在此期间，我们除了默默反思自己的过错以外什么都做不了（大家不允许使用手机）。这时警长吼道："全体起立！"紧接着一个穿着长袍的人走了进来。

第一名被告是个非洲移民，法官费了好大力气才念出他的名字。法官问他是想认罪、不认罪还是不抗辩。他没有回答。时间一分一秒地过去了，我相信他是因为没有听懂这个问题才一直不说话的。法官把这个问题重复了好几次。最后，法官咕哝了几句，继续往下问：他想聘请律师、自己为自己辩护，还是要求州指定律师？这个人又一次被问住了。有人向他挥动着一张表格。我的脑子里有个声音尖叫起来："不要签！"我一定是把这句话大声说了出来，因为坐在我旁边的女人突然转过身来看我。

一名律师联系了我，他在某些县专门处理"超速鲁莽驾驶"。我的传票是不是被公开了，甚至在法律判决之前就已经被公开了？我后来了解到，该县与购买传票接收人名单的律师分享该名单：这又是一个收入来源。我想知道人们因超速鲁莽驾驶而入狱的概率，这会很有意思，也许用坐牢来吓唬人以强征罚款会显得很划算。我的案子最终被处以150美元的罚款，我如释重负地交了钱。

法国大革命前，法国王室把收税的任务交给那些称为"税款包收入"的个人。他们享有宽泛的自由裁量权，并被获准留下一部分税款，这可是一份肥差，因此他们表现得极为积极。人们普遍憎恨他们。在我看来，激起革命性仇恨的并不是税收本身（除非你是茶党①），而是利益各方打着公众利益旗号行事的虚假借口。

---

① 学术界普遍认为茶党运动发端于1773年美国东北部的波士顿。当时，仍属英国殖民地的波士顿民众为反抗英国殖民当局的高税收政策而倾倒茶叶，事件参加者遂被称为"茶党"，后来"茶党"成为"革命"的代名词。——译者注

美国的罚单包（Ticket farming）似乎是上述情况的一个变种，它所仰仗的权威并非破产的君主制度，而是某种道德主义。这种道德主义把"安全"说得比其他任何事情都重要，并把矛头指向我们当中最不符合要求的人，以证明其标准的合理性。很明显，这样的定位在某些场合是适用的，例如我觉得美国在帮助那些在身体和精神上有残疾的人士方面做得确实特别出色。但是正因为这种道德很难受到批评，因此它为行政国家的扩张提供了一个近乎无可反驳的借口，这样的国家对自己并没有限制性原则，如果你没有强有力的反对意见，那么从它的角度看你就一定是"不负责任的"。如果任由它按照其内部逻辑行事，公共安全制度就必须找到方法来证明其不断增长的收入和对生活中越来越多的领域实施控制是合理的。然而这总是可以打着良好的民主价值观的大旗，通过进一步愚弄人们来实现。

2018年7月，我再次站到处理交通问题的法庭上，这一次是在弗吉尼亚州弗卢万纳县。警长用后射雷达抓到我超速，当时他的巡逻警车停在路肩上一个阴暗的凹地里。我捏了一下雅马哈摩托车的刹车，但我从他面前经过的时候就知道自己完蛋了。我瞅了瞅后视镜，一看到他把那辆巨大的莫帕车从凹地里开到路上，我就在路边停下了车。他说我的时速是"138千米，而且还在继续加速"，而这里的限速是88千米/时。这是在6号公路上，是我东西向出行时的首选道路。

警官人很好。他没有把我写成鲁莽驾驶（他们有自由裁量权），也没有把我的车速写成"138"，而是写成了"135"，我猜想这个数字可能在某种不利状况的门槛以下。

帕尔米拉的法院坐落在建于 1828 年的旧石监狱旁。往法院走的时候正好能路过这座监狱，我一眼就可以看到它外面的围栏。没错，就是围栏，一种木制的精妙装置，能牢牢固定住人的脖子和手腕，把人扭成弯腰驼背的姿势，想必这样设计是为了供正直的市民和小孩子们嘲笑奚落的。当然，（你自认为）这是过去的事了，也许现在已经不是当今司法系统的一部分了。

我在法庭上看到来自弗卢万纳县警察局的 6 名警官。他们的衬衫里面套着板条一般的马甲，鼓鼓囊囊的，对讲机的线从他们的腰带延伸到领口，他们的腰上还别着全套武器。我努力想找到抓住我的那位警官，但毕竟已经过去好几个月了，所以并不是很好辨认。他们看上去就像是一群男子气概十足的皮革帮成员。整齐划一是他们呈现出来的主要效果，从而增强了警察亮相现场的效果。

法官是一位非裔美国女性，这让我感到很高兴。原因很简单，因为事后警察和法官在狮子会① 碰面、边喝酒边讨论法律和秩序的概率极低。很多时候，你在法庭上会有这样的感觉——站在你的对立面的正是国家。按理来说，审判流程应该是这样的：有两个相互平等的当事

---

① 狮子会全称为"国际狮子会"，1917 年在美国成立，是全世界最大的服务性组织。——译者注

方——警察和被告,他们站在不偏向任何一方的法官面前做陈述。这个想法很不错,但作为一个社会学问题,实际情况是那些公务员会经常见面,并在彼此之间形成了一套职业礼仪。因此,为避免事情变得过于趋同,在警察和法官之间引入某种社会学界限是有道理的。

我进行了无罪申诉,但表示想做个声明。这是我在阿米利亚县那桩案子中想出来的小说辞,没想到很快就会在切斯特菲尔德县用上。你必须在自己的案子被审理前探查一下法官的情绪和法庭上的整体氛围,然后在最后时刻调整此类说辞。说辞必须极其简练。但我也发现,法官们似乎很喜欢这样的说辞。想想他们每天的生活吧:没完没了的悲伤故事、阴沉着脸的冷漠态度以及卑躬屈膝的行为。他们在处理交通问题的法庭上难得听到争论或花言巧语的诡辩——想必这些东西会让他们想去上法学院。下面是我的申诉:

> 法官大人,这位警官非常专业(在这里我暗指受审的其实应该是那位警官),我没有理由质疑他的雷达设备的准确性(但我要提到准确性这个问题,同时还要宽宏大量地不予计较,因为它有损本法庭的尊严)。正如警官对我的指控,我有罪,我也不会浪费您的时间来找借口。但如蒙您允许,我想代表广大摩托车手说几句话(和法官一样,我关心的是公众利益)。
>
> 诚如研究所示,任何一位警察都会告诉您(我略微转身,瞥了他一眼——在这里,我们最终站在了同一边),分心驾驶

与醉酒驾驶的危险性不分上下。骑摩托车时，你不会发短信，不会看手机导航，也不会和坐在后排座上的孩子们吵吵闹闹。除了骑车本身，你什么都不会做。骑车意味着你全身都被暴露在外面，一旦摔倒，你一定会受伤，所以你会全神贯注。从对其他司机造成的危险来说，以每小时 128 千米的速度骑一辆摩托车，与驾驶一辆载满电子设备的重达 3 吨的 SUV 并不一样。我之所以提到这些事实，并不是说应该为摩托车手另行设定限速，也不是说我们要以某种方式凌驾于法律之上（正如那些长袍穿在您身上非常合身一样，法官大人，法律的威严也是不容置疑的），而仅仅是希望您在考量如何处罚我的案子时能把这一更大的背景也考虑在内。

我想说我以西塞罗（Cicero）[①]式温文尔雅的风度发表了这篇演讲。但在这种场合，就像在阿米利亚县一样，我声音发颤，喘不上气来，说话的声音几乎听不见。在这样的环境中，你确实能感觉到国家的威严，这种威严对你的全身都产生了影响。法官明显饶有兴致地听着，并热忱地表达了她对这些想法的赞赏。但她最终还是拒绝以任何方式减轻判罚。不过她以一种善意的仁慈态度宣布了她的判决，这让我感觉光是站在她面前我就感激不尽了。我没有讽刺的意思，正义的确是得到了伸张。

[①] 西塞罗是古罗马著名的政治家、哲学家与法学家，以雄辩著称。——译者注

03 自治，或不自治

走出法院，我把自己塞进围栏里，自拍了一张照片。

拯救违法者

几个月后，同样的事情再次发生了。某个周六的下午，在切本哈姆林荫大道这条六车道的分车道公路上，一名男子藏在一个斜坡上，将一把枪放在左臂的臂弯里，他说这把枪会发出看不见的射线。他还拿着一个印有黄色表格的本子，这个本子似乎够所有人用了。在我的那一栏，他写着"77/55"。由于我在过去18个月里收到了许多这样的表格，因此经常收到律师的建议。每次违章后，这些建议总是会出现在我的邮箱里。上一次在弗卢万纳县违章后，我与一位律师在电话里简短交谈了一下，但他要价1 500美元才会接我的案子，于是我就为自己辩护了（这是个有趣的说法）。现在，车辆管理局的违章记录标明我"在限速88千米的路段开到135千米"。但这次，一位名叫乔伊纳的律师给我发来邮件，里面夹带了一份传单，他只收取149美元。我和他的一个同事通了电话。乔伊纳接了我的案子，接着他果然把我的罚单撤销了，但法官提出的条件是我必须上完一项骑手基础课程。

教官让我们骑在排量为250毫升的小摩托车上，双脚踩地，从脚跟到脚趾再到脚跟，慢慢地前后摇晃。稍早些在教室里，我像从前那样摆出一副并不适合在学校这样的场合做的特别酷的姿势，还在工作簿上写下粗鲁的言论，悄悄拿给我旁边的人看，总之就是在班上耍宝。似乎在

249

学校里我就该这样耍宝。然而我们现在是在停车场里，学着感受"摩擦区"，也就是离合器开始啮合的地方。我被自己内心没完没了的负面情绪消磨得筋疲力尽，所以我决定转变态度。我要把这个事情当成一项正念练习。我尽力通过离合器操纵杆来真正感受离合器的滑移，并体会到了我的身体与摩托车合为一体。这招很有效，有那么 30 分钟左右，我能够更加恰当地思考、行动与感受，就像他们在学校里说的那样。我们双脚踏地，把它们当作辅助轮，步调一致地慢慢滑过停车场。我们到达停车场的远端时，每个人都举起左手，一直举着，示意我们已经完成练习。但随着这些练习延续了一整天，我很快就发现自己又必须和自己的情绪搏斗，才能做到表面上服从教官的指令。我可不能得罪这两位教官，因为我迫切需要他们给我的那张纸，以此证明我在这两天内 20 小时的训练中表现得当，并且在训练中没有辅助轮，绝对没有。

法国哲学家和社会理论家米歇尔·福柯撰写过一部关于惩罚的文化史专著，其主要观点是，在 18 世纪的某个时期，西方社会从直接的惩罚——例如鞭打或把人关进围栏，转向他所称的"磨炼"。其制度形式多种多样：监狱、强制教育学校、工厂、精神病院。他们的目的不仅仅是惩罚，而是要创造某种"主体"——允许权力顺利运作的、自我理解的个性和形式。实现这一目的的方式之一是"不平等的凝视"。这些惩戒机构具有一种单向镜的性质，你永远无法确定自己是否被人观察以及何时被人观察。在监狱里，这是通过建筑来做到的；而在学校里，你永远无法确定哪些违规行为会被记在你的"永久记录"上。道路的天然特征有时也会被安全工业联合体用于类似的用途：那片灌木丛后面可能会有个拿着射线枪的人，也可能没有人。这是一个非常随机的事情，你可能会因为某些本来觉得很正常、很自然的事情被抓。要解决由此而产生的焦虑和不安全感，唯一的方法是将机构的要求内化，去成为一个不同的人。例如，对他们来说，在一条空空荡荡的六车道分车道公路上以每小时 88 千米的速度行驶既正确又自然。当然，惩戒实体在这种再教育中不能太成功，因为这个系统的重点是制造违法者。没有违法者，整个机构就会缺少逻辑依据和预算。执法的速度，以及速度限制与我们与生俱来的理性所决定的速度之间的差异需要仔细校准，以便最大程度优化违法者的数量。

何为鲁莽驾驶

你可能已经注意到，收到超速罚单让我陷入了自由意志主义的情绪。然而就在昨晚，我经历了一件事，让我越来越希望交通执法管得更多而不是更少。胡格诺大道是一条四车道的郊区大路，每隔 0.8 千米左右就有一个红绿灯，在这条路上，我从自己的丰田"赛扬 xB"的后视镜里看到一辆车，它离我的后保险杠约有 1 米远。当时交通很通畅，我左侧的车道上没有车。他就这样跟在我后面开了 90 米，然后倒车，再向前冲，再倒车，就这样反反复复。那是个周五的晚上，所以我突然想到他可能是喝醉了。在下一个红绿灯时，我设法把车停到他旁边。一束微弱的蓝光照亮了他愁眉不展的脸庞，他一脸陷入沉思的表情，这是我对从他腿上传来的某种感觉做出的反应。我一边摇下车窗，一边慢慢地开到他身边，满脸怒色，然而这样一来，我差点撞到前面的车上。这可真是有点尴尬，几乎一下子让我所有的道德优越感消失殆尽。但也不尽然。我和紧跟在我后面的司机吵了几嘴，话很难听。在接下来的 0.8 千米的路上，我注意到旁边的车道上有个女人独自开着一辆小型货车，她的双眼盯着放在方向盘上的手机，大声地笑着。我觉得自己周围都是这样的司机，这时我迫切希望用公共权力来制止这种鲁莽驾驶。

然而我认为，没有什么法律，也没有公共服务公告或教育活动可以让人们摆脱这些东西。20 世纪 80 年代的反酒驾运动令人印象深刻，人们经常援引这场成功的运动来证明文化规范是行之有效的。但人们大多是先在社交场合饮酒，然后才去开车。在朋友或同事聚会的场合，规范会发挥作用，人们也会感受到社会压力。然而，独立的汽车座舱给人的感觉就像是一个私人空间，在这里，羞耻感是推动社会改革的微弱支点。

我们在自己车里感受到的那种冠冕堂皇的道德隔离，就像匿名的在线评论一样，同样会催生人的反社会行为。但这种隔离是虚幻的。我们不是在云中，而是在载着汽油和肉体的金属容器中冲向对方，只有那些依照惯例而画在路面上的线，才能把我们的行驶轨迹分隔开。

电子产品的吸引力实在太大，而在这场自由民主试验的后期阶段，公众的关注力又实在太弱，因此我认为纠正分心驾驶只能依靠技术。自动驾驶汽车是一种解决方法，但是这个方法需要庞大的资金，还要完成大量财富转移（其中很大一部分进入了制造这个问题的政党的金库）。正因为如此，这是唯一能够吸引投机性风险投资的方法，而且在很大程度上获得了政治机构（两党）的支持。

还有其他简单而廉价的技术解决方案：使用智能手机的用户在开车时，禁用智能手机的某些功能相对而言不过是小事一桩，实际上，苹果手机现在就能做到这一点，苹果公司值得赞扬。然而只要点击"我没开车"这个按键就会让这个安全功能失去作用。对分心驾驶实行更强有力的技术管控，就需要负责维护公众利益的公务员认真管理此事。还需要企业对公众利益表现出一点点尊重，因为无论企业的高管们将其视为怎样的主权实体，企业的许可证，即它们的经营方式和法律特权，都是由国家的法律赋予的。然而与自动驾驶汽车相比，这种用技术对分心驾驶所做的温和补救无法让人看到从民众身上榨取更多财富的希望，因此没有什么前景可言。

理性的三个对立版本

他们说在梦中看到了适合全人类的生活方式，绚丽辉煌、没有冲突。他们把这个梦解读为，要努力消除我们目前生活方式中存在的差异和冲突……而这些人将政府的职责理解为，把个人梦想转变成一种公共的、强制性的生活方式。

——迈克尔·奥克肖特

请大家想象一条典型的郊区大路，你正在一个交叉路口，交通很通畅，大部分汽车都停下来等待。它们在等什么呢？当然是在等红灯变成绿灯。这件事我们经常做。

要是你在赶时间，或者像我一样容易变得不耐烦，那么如果你可以清楚地看到车辆要么从四面八方向你驶来要么根本没有汽车，在那里等上几分钟着实需要努力去控制自己的情绪。在特定的情况下，你感觉自然和合理的事物（例如空荡荡的交叉路口原本可以通过）与法律之间存在冲突，而法律对这些情况漠不关心。你觉得这是法律对自身活动的粗暴限制，你感觉自己就像一只被困在树脂玻璃笼中的动物：这种障碍不具备俗常的特征，对你的身体也没有什么意义。

有一项激进的思想实验：如果用我们神圣的眼睛来决定自己是否可以左转通过路口，那会怎样呢？如果用我们的大脑来决定呢？这么疯狂的事情，有没有人尝试过呢？

去意大利旅行的美国人回国后都会提到那里混乱的交通，他们往往是带着惊恐的难以置信的想法和钦佩的心情讲述这些事情的。他们会说，在罗马开车"不适合胆小的人"，即便是步行也需要做好战斗准备。但对交通高手来说，罗马的交叉路口还呈现出一番景象：汽车、公共汽车、摩托车与行人相互穿梭交织，构成一幅随机产生和流动的壮丽图景。如果有规则可以遵守，那么这些规则不会是那种驾驶手册可以简单说清楚的规则，也不是随手为游客浓缩的规则。司机们会全神贯注，在

03 自治，或不自治

混乱中找路，在这里开车似乎更多的是依靠意大利人某种神秘的"集体意识"能力，而非红绿灯和交通规则。从给游客留下的视觉印象来看，它的效率令人瞠目。[19]

可是安全问题呢？世界卫生组织的数据显示，2016年，意大利的道路交通事故死伤人数为每10万辆车6.3人，美国则为每10万辆车14.2人。在向意大利人表示祝贺前，我们应该注意，这项道路安全衡量标准极不完善，人们更想了解每辆车一定行驶里程的死伤人数，但世界卫生组织只报告了少数几个国家的数据，意大利不在其中。还有更多复杂的变量需要纳入考虑。[20] 因此，为谨慎起见，让我们仅规定意大利的驾驶方式并没有比美国严格遵守规则的做法更危险。

以罗马的交叉路口作为参照对象，我们或许可以大胆向自己的社会发问：停车场内每一条可走的路以及进出停车场的道路，都需要由路缘石和安全岛来划定吗？宽阔大道的每个交叉路口都要由一个8路红绿灯来控制车辆批量转弯吗？过去的数年间，在我居住的弗吉尼亚州亨里科县西部，许多主要的交叉路口都安装了闯红灯摄像头。他们似乎是在心照不宣地承认，必须通过监视和罚款来确保我们遵守此种交通管控。

如果我们受的教育告诉我们要严格遵守规则，我们可能就会完全丧失被困动物应有的那种生理反应，也许这就是与现代社会相适应的社会化。但我们想走多远？我们希望援引人类适应性的例证（我们显然可以忍受很多东西）作为无限期重建人类生态系统的合法原则吗？在奥地利哲学家伊凡·伊里奇（Ivan Illich）看来：“使人类适应自己工具的成本在不断上升。”"为克服来自人类生命平衡的阻力，对人类实施越来越多的操纵已成必要。"在红灯下苦等时，此种解决方法必须是可以自用的。我们都有自己的"修禅"之道。

正如弗洛伊德教导我们的那样，做一个文明人意味着要接受"自然而然的东西"与社会要求之间存在的根本冲突。文明会要求个人付出高昂代价，人需要去克服它。[21] 对红灯的怒不可遏就是暴露自己的幼稚。又或者说，暴露自己是最疯狂的那类自由主义者。

每个人的内心深处都有一个情绪沮丧的迷你"我"，他有时会占上风（我们将在本章中讨论路怒症现象，届时我们就会见到他）。将美国人的做法与意大利人的进行比较，目的在于提醒自己，不同的社会有不同的方法来达到必要的和解。在美国，管理交通的合理形式是遵守规则。其前提是个人主义的，然而这一前提会人为限制可以采用的解决方案。相比之下，意大利罗马或埃塞俄比亚亚的斯亚贝巴（Addis Ababa）采用的合理形式大概可称为"社会架构式的相互预测"。这是英国哲学家和认知科学家安迪·克拉克（Andy Clark）在他的著作中详细阐述的一个概念。克拉克构建出一幅人类如何共同解决问题的图景，他们之间的行为与遵守规则风马牛不相及。我们所做的事情是不断更新自己对这个世界，包括对他人的行为的预测，并修正自己的行为以便更容易被他人预测。这是进化留给我们的一种认知策略，并深深植根于我们的大脑功能，这恰好也符合我们在一个没有任何管制措施的交叉路口观察到的任意而行的车流现实。在这样的场景中，我们正在发挥自己的才能，而这种才能对于我们人类来说是必不可少的。相比之下，更严格地以规则为基础的交通制度会限制司机所面对的"问题空间"（回想一下对老鼠驾车的研究）以及可采用的解决方案。

我们将在第 4 章深入探讨这个问题。

在此，我的观点是，不同的交通管理方式支持和表达了不同形式的政治文化。我们该如何遵守那种受规则约束的交通秩序呢？这样的交通秩序必须通过监视和罚款来确保执行吗？这似乎与需要合作的人之间自然（或不自然）产生的对公民的尊重大不相同，而这种不同正是自由的核心所在。

在不受管制的交叉路口，你会发现人类即兴创作的才能被发挥得淋漓尽致。然而这并没有给那些追求秩序的人留下深刻的印象，他们认为自己有权把自己所持的这一观念强加给他们认为不守规矩和无能的民众。这往往会以牺牲一些习惯做法或非正式的便利为代价，而这些做法或便利在没有专家指导的情况下已经能让我们过得很好。但没有人替这些民间的做法发声，我们需要为它们辩护的观念也不怎么流行。更糟糕的是，它们长期存在这一事实本身就是对进步理念的侵犯。他们所承诺的进步往往是虚幻的，可我们的天赋技能被强行淘汰却是相当真实的。

显然，如果硬是把我在这里讨论的观点纳入当今既定的政治选择的范畴，那么它会被视为自由主义的观点，但它并不是从对无序的生成效应的天真信仰中产生的。在道路上，无序并不好。在我看来，理性控制的项目建立的基础，是对理性在社会中所处地位过于狭隘的看法。罗马的交叉路口呈现出一幅理性秩序的画面，它更接近出现在有机系统中的那种秩序，而不是那种试图从远处投射过来的控制系统，在交通景观上叠加一个预先设定的移动方式的网格。

试图剥夺我们进行判断的权利会产生不正当的后果。例如当我们把协调安排日常生活的工作托付给系统时，那些系统对人类相互合作应对多变的不确定情况时使用的高超策略视而不见。以过于僵化的管控理想为基础建立起来的基础设施，既不能让人类的能力得到充分发挥，也无法让我们利用它们提供的社会效率，最终还会导致人类的衰退。

在美国，民众认识到遵守规则可能非常低效，但人们对依靠社会来实现的理性形式表示怀疑。这种窘况促使人们想象出管理交通的第三种理性形式：人工智能。在最复杂的情况下，机器学习应该能够设计出一种更灵活的协商路权。在"自主控制的交叉路口"，人们不必待在那里等红灯，这可能是对目前基于简单规则所做的调控的一大改进。关键在于必须为自动驾驶的"司机"（即计算机）找到一些方法，让它们能够相互沟通并迅速做出调整——就像意大利人那样！

人们可以找到各种各样的解决方法。得克萨斯大学奥斯汀分校的研究人员希望开发一项"多主体交叉路口控制方案",他们表示:"其中一项技术方面的挑战是,在两个主体(即每辆汽车)之间设计一种通信协议……交叉路口管理器根据司机主体的预期行为计算出汽车的建议路线,并与记录过去发生的请求的预约表进行比较。只要没有占用汽车行驶路径所需的空间 - 时间,交叉路口管理器就能保证汽车在建议的时间内安全通过交叉路口。汽车的责任是在指定的时间、以规定的速度到达那里。如果预约遭到拒绝,汽车就必须减速,稍后再行预约。"[22]

此事给人留下的总体印象是,这些人正在努力解决一个很早以前就已经解决的问题,他们使用的工具与生物学和文化培育出来的工具相比十分粗糙。人类的大脑和知觉体系已经进化成了一种精巧灵活的相互预测工具,并且在任何特定的文化中,当地规范的发展也进一步减轻了个人头脑要进行判断的负担。

《纽约时报》的报道称:"自动驾驶汽车的试验性设计包含了多达16个视频摄像头、12个雷达传感器、6个超声波传感器以及4～5个激光雷达探测器。为了使自动驾驶汽车不受暴雪和暴雨等紧急情况的影响,可能还需要安装更多传感器和扫描仪。"用一家领先的激光雷达制造商首席执行官的话来说:"必须用荒谬的超人传感器来弥补计算机远不如人类聪明这一事实,而且在很长一段时间内,计算机的智慧都不会超过人类。"[23]据估计,一辆自动驾驶汽车需要一台每秒能进行300万亿次运算的计算机。

激进垄断

如果在未来某个时代,一个高度协调的自动驾驶汽车系统能够达到这个古老国家今天的交叉路口的效率水平,那将被视为巨大的成功。但如果希望这个奇迹能成真,就需要你我贡献大量资金,还要根据少数几家私营企业以及它们在公共部门的梦想家"同行"的命令来全面重塑城市景观。

奥地利哲学家伊凡·伊里奇提出"激进垄断"的概念:不只是一家企业占据主导地位而排斥其他公司这样简单,而是对可能出现的事物进行重新排序。"当人们放弃使用自己与生俱来的能力,不去尽己所能为自己和他人做事,而是去做只能用一件主要工具才能做到的'更好'的事情时,激进垄断就此产生。""主要工具"让我们依赖与自身经验大相径庭的特殊专业技能。举例来说,学习成为义务教育制度的垄断者,而治疗身体疾病几乎成为我们所说的医疗保健系统的专属。我们已经忘记如何为自己和他人做事。"现在,各机构优化大型工具的生产,提供给毫无生气的人们。"相比之下,更易理解的"有限工具的多元性"这一说法能支持伊里奇所说的"交际"。这些是"个人可以使用的工具,它能为完全清醒的人所做的有意义和负责任的行为提供支持"。与自行车相比,汽车在某些方面是伊里奇认为的一种主要工具。然而尽管如此,汽车仍是一种工具,我们在使用它的过程中可以有灵活性、判断力与个人主动性。事实上,按照我们乌托邦主义者的说法,这正是它的缺点所在!因此,我们需要一种交叉路口管理器。

城市的实践者

在法国哲学家和历史学家米歇尔·德塞尔托（Michel de Certeau）看来，"步行的人是'城市的实践者'，因为城市就是用来步行的"。这句话同样适用于司机，特别是在美国洛杉矶等专为开车而建的城市。从我的旅行经历来看，我见到过最好的一些城市司机都在英国伦敦。出租车司机和通勤人员互相谦让，拥挤着向前行进，这是一场尊重和坚持、职业性的礼貌与抓住机会前进来回转换的游戏，重点在于交通流动而不是遵守规则。交通流动是一种有趣的共享善行：它具有一种脆弱的集体性的突发性特质，只有当每个人都关注这个情况并灵活处置时才会出现。有时候，它就像音乐家的即兴演奏。在城市中开车，最好的状态是让人体验到市民间的友谊，即呈现一种信任和团结，使人们为自己是人类的一分子而感到自豪。

随着社会中的信任和团结越来越少，规则就变得更加必要。反过来说，规则的泛滥以及它们所鼓励的遵守规则，让我们越来越不愿意相信我们同胞的能力和善意。在这条行驶轨迹的尽头，我们有必要把方向盘交给交叉路口管理器，管理器会为我们解决问题。

路怒症、心不在焉和交通社区

《名车志》（*Car and Driver*）专栏作家约翰·菲利普斯（John Phillips）

说，他的父亲是一名退伍海军老兵，很会说脏话。然而，"他在路怒时飙过最难听的一句话只是'冒失鬼'"。

在丹麦哥本哈根，如果一名司机被另一名司机挡住去路，他通常会喊一句："你怎么不开到我的屁股上呢？"据菲利普斯介绍，"你这个烂货"是加拿大司机的口头语。他说有一次在安大略省开车时，堵在后面的人吼道："我的房贷为什么不是你来还呢？"美国幽默作家大卫·赛德瑞斯（David Sedaris）写道："长时间堵在路上的英国人有时会高喊'上帝坐在扭弯的公共汽车上'。"据赛德瑞斯介绍，保加利亚司机最喜欢说"愿你用你的肾结石盖座房子"。

WHY WE DRIVE

驾驶的故事

1989年某天，在北卡罗来纳州威尔明顿的一个十字路口，当我驾车在一辆白色小皮卡前左转时，皮卡司机一定对我吐露出某些不中听的字眼。威尔明顿毗邻长滩港，是一处脏乱差的社区，不怎么讨人喜欢。我左转的行为的确有些鲁莽，但我认为算不上特别危险，顶多是一种失礼。皮卡司机肯定不急着赶路，因为他立刻把当天所有事情撂在一边，开始在街区里追赶我。我甩不掉他，我紧张地瞥了一眼后视镜，看得出他很生气。现在回想起来，当时我该怎么办？也许我应该开回主干道，再找个加油站之类的地方停下来？这个地方漫不经心的环境让我感到很不舒服，我明显感觉到自己在这里是个异类。最后，我把车开进了我做电工的那个工地。我当时为一名不靠谱的承包商工作，他每隔几天就会过来一次（大多数时候是给我讲耶稣，他热情四射，弄得我总是把他与有前科的人联系在一起）。我的工作内容包括在一个落满灰尘的小院里为两个相邻的棚屋提供新的服务，完全是非法的。我把车开进停车场，那辆皮卡也跟在后面开了进来。我下了车，皮卡司机也下了车。我不知道接下来该怎么办。他的脸上和脖子上文有杂乱无章的监狱刺青，包括几滴泪珠图案。我不记得他说了什么，也不记得自己说了什么，但当时的气氛很紧张。皮卡司机朝我走过来，我看到他的目光转向我的右侧，我回过头，发现自己的助手站在那里，正漫不经心地拿着一根标准的建材木料。他是个货真价实的牛仔，以前在内华达州北部靠捕捉野马为生，他把捉来的野马驯服，然后卖掉。总之，那位"交通协管员"最终退回自己的皮卡，驾车离去。

皮卡司机离开后，住在隔壁的一位老先生出来说话了。那位老先生祖籍是菲律宾，他在第二次世界大战中失去了一条胳膊，从 20 世纪 40 年代起就住在威尔明顿。现在回想起来，他很像美国演员和制片人克林特·伊斯特伍德（Clint Eastwood）在电影《老爷车》（*Gran Torino*）里扮演的角色，眼睁睁看着自己所在的社区陷入无法无天的境地。他看到我们与那个当地恶棍的争执，劝我们赶紧离开。老先生说："他会回来的，而且他们会带着机枪回来。"那天的争执似乎就此画上了句号。

我在做后来的工作时，身上都揣着一把5.6毫米口径的手枪，但是带着它在房子下面的泥土中爬来爬去一点也不舒服，而且手枪的火力也比不上机枪。不过那位"交通协管员"并没有回来。

加州大学洛杉矶分校社会学教授杰克·卡茨（Jack Katz）从事针对洛杉矶司机的人种学研究，他表示路怒症是"一种会无限重复的经历"。"人们通常认为对其他司机发火是合情合理的，向陌生人讲述这一经历时可以很容易地说出口，而不必担心丢面子"。[24] 手握方向盘时，是什么原因让我们的愤怒充满圣人般的正义感？卡茨对路怒症给出了一些有趣的见解。即便是我们中那些尚未登上晚间新闻报道的司机，肯定也会在阅读他的报告时发现自己的影子。

你是否曾在完全摇起的车窗后用最刺耳的字眼叱骂他人？你从不会去想自己的声音会不会盖过路上的噪声从而被人听到，但突然发脾气似乎是一种必要的情感宣泄手段。你是否日复一日、年复一年用怀疑的语气（"真他娘不可思议"）来表达对其他司机的愤怒，就好像自己存在什么严重的学习障碍？你是否很享受发脾气的过程，哪怕每次气头过后都一再为自己的行为感到尴尬？

首先要注意的是，在车道分界线另一侧反方向行驶的汽车往往不会对我们有什么影响，我们对它们也不关心。人们密切关注的是与自己同向行驶的汽车。卡茨写道："其结果就是司机最常盯着其他汽车的尾部看，这样的关注视角与如下事实不无关系：司机在愤怒时最常脱口而出的脏话是'混蛋'，起码在洛杉矶的街道上是这样的。"[25] 行人可以面对面接触，司机则只能进行"脸对车屁股交流"，从而影响了交流中使用的情感传递手段。人行道上的两个人相互接近时，彼此都能看到对方的目光看向哪里。"走在人行道上时，'瞥一眼'和'盯着对方'之间的界限具有重大的道德意义。行人知道自己眼神对应的社会责任，所以往往会加以约束。"而在开车时，其他司机通常不清楚我们的注意力在哪里，这会带来许多后果。我们可以毫无顾忌地对其他司机说话，因为基本上没人会注意到。但与此同时，我们也很难让对方知道自己的存在，很难传达自己的意图，很难让对方明白自己的意思。驾驶会严重妨碍我们的表达能力，令我们"有口难言"，进而形成恶性循环。"实际上，司机在指责他人无能时会把系统性无能归罪于彼此。他们将驾驶视作为所有人构建的一种在公共场合出行的方式。每位司机都有理由认为，自己对其他司机的敏锐洞察并没有得到同等的回应。"缺乏互动性的情况特别令人恼火，这是"脸对车屁股交流"的结果。"司机对'有口难言'很是恼火，因为他们感觉其他司机没有把自己当回事。"[26]

你是否有过把车开到一位违规驾驶的司机旁边，然后冲对方打手势来表达自己不满的经历？我承认我有过。有一次，我开车沿着一条拥挤的高速公路从优胜美地国家公园前往旧金山湾区，我看到一辆旅游大巴以大约每小时 105 千米的速度紧紧跟在前车后面。最后，前车让开车道，而大巴又继续紧跟另一辆倒霉的前车，接着再跟下一辆，就这样持续了好一段时间。我开到大巴右侧（车内情况透过玻璃门能看得一清二楚），发现司机正低头盯着放在膝盖上的手机（乘客看不到），全然不顾大巴距离前车保险杠差不多只有 2 米。我气坏了，长按了一声喇叭。我以为大巴司机此时一定在看着我，便在他面前夸张地做出了一个手里拿着手机、张着嘴、瞪着眼的白痴的样子。当然，我这么做的时候也差点和前车追尾。我后来回头看了一眼大巴司机，他的姿势一动都没动。

卡茨指出，在驾车过程中，深色车窗会影响司机的情绪动态，就像与戴墨镜的人交流一样。它不仅会增加沟通的难度，也会使沟通变成"独角戏"。你不知道对方的注意力在哪里，对方却知道你的注意力在哪里，这种不对称性具有挑衅意味。"人们认为戴墨镜的人相对冷漠，甚至会表现出轻微的残忍行为，这种现象并不鲜见。"类似的感知不对称性以及随之而来的对他人表现出来的漠不关心的冷酷做法，经常会出现在众多同方向行驶的汽车当中，并因深色车窗而使这种情况变得更加严重。

在路上，你会发现没有什么平等可言。卡茨写道：

> 作为司机，你越是尽心尽力地关注其他车辆的行驶状况，

就越能发现别人的注意力是多么有限。你放下身段去迁就那些不那么称职的司机，他们却视而不见，更别说感激你所做的事情了。在认真观察他人的反应后，优秀的司机会发现，在路上，无知就是力量。他们同情其他司机水平不足，这既能立刻证明自己的驾驶技术，也能解释为什么自己的优越感毫无用处。[27]

手握方向盘的我们都是卡利克勒斯（古希腊政治哲学家），心中怀有某种优越感，却没有得到应有的回应。我们在开车时还会化身为业余社会学家和心理学家，根据一个连续闪烁几千米的转向灯（此类情况确实存在）来分析其他司机的性格特征：司机怎么可能如此粗心大意？我们寻求解释，并在这个过程中抓住有限的可用信息——司机显而易见的人口统计学特征，以及他驾驶的汽车类型、车况、保险杠贴纸，然后据此得出概括性结论。这种分析工作让我们越来越生气，这种气愤很快就会变为一种政治上的愤怒。于是出现了"女司机""大男子主义的司机""不管不顾的毛头小伙""开着自升式皮卡的乡巴佬""开着宝马的人模狗样的蠢货""觉得自己有权钻车缝的哲学家机械师"等诸多称呼。

所有这些人的共同点是，与一个人对周遭世界的敏感性相比，他们实在是太自我了。一项社会心理学研究发现，美国人更有可能把他人的行为归因于对方身上与生俱来的特征，其他国家的人则更愿意根据瞬息万变的当前情况来解释人们的行为。[28]你可以说美国人更容易对他人产生刻板印象，但这样不好，其实可以更中立地指出这一点。就像托克维尔说的那样，美国人喜欢一概而论。这种与生俱来的倾向性似乎因为我们在路上得不到多少详细信息而被强化，它反过来又反映了我们在车里表达自己想法的能力极为有限。也许生活中再没有哪个领域需要我们做这么多的解释性工作了，而这项工作自有其回报。想想看：你的愤怒给人的感觉是否像是一种洞察力？它带着一种智力上的深层次的愉悦感，我相信这就是我们如此恣意地沉迷于其中的原因。[29]

愤怒是抒发情绪的一种独特方式。情欲是无声的渴望，悲伤是实实在在的沉重，而愤怒则是一种宣泄。它也许是公共生活中最突出的情感，并且它的出现总是伴随着讲道理，无论这样的道理有多么片面、多么带有倾向性。开车就像从政，我们感觉不可避免地会与周围所有白痴搅和在一起。

人类思维是一台预测发动机

缺乏在路上判断他人意图所需的信息、不知道他们在注意什么，他们行为的意义因此显得含糊不清，这些情况从进化的角度来看是十分新奇的。在通常的面对面交流中，我们已经进化得对各种各样的信息十分敏感。此外，我们通常都处在一个交互循环中，我们对他人的动作、话语和面部表情的初步理解都会显示在自己的脸上，并对这个人的态度和目的产生影响，因为这些往往会在交流的过程中相互转化。这些惯常的社会认知回路在道路上受阻时，路怒症似乎就成了一种自然而然的情绪反应，此时我们只能在几乎无法与他人沟通的情况下和他们协调。

在这种情况下，社会规范就变得愈发重要了。如果我们可以把某些行为模式视作理所当然，那么个体思维所面临的预测问题就能得到缓解。稍后我们会再来讨论这一点。

根据认知科学的一种新兴范式，人类思维从根本上被整合为一台预测机器。安迪·克拉克说："我们通过（如果你愿意的话）猜测世界来观察世界，并在这个过程中使用感官信号来改进和细化我们的猜测。"[30]就我们的目的而言，我相信"预测性处理"的这个解释框架能够强化人们对交通的理解。从某种程度上讲，它可以帮助我们建造起一座桥梁，将司机对交通制衡狭义的"认知"和生理学方面（如司机的反应时间）与社会层面连接在一起。如果我的想法是对的，那么这样的整合应该会产生一个更全面因而也更加现实的图景，这幅图景描述了我们在开车时的所作所为。那些想要正式描述交通状况的人可能对这样的图景感兴趣，他们这样做是为了实现交通自动化或以其他方式改善交通状况。

思维存于体内，并不停地到处游移。我们思考的时候，对这个世界将要展现给我们的东西怀有预期，并根据输入的感觉数据来不断完善这些预期。但我们也会以这样的方式移动，为自己制造数据，这些数据将影响我们当前预测的准确性。这是一个不断往复的循环，处在其中的动作和感知不可分割地结合在一个把握概率性现实的操作之中。

其他人也是这么做的。正如克拉克所言，这一事实"制造了一个机会。我们对其他行为体的预测是否可以从构建我们自身行为和反应模式的同一种生成模型中得到启示？这表明，通过适当调配支撑自身行为的多层期望集合的变化的版本，我们有时可能会掌握其他行为体的意图。因此，其他行为体会被视为与我们自身略微不同的版本"。[31]

由于其他行为体也采用同样的概率性现实把握策略，因此我们可以互相帮助。也就是说，我们利用这个共性，让别人提供一些外部支撑，帮助我们把握情况时，我们个人的"处理负担"就可以减轻。由于别人本身就是预测者，我们有时会进入一个"持续的相互预测"的循环，这可能是互惠的，就像罗马或亚的斯亚贝巴一个车来车往、杂乱无章的交叉路口的情况那样。它也可以逐渐演变成一种相互确信的误解，有时在路怒症事件中似乎就是这样。让我们依次考虑这些问题吧。

当一切进展顺利时，杂乱无章的交叉路口就像是一场即兴的、相互协调的生动对话。在团队运动和诸如与伴侣一起换床单（这是克拉克提到的例子）之类的日常活动中，或许也可以找到其他与对话类似的非语言行为。在对话中，每个人都利用自己的语言才能来"帮助预测其他人要说什么，同时也把其他人说出的话当成自己正在组织的措辞的外部支撑"。[32] 所有这些都是有一定概率的：对话可能会有多种方式，在权衡接下来要说什么时，你会"计算"该如何把对话进行下去，与此同时设法弄清对方做出某种反应的可能性。克拉克并未谈及最好的对话通常具备哪些俏皮或幽默属性，这可能取决于这场对话是否会扰乱讲话者的预期。然而就我们的目的而言，这里是将对话与司机之间的相互协调进行类比，在这一点上，克拉克对于对话的态度值得称道。他说，在一场典型的对话中，每一方都努力使自己的行为和期待匹配对方的行为和期待。在某种程度上，我们是通过模仿做到这一点的，这样做有助于促进人们之间的相互预测和相互理解。其结果是，尽管对话的内容很复杂，但你在对话时可能会感觉很容易。

然而，有时对话会进行得很不愉快。例如，你假设对方生气了，这种猜测会左右你的行为，然后你通过这些行为来探知世界，寻找确凿的证据，打量他的脸，寻找他生气的迹象、身体的紧张感等。对方并非看不到这些探知的过程，他因此会感到紧张。正如克拉克说的那样，这就形成了一个反馈环，这个反馈环可以螺旋式地发展成为"自我实现的心理，引发社会上的种种现象"。他引述的研究结果表明，"我们自上而下地主动为他人当前的心理状态和意图构筑了模型，这确实会影响我们对他们状态的物理感知，以及我们对他们目光的方向、运动形式等的基本感知"。[33]

正如克拉克指出的那样，我们有时会约束或刻意地稳定自己的行为，以使别人能够更容易地预测我们，好的司机就是这么做的。当一次跨越两条或更多条车道变道时，明白自己是其他司机关注目标的司机会先发出简短的信号，接着干脆利落地变道，最后再关闭信号——如有需要，司机还会干脆利落地把这一连串动作重复一遍。这样做是一种额外的礼仪，能让别人感到安心。一种良好的驾驶文化就是，上述做法已成为规范，并潜移默化地指导着人们的社会交往。这种规范能减少不确定性，使我们彼此之间具有更强的可预测性。

请注意，规范在指导预期方面的效用来自其双重属性，它既是一种描述，即人们通常做什么，也是一种对人们做什么的规定。只有在规范有权做出某种规定，并能够代表它自己获得赞扬和指责时，它才会在实践中持续存在，从而以描述的方式准确地捕捉实际行为，并最终确定合理的预期。[34]

当然，社会规范在不同的文化中是不一样的，而且这些差异确实可能很有地域性特点。举例来说，优步在美国匹兹堡布局自动驾驶汽车时就遇到了困难，因为该市的司机有某种"令人费解的癖好"，即人们俗称的"匹兹堡左"。显然，对匹兹堡人来说，当绿灯亮起时，他们会先让反方向行驶的汽车向左转，然后自己再直行通过交叉路口，这是他们身为匹兹堡人的骄傲之一，这令从其他地方调来从事优步项目的技术工人感到惊愕。对此，匹兹堡市长表示："我非常信任'匹兹堡左'。"设计自动驾驶汽车的程序员想知道，他们是否应该编写程序，让汽车在绿灯亮起后等待几秒钟再走。当然了，假如这个设想变成一项规则，那么它本身就会激起其他司机的怒火。自动驾驶汽车面临与人类司机同样的预测问题，只不过它们在参与社会引导的、对相互预测的解释过程时不会受到这一过程利弊两面的影响。

人类司机在共享道路时，既能获得效率（好的一面）也要面临风险

（坏的一面），这些只能由他们与生俱来的社会认知能力进行引导。这张资产负债表以及由此而产生的自动化的相对吸引力，会受到社会其他特征怎样的影响呢？特别是鉴于社会规范在促进司机之间相互预测时的重要性，我们需要考虑社会凝聚力的问题：规范对我们的行为有多大影响，这种情况是否正在改变？

相互预测问题还有一种说法是"谈论社会信任"。哈佛大学社会学家罗伯特·普特南发现，随着社会中多样性的增加，人们"对与他人共同解决集体行为的困境的期待值越来越低"。[35]而这种期待往往是自我实现的。随着社会变得更加多元，人们"变得低调"，并与社会隔绝开来。由于缺乏共同的文化熏陶，导致指导人们行为的共同规范相对匮乏，同样重要的是，人们对行为的期望也会相对匮乏。

人们不禁要问，类似这样的考量在德国会有怎样的效果。高速公路不设限速靠的是强有力的社会契约，这是一种相互信任的奇迹，只有在强有力的规范下才有可能做到。在关于移民的纷繁嘈杂的争论之下，高速公路文化的命运或许可以作为德国成功融合其新民族的一个指标。[36]

20世纪30年代，纳粹党在修建高速公路时大肆推行"交通社区"（Verkehrsgemeinschaft）的理念，意图使之成为"人民社区"在公路上的表现形式。[37]人们希望道路上的"骑士精神"和"纪律"使限速变得无关紧要，而速度限制事实上得以遭到废除。《帝国公路法规》于1934年5月生效后，德国的交通事故死亡人数激增，成为欧洲交通状况最糟糕的国家。这对政府来说很是尴尬，于是到 1939 年又恢复了限速。也许对任何即将成为交通理想主义者的人来说，这件事的教训是，无法靠法令创造出一个由彬彬有礼、遵守纪律的司机组成的交通社区。这种社区必须随着时间的推移有机地发展而来，因为它依赖社会规范，而这些规范已经融入了人们的性格。

尽管（或者应该说是"由于"？）德国的司机拥有自由裁量权，但德国如今是全世界交通事故死亡率最低的国家之一。在过去几十年里，德国人必须学习如何开快车，这不仅包括技术技能的习得，还涉及第二次世界大战后和平时期德国人所进行的一种道德教育，这种道德教育包括责任和自控等个人特质，以及一种社会维度。所涉及的其中一件事情是要知道你身后在发生什么事。在德国高速公路上，人们会频繁地使用后视镜。这种字面上的谨慎态度表明，在某种程度上，德国人并不像我们大多数人那样屈从于汽车所推崇的那种天然的唯我论，他们保持着一种认识，即自己是他人关注的目标。他们共同创造了某种特定的集体身份，即"德国司机"，这使得他们彼此之间可以进行充分的预测，因而能够在公路上对更宽泛的速度范围应对自如。如果他们要维持这一文化成就，就必须坚持他们的这种态度和行为。

WHY WE DRIVE

04

我们如何看待自动驾驶

街景：用谷歌的视角看世界

谷歌公司在 2007 年推出"街景"服务，在"地图"功能中增加了 360 度街道标高的摄像角度。现在，把"谷歌地球"的卫星图放大，可以呈现出当一个行人不停转头和转身时看到的景象。人们已经可以开始全面观察自己从未去过或可能永远不会去的遥远的地方。

2009 年 1 月，这一做法遭到世界各地社区的抵制，人们觉得自己在某种程度上受到了这种入侵行为的冒犯。在回应此事时，谷歌将重点放在个别国家的反对意见上，把这种抵制描述为人们所期待的对"封闭信息社会"的反对。开放是好事。

2009 年 4 月，谷歌的公关策略在英国掀起了一点波澜。当时，白金汉郡布劳顿村的居民阻止一辆"街景"拍摄车进入村子，理由是它的行为属于侵权。这件事发生在西方国家而不是某个贫穷国家或"专制国家"。随着反对"街景"的抗议活动在英国以及德国、日本、荷兰、澳大利亚、比利时、加拿大、法国、爱尔兰、以色列、意大利、新西兰、波兰、西班牙、韩国和美国等国蔓延开来,谷歌地图业务副总裁约翰·汉克(John Hanke)在接受《泰晤士报》的采访时表示:"我倾向于认为,我们的社会是明确支持信息应该对经济和个人有利的。"正是我们当中的复仇主义者固执地想要伤害"经济"和他们自己。"这事关给人们提供强有力的信息,以便他们能做出更好的选择。"[1]

当然,地理信息确实可以"赋予"人们力量。每当我前往一座陌生的城市或自己居住的城市中不熟悉的地方时,都会使用手机的地图功能。这就使谷歌的说辞具备了基本的合理性。但是广布知识之光本身尚不足以成为一种商业策略,不是吗?

人们发现,当谷歌的拍摄车缓慢地四处巡航时,会使用无线网络从家庭网络中收集数据,这时出现了一点尴尬的状况:调查人员在几个国家中发现,这些数据包括姓名、电话号码、信用信息、密码、消息、电子邮件、聊天记录,以及在线约会信息、色情作品、浏览记录、医疗信息、位置数据、照片、视频和音频文件的记录。他们的结论是,这类数据包可以组合在一起,构成一个可识别的人的详细资料"。[2]

谷歌新任隐私总监表示:"我们对发生的事情感到羞愧。"[3] 公司声称,这是一名流氓工程师搞的,是这匹害群之马私自做的一个试验,但不知何故进入了"街景"系统,这是个无心之失。然而,美国联邦通信委员会和 38 个州的检察长随后所做的调查发现,这都是谷歌计划中的一部分。但这一发现耗时 4 年,因为谷歌根本无视传票、行政裁决、民事调查要求以及民主制度要求等法律程序。而在此期间,人们开始习惯谷歌单方面的声明,即公司有权拍摄物理空间并绘制地图,以便为世界创建一个总索引。[4] 这是谷歌在各个国家的运作模式,主权政治实体只能尽力阻止这种"超国家"的做法。

因此,我们有必要在政治历史的背景下看待这些发展。地图绘制作为帝国的工具拥有漫长的历史,"街景"可以被理解为这一历史的一部分。"政治整合"指的是将权力从分布广泛的各个地区集中到一个行政首都,这就要求这个首都对偏远地区都要了如指掌,而对于一个帝国来说,这始终是个挑战。

在《国家的视角》(Seeing Like a State)一书中,人类学家和政治历史学家詹姆斯·斯科特(James C. Scott)写到,从空中俯瞰,中世纪时期建造的城镇看起来通常都是杂乱无章的,因为它们没有可辨识的形态。"街道、小巷与通道横七竖八地交叉在一起,其密度有如某些有机体一般错综复杂。"一座繁荣的城镇中不会再有城墙和护城河等防御设施,"有的只是外墙取代内墙时留下的痕迹,很像树木的年轮"。[5]

这类城镇的发展并无总体规划或设计,但并不是说居住在其中的人就会晕头转向。斯科特以比利时城市布鲁日(Bruges)为例进行说明。

"大家可以这样想，这里的许多鹅卵石街道只不过是被人们反复踩踏形成的表面光滑的小径而已。对那些在这座城市的不同地区长大的人而言，布鲁日再熟悉不过，非常容易辨认。人们日常出行时都要走这些小巷和道路。"

但是对商人、国王派来征税或征召士兵参加军事行动的使臣等外来者来说，就很难在这座城市里摸清方向。对于布鲁日的景观，当地知识比外界知识更重要。斯科特打了个比方："这座城市的布局在空间上的作用与一种难懂或令人费解的方言在语言上的作用基本相同。它就像一张半透膜，促进了城市内部的交流，但对于那些不说这种特殊方言长大的人来说，它依然很陌生。"

这张半透膜及其所维持的对外来者的迷惑感具有真正的政治意义：它提供了一定程度的安全保障，防止城市受到外来精英的控制。要判断这种程度的安全保障是否存在，一种简单的办法是，问问外来者是否需要找个当地的向导（一个本土引路人）来帮他找路。如果答案是肯定的，那么相关社区或地带至少有一小部分是不会遭到外来入侵的。[6]

站在帝国中心的角度看，分散并局限在外围的知识妨碍了中央控制——除非这些知识能被收集起来并加以整理，也就是把所有小路和小巷绘制成地图。[7]

伦敦的"优步化"

虽然《国家的视角》出版于谷歌和优步出现之前，但我认为斯科特提出的架构让我们看到，大型科技企业提升了地理上的易辨识性。这可以理解为能让游客和外地人更加方便地前往世界各地，但同时，在某种意义上需要探讨的是，这也是一项会影响本地居民的政治和经济剥夺计划。世界各地的人们看到谷歌的拍摄车在自己的社区里转来转去时都会心生反感，这背后一定有某种直觉。

伦敦在很大程度上就是斯科特描述的那类中世纪城市，在查令十字街方圆十公里的范围内，密布着大约 2.5 万条街道。我在游览伦敦时发现，即便目的地只有几个街区的距离也得打车，因为步行找路实在太累了。即使有手机地图和手机指南针的帮助，我也几乎总是转来转去，找不到方向。

2012 年，马特·迈凯布（Matt McCabe）正在学习成为伦敦的一名出租车司机。对于那些全职投入学习的人来说，这个过程平均需要 4 年时间。在一篇颇受关注的新闻报道中，乔迪·罗森（Jody Rosen）详细地讲述了迈凯布的故事。[8] "准备驾驶执照考试需要进行无数小时的沉浸式学习，因为准出租车司机必须把整个伦敦的样子记在脑子里，并在一系列难度逐渐递增的口试中证明自己的掌握程度"，参加考试时需着正装，考官本人就是出租车司机。准出租车司机一般是两人一组开始考试，闭着眼睛，摇头晃脑地搜索着自己的记忆，大声向对方说出路线，

04 我们如何看待自动驾驶

任何认真学习《犹太法典》的学生对这个场景都很熟悉。在一个贴满巨幅地图的房间里，他们隔着一张桌子面对面地进行这项考试。但实际的备考工作包括在城市中到处走，或把地图贴在摩托车挡风玻璃上，骑着这辆车寻找效率最高的路线。在学习期间，迈凯布骑着小型摩托车行驶了 8 万多千米，这个距离相当于横穿北美洲大陆 16 次，但他的足迹几乎全在市中心。而这是那些寻求"知识"的人典型的学习过程，因为它被称为"知识"。由于这项考试标志着纯粹的认知方面的成就，因此被称为最苛刻的专业测试，与那些为控制法律和医学专业录取人数而进行的测试不相上下。

罗森写道：

> 伦敦的出租车司机需要熟知所有街道，以及如何在这些街道上驾车——它们通向哪里、哪些是单行道、哪些是死路、从哪里进入环形道又从哪里出去等。出租车司机还需要对街道上的一切了如指掌。考官可能要求准出租车司机指出伦敦任何一家餐馆的位置，以及任何酒吧、任何商店、任何地标建筑，无论它们有多小或多不显眼，都可能用作考题。应试者曾被问到过花架、自助洗衣店和纪念牌匾的所在之处。一名出租车司机告诉我，考官问过他一个雕像的位置，这个雕像只有 0.3 米高，雕刻的是两只老鼠在分享一块奶酪。这个雕像在菲尔波特巷一座建筑的外墙上，在东市场路拐角，离伦敦桥不远。

281

随着城市的不断变化，街道的"知识"，即城市及其历史的"知识"逐渐变得更加全面。迈凯布前往伦敦郊区一个为高档餐馆供货的鱼市场，收集厨师们目前都在什么地方就职的情报。"得调查这些事情，因为考官可能会转过身来说，'说出两家安吉拉·哈特尼特①的餐厅'或'说出4家戈登·拉姆齐②的餐厅'。"

经过37个月的钻研，迈凯布估计，如果算上全职投入学习"知识"后损失的收入（他之前经营着一家建筑公司），他为当上出租车司机已经投入了大约20万美元。有一次，他在骑着摩托车考察路线时被追尾，从那辆汽车顶上飞了过去。

"知识男孩"逐渐培养出来一种视觉记忆技能：他们在脑海中绘制路线图时，会在街道标高视图和鸟瞰视图之间来回切换，而这是他们每天花费大量时间研读地图的结果。罗森说："他们也有过'尤里卡'时刻③。"经过数月乃至数年的不懈努力，他们拼出了伦敦的"拼图"，那种模糊不清的感觉消失了，城市一下子变得清晰起来，乱糟糟的巨大街

---

① 安吉拉·哈特尼特（Angela Hartnett）是米其林星级名厨，擅长烹饪意大利餐。——译者注
② 戈登·拉姆齐（Gordon Ramsay）是英国名厨，2001年获得"米其林三星"称号，目前拥有28间餐厅，著有烹饪书数十本，旗下产业共获得14颗米其林星。——译者注
③ "尤里卡"（Eureka）原为古希腊语，意为"好啊！有办法啦！"。据说古希腊学者阿基米德在一次洗澡时突发灵感，找到计算浮力问题的办法，于是大喊一声"尤里卡"，就此发现了阿基米德定理。——译者注

道网突然变成一个可辨识的整体。迈凯布对这种宏观视野感到震惊，不仅如此，他还为自己能够记住那些微小的细节吃惊不已。"我可以根据门的颜色和门外灯柱的位置找到一间小小的艺术工作室。我们都知道大脑一般只会记住一些愚蠢的事情。"

我们该怎样理解这些知识及其价值呢？提供叫车服务的公司优步在GPS系统的加持下在伦敦大行其道，它在这一行业几乎没有投入什么资金，旗下常备有收入仅够维持生计的司机大军，对此我们该如何看待呢？一种回应是，终于解脱了。出租车司机这个群体就像是一个中世纪的行会，他们能够收取高额费用，就因为他们的知识是由个人掌握的。然而这些知识已经转变为"信息"，经过机器处理后，任何人不费吹灰之力就能获得。这一切对消费者——也就是对每个人（他们在此叙事思路中呈现出来的身份是消费者）来说，都是好事。问题出在哪里？为伦敦的出租车司机担心是不是浪漫得有些过分，甚至有点矫情了？是因为某种僵化的思维习惯根深蒂固，害怕改变，渴望留在过去呢，还是像典型的特权知识分子那样，在审美层面反感技术？这些都是左翼和右翼前卫思想家的常用语，他们说这是"必然的"，以此来防止可能出现的对大型科技公司良好意愿的怀疑。对这类知识分子来说，不怀旧是使他们感到骄傲的东西，因此，在科技公司向原先的自动化领域发起新的入侵攻势时，他们在克服公众阻力方面很有用处。

要理解"街景"在英国引发的愤怒，就得挑选一顶"脱欧"的帽子，试试它的大小。"脱欧"运动的口号是"夺回控制权"。简而言之，这说出了一个政治问题：主权。

一方面，一群出租车司机一辈子都在伦敦街头穿梭，获取来之不易的知识；而另一方面，一小撮企业家居住在美国加州山景城①，掌握着卫星数据，这两方之间的斗争就是这个问题的缩影。顺便说一句，那些卫星实际上归美国军方所有，他们出于自己的目的开发了 GPS 系统。起初，这种系统用于军事监视，后来被证明这一目的与经济殖民主义暗通款曲，这也许是三个世纪前英国哈得孙湾公司在政府支持下在北美洲实施的海盗行为的因果轮回。

让我们控制一下愤怒的民族主义直觉，先看看它会把我们引向何处。"街景"和 GPS 系统的侵入使游览伦敦变得更容易，对于外来者来说，伦敦变得更好辨识。这些外来者包括操着各种语言、来自世界各地的精英，他们穿着剪裁得体的西装，聚集在这座城市的金融中心；还有各类跨欧洲行政机构的代表，他们必须像古罗马的地方总督一样访问英伦三岛，传达欧洲议会的公告。工资低得可怜的司机开着由 GPS 系统导航的汽车，潮水一般充塞在伦敦的大街小巷中寻找乘客，他们也像你我一样会迷路，这加剧了交通拥堵，但也让在伦敦逗留几天的游客可以省下点钱。对一个住在伦敦东区的伦敦人来说，有什么是他不喜欢的呢？他花了 4 年时间，不管风吹雨打，骑着两个轮子在鹅卵石铺就的道

---

① 山景城位于硅谷，汇聚了众多《财富》500 强企业，谷歌、领英等科技公司的总部就坐落于此。——译者注

路上穿梭，把自己的城市熟记于心。谁要是抱怨自己被剥夺了经济和政治权利，那就是卢德分子①。9

显然，面对"脱欧"支持者的不满，不能像"留欧"运动人士极力所做的那样，简单地用经济上的理由来应对，因为这种绝望会逐渐演变为比经济更关乎生存的东西。实际上，纵观整个西方世界，我们已经看到大概可称之为"存在主义政治"的东西，其中一个因素一定是人们感觉到世界上有某种新奇和贪婪的东西，它依靠地方主权和个人对实体世界来之不易的了解得以维持下去。

谷歌在 2008 年启动名为"地面真相"的项目，但可能是由于围绕"街景"发生的种种争议，公司对该项目严格保密。在美国联邦通信委员会于 2012 年发布针对谷歌非法实施监控的最终报告后，这家科技巨擘或多或少出于被迫而披露了该项目。"地面真相"将"街景"的逻辑又向前推进了一步，它本质上是在努力捕捉所有当地内置的情报，也就是伦敦出租车司机所说的那种"知识"。在自然环境中，它追求的是某座山脉或某片沼泽的野外向导可能称之为"地方生态意识"的东西。

"谷歌地图"的高级产品经理在介绍"地面真相"项目时表示："如果你看看线下的世界——也就是我们生活的现实世界，就会发现，这

---

① 卢德分子（Luddite）原指在 19 世纪英国工业革命时期因机器代替人力而失业的技术工人，现引申为持有反机械化及反自动化观点的人士。——译者注

些信息并不完全是线上的。"这是现实中的一个缺陷,它代表着黑暗和难以企及,这些都是不好的。令人振奋的是,这是一个有待弥合的鸿沟,因为我们能做到。就像美国社会心理学家和哲学家肖莎娜·朱波夫（Shoshana Zuboff）在报告中所写的那样:"'地面真相'是'深度地图',包含详细的'场所逻辑':步行道、金鱼池、公路匝道、交通状况、轮渡航线、公园、校园、社区、建筑物（内部）等。在争夺移动设备产生的行为盈余时,正确把握这些细节是竞争优势的一个来源。"

我们将在本章详细分析朱波夫的"行为盈余"这一启示性概念。现在让我们考虑一下,对单个企业来说,开发一个实体世界的综合索引意味着什么,因为谷歌所寻求的无非就是这个。它把相机装在背包和雪地摩托车上,前往它的"街景"拍摄车无法到达的地方,并向非营利组织和旅游局提供背包相机的使用权,以"收集偏远而独特的地方的景色"。[10]如果有人对此产生异议,它就会编出一个听起来很民主的理由,以此来击溃那些非营利组织的员工:你不会是想要囤着偏远而独特的地方给"有特权的人"吧?

一个谷歌完全了解并由谷歌编制索引的世界,也将通过谷歌供人访问,它将成为现实的平台。正如朱波夫所言:"我的房子、我所在的街道、我最喜欢的咖啡馆,它们全都被重新定义为旅游手册、监视目标和露天矿山,是通用搜索引擎搜索和被商业征用的对象。""谷歌的理想社会是一个由远程用户组成的群体,而不是公民群体。它把知情人理想化,但只是用该公司选择的方式。"

04 我们如何看待自动驾驶

要让所有人都能接触到每个地方，并不是要消除特权——如果特权指的是某些不合法的东西，而是要消除一种根据个人投资和责任的不同水平，而获得了解和使用世界上多种多样的本地化小块区域的能力。换个说法就是，这就是所有权的终结，它不仅被视为私有财产，也被视为一个人居住在地球上某个地方的权利。我们与同在这个地方而不是在另一个地方的人一起做这件事；我们把这种集体所有权称为公民权，它是一种要被牺牲掉的存在主义或经验主义的所有权，它的存在不是出于社会主义理想，而是为了在与某家公司周旋时能轻易辨识。

如果要达到这样的最终目的，那么不仅会剥夺我们的家，还会剥夺我们在自驾游或背包旅行的过程中寻求的那种不期而遇的东西：无法预料，无法购买，也无法通过电子产品轻易获得的意外发现。有了这样的发现，我们对一个新地方就有了一种认识，这种认识是个人冒险得来的。这样的可能性是人类共同的财富。

在一个地方持续居住是当地团结的基础。乔迪·罗森讲述了马特·迈凯布被伦敦出租车司机同业会接纳的那一刻，他激动万分。历经考官们多年的无情拷问——这种拷问就像当庭作证一样正式，他最后背诵的那条路线（也可以叫作"应答"）是从坎伯维尔到霍洛韦，途中包括27个转弯，这条路线是一名叫奥康纳的考官提出的。

> 迈凯布完成应答后，他和奥康纳沉默不语地坐着，迈凯布感到时间漫长难熬。终于，奥康纳站起身来，伸出了手。他

说:"干得漂亮,马特。欢迎你加入俱乐部。我很高兴地宣布,你现在是伦敦最棒的出租车司机之一了。"这是迈凯布来到伦敦出租车和私人租赁组织3年多以来,考官第一次直呼其名……"我忍不住落泪了。3年了,巨大的经济压力、来自家庭的压力——每天学习13小时,每周7天。突然间,一切都变得轻松随意了,就是休息,放松,松开领带。然后奥康纳先生告诉我,做这份工作能得到什么。他把自己当伦敦出租车司机20多年来的私密经验传授给了我。"迈凯布回到家,回到家人身边。他和妻子凯蒂从一家泰国餐厅叫了外卖,把音乐的声音调到很大,和孩子们一起在家里跳舞。孩子们睡下后,迈凯布夫妇喝了几杯啤酒,拆掉了"知识"图书馆:收起闪存卡和写着笔记的纸,把地图从墙上摘了下来。迈凯布说:"凯蒂一连哭了差不多两天。"

这个场面描绘的是一种生计,或者说它描绘的是一个生活世界:一个经济的、社会的和存在主义的家园,它建立在某种深刻的认知成就的基础之上,这一成就是通过纯粹的智力劳动和身体力行获得的。这个世界是由投入的时间和形成的关系构建起来的,是一个在不确定性和希望中承担财务风险的世界,要通过信仰和毅力才能重新获得。

让伦敦的街道可以用机器来导航,许多人因此真正受益,却破坏了一小部分人的生活世界。这里有一个平衡问题,没有哪种政治操作能解决公正的问题。这将是一场争夺利益的较量,并且向来如此,有赢家也有输家。在思考学识渊博的出租车司机与谷歌和优步之间的竞争时，我们最好认识到，这只是未来几年摆在我们面前的诸多竞争中的一个，而我们每个人都属于某种少数群体。这些竞争中有一大部分还未被你我认识到，但可以确定的是，就在你阅读这些文字时，它们正在被二进制运算识别，它想把人类经验的所有犄角旮旯都纳为原材料，进行数据化处理并转化为自己的利润。这意味着财富的聚拢、知识的集中以及我们为自己做事的天赋技能的萎缩。

举例来说，高度专业的出租车司机与零工经济中平庸的出租车司机之间的竞争；消费者的便利性与维持生计的薪资之间的竞争；多等5分钟打车与多花10分钟堵车之间的竞争，就因为街道上充斥着优步的空车。诸如此类，无论人们如何看待这样一场竞争，这些问题难道不该由我们通过民主竞争和市场力量来决定吗？然而，事实根本就不是这么回事，它更像是殖民征服，即一种极度单方面的新政治经济形式。

绚丽且无撞车事故的生活方式

以自动驾驶汽车为代表的顺畅出行的愿景，只能作为"智慧城市"这一更大愿景的一部分全面展开。这个构想是，我们在城市中的移动、我们所依赖的基础设施、警察的保护、垃圾收集、停车、送货以及其他所有维持城市运作的服务，都将由一个"城市运营系统"来协调安排。

因此，作为智慧城市愿景的一部分，自动驾驶汽车是一场引人注目的才智运动中的一个元素。它之所以引人注目，主要是因为它重新唤醒了一个长期存在的现代主义雄心，那就是改造城市的规划。此类计划的目标通常是公共卫生、效率、美观以及更加看不见摸不着的东西——秩序。在过去两个世纪里，有些城市得到全面整顿，尽管人们对它们的改造存有争议，但它们仍是极好的旅游目的地，比如巴黎。巴黎的城市规划大部分是在拿破仑三世时期由乔治-欧仁·奥斯曼（Georges-Eugene Haussmann）[①]主持的。其他城市——像巴西的巴西利亚和印度的昌迪加尔，二者均由勒·柯布西耶（Le Corbusier）[②]从头设计——很快就变成了"鬼城"，到处充满了高度现代主义的建筑和令人印象深刻、概念性十足的广场，大风从其间呼啸而过。最终，这些建筑被棚户区的居民重新利用，或被拆掉建筑材料用来在周围搭建棚户区，在那里，无视总体规划的城市生活在继续着。此类项目有时会选址在发展中国家，这些国家之所以对西方那些远见卓识者颇具吸引力，正是因为它们没有强大的自治传统，因此也不会对规划形成有组织的抵抗。勒·柯布西耶曾作为规划师为西方的独裁者提供过服务，之后才偶然想到这个第三世界战略。

将城市作为理性规划对象的历史十分曲折，其间既有成功也有失

[①] 乔治-欧仁·奥斯曼是法国政治家和城市规划师，曾主持1853年至1870年的巴黎重建工作。——译者注

[②] 勒·柯布西耶是瑞士和法国的建筑师兼设计师，他是现代主义建筑的主要倡导者和机器美学的重要奠基人，被称为"现代建筑的旗手""功能主义之父"。——译者注

败。对秩序的渴求是其基础，这种渴求有时不会受到人类行为一成不变的现实状况的影响。人格中的某些东西很容易受到引诱，进入一个脱离经验主义影响的道德智力空间，并与宗教信仰中不可证伪的承诺有着很多共同点。

基于这些理由，宏伟的愿景很容易遭到批评，而我很快就会对智慧城市提出这样的批评。不过让我们首先注意这一点：通常来说，更狭隘、更缺乏协调地去实施控制，长此以往会导致城市空间中对人类精神的压制。然而，正是由于这种压制（它们显然就是压制）所具备的小暴君的特质，可能会在某些勇敢的灵魂里唤起一种反应，能够看到这种反应真是妙不可言。

叫保安

在我最喜欢的一段 YouTube 视频中，有个人在一家空旷的购物中心停车场练习摩托车后轮平衡特技。这个人控制得很好，速度几乎与步行相当，显然是个技术熟练的特技摩托车手。

他在头盔上安装了一个摄像头。一名男子拿着剪贴板向他走去，剪贴板是公职人员通用的法宝，他们觉得自己是秩序的代表。我很难听清视频中的那名公职人员说了什么，可能是关于安全之类的话，但这并不重要。传递信息的是剪贴板，这是一种无声的权威形式，往往没有真正的论据,只有当每个人都自动遵从它时才有效。

但我们的特技骑手才不会听他的。通过安装在骑手头盔上的摄像头,我们看到他单轮行驶,绕着拿剪贴板的人慢慢转了一圈,你可以感觉到他很放松。"这看上去很危险吗?"他有点难以置信地问道。

他问得有道理。如果你曾在停车场里差点被某位正直的公共交通局人士开着雪佛兰萨博班倒车时撞死,就会很容易理解这一点。

但随后,特技小哥的反应又提升了一步。他对拿剪贴板的人说:"你只是有些发憷,这让你感觉到了什么。"那个可怜的家伙似乎真的被这种交流搞得晕头转向了。

特技小哥骑着车走了。从某种意义上来讲,很明显,他赢得了这场战斗,但也还没有傻到认为警察会理解他的高级逻辑。

根据那个逻辑,客观地讲,拿剪贴板的那个人的工作并非没有收获,毕竟停车场现在是空的。他感到"发憷",而且这让他"感觉到了什么"。对遵守规则的迷恋本身就成了一个理由,让他充满了执行的欲望,哪怕实际上可能并没有什么规则对在停车场练习后轮平衡特技做出规定。冒着可能会被认为是不爱国的风险,我有责任悲伤地指出,这大概是美国的一个独特现象。正如我的法国朋友让-皮埃尔·迪皮伊(Jean-Pierre Dupuy)对我说的那样:"你是规则的崇拜者。"因此,我们会匆忙地制订规则，控制人类精神的意外爆发。作为补偿，我们一直在给自己唱着一首歌，歌里唱的是"我们是自由的国度，勇敢者的家园"。

美国说唱歌手鲁佩·菲亚斯科（Lupe Fiasco）有一首名为《踢吧，推吧》(*Kick, Push*)的优美歌曲，描述了一个城市孩子在练习滑板的过程中逐渐走向成熟，并与"剪贴板权威"对抗的故事：

> 自从他做出第一个尖翻
> 就被贴上了"不合群"和"恶棍"的标签
> 他的邻居们不胜其烦
> 于是他被赶到了公园
> 从早上开始训练
> 直到太阳落山
> 是的，他们说现在已经很晚
> 所以很抱歉，年轻人，这里不许练滑板

他又遇到一个女滑板手，她把他带到一个他不知道的停车场，那里有一块地方很奇怪。他们就在这个地方练习，这时"保安过来说，这里不许练滑板"。他们和一群人一起被赶出办公区。"他们说，自由比呼吸还要好。"

成年人短暂的爱情、短暂的团结，被保安驱逐，这在建立联结异见者的纽带中发挥了重要作用。如果没有拿剪贴板的人来提升对自由的体验，那该多么遗憾啊！就像那个特技小哥，像美国记者亨特·汤普森遭遇加州公路巡警时那样，《踢吧，推吧》的主人公面对的是秩序的化身。尽管如此，他们还是有血有肉的公职人员，追赶着玩滑板的孩子，可能是出于自身的原因享受追赶的过程。当秩序被纳入算法时，这出人类的戏剧——也就是关于自由的戏剧会变成什么？斗争在哪里呢？

在开始透彻地讨论智慧城市之前，让我们先想想城市管理中数字化创新的精髓，这些数字化创新是很有可能落实的。

管理的精髓

有时候，城市空间的设计是为了防止出现像鲁佩·菲亚斯科歌曲中描述的那些时刻，使保安大模大样的干涉变得没有必要，因为使用那块场地的可能性已经被设计本身更严格地限制住了。例如，哥伦比亚大学的教授托马斯·德蒙乔（Thomas de Monchaux）认为，当公园由私人利益集团资助时，"对秩序的喜爱"就会大行其道。我们很自然地认为这是出于责任感，但对秩序的喜爱往往会违背初衷，并变成一种晦涩难懂的道德说教：不是公开宣布出来的，而是变成理所当然的东西，难以理解，因此也就难以争辩。

德蒙乔谈到纽约市的高架公园，这座美轮美奂的公园由私人出资，

04 我们如何看待自动驾驶

通过一条早已停用的高架铁路改建而成。他给予这座公园恰如其分的评价，但随后又指出，"其典型细节是排列整齐的金属钉和绳索，它们强化了道路与植物之间的界限，似乎在说：不要闲逛，不要玩耍，不要胡闹。"

也许这些特征有其合理的安全方面的考量，例如如果从木制平台上踏入花坛，这个距离约有15厘米，可能会让人扭伤脚踝。"然而这些规定中也有些条款并非是为了防止最坏的可能性发生，而是要阻止恣意而为的快乐、创造性的即兴表演、悠闲的无所事事、漫不经心的古怪做法等所有良性的违规行为，而这些行为正是城市生活的核心。"

德蒙乔明确地阐述了这一点，并把公共空间的设计与政治文化联系在一起："任何对公共空间的占用——尤其是在游戏时占用，都是对集会和表达权利的庆祝。公园和广场最大的成功不在于将活动和设施进行一对一地有效对应，也不在于控制文化消费，而在于它们作为政策和设计方面的问题，是如何鼓励人们自由而为的。"

这就是滑板手所代表的东西，而且还不止这些。他们不只是把广场当成一个集会的空旷空间，更是作为他们活动的一个组成元素。其人造景观特征定义了特定的挑战，滑板手发展出一套可能专门适用于这个地方的技能。他们将其用于从未想到过但潜藏着的目的，这个目的静静地沉睡着，等待滑板手去发现。这种"误用"有一种启示性。

如果以这种方式来理解，那么滑板运动很容易被视为当代艺术，但这样一来就可能混淆滑板运动与艺术人士不负责任的"颠覆性"抱负。我认为，如果用一个听上去很刻板的术语来说的话，那么将城市滑板运动视为公民共和主义的一种表达会更有启发性。为了突出其颇具吸引力的这个方面，我们需要更加细致地考虑德蒙乔的附带评论，即最好的公园和广场鼓励将自由"作为一个政策和设计的问题"。是，也不是。如果此处的自由是要主动争取（因为这正是滑板手给人留下的深刻印象之处）而不是被规定的，那么"鼓励"就必须有一个最低限度。这就是设计所要求的圆滑的品质，这种品质特征也是人们最初对自由主义的理解：保证在一起生活所需的最低条件，还可以再多一点，但不会试图去控制一切。

自由主义也很容易演变为更具野心的东西，从这个角度来看，自由主义就不那么自由了。那些让人觉得缺乏管理的公共空间似乎正在消失。如果公园和广场的"政策和设计"是保守的，有意不明确其可能的用途，那么设计师就必须严谨地避开那些最令知识分子激动的东西：全面的愿景。这样的愿景不可避免地会压制游戏，因为游戏有自己的规则，就像赫伊津哈说的那样，是"为了我们"的某些内部规则。城市滑板手们所组成的就是一个游戏社区。

简·雅各布斯批评了那种寻求"通过压制所有规划而不是规划者"来建立秩序的计划。在谈到英国城市学家和社会活动家埃比尼泽·霍华德（Ebenezer Howard）的"花园城市"规划时，雅各布斯称："如果你性情温顺,没有自己的计划,也不介意和其他没有自己计划的人共度时光,那这些城镇确实非常好。就像所有乌托邦一样,只有那些掌权的规划者有权制订各种重大规划。"回想一下,这正是英国道德哲学家伯纳德·威廉斯对功利主义提出的抨击:其总体逻辑要求我们所有人的计划都要服从于负责"通用效用计算"的人士的计划。

在评估智慧城市愿景时,我们需要关注拟议的秩序会为那些未经规划的城市快乐源泉留出多大的空间,德蒙乔把这些快乐源泉亲切地称为"恣意而为的快乐、创造性的即兴表演、悠闲的无所事事以及漫不经心的古怪做法"。假如拿剪贴板的人被安置在一个不透明的专属"城市操作系统"中,而这个系统具有高度确定性,可以"把活动和设施进行一对一地有效对应",而停车场中的特技骑手不被计算在内,那会怎样呢?

大多数时候,我们在城市里开车,因此城市设计在很大程度上决定了我们的驾驶体验。我们已经考虑过汽车的自动化以及一些未公开的成本,这些成本可能带来很明显的好处。同样的自动化逻辑正从汽车延展到城市,因为人们要用这个逻辑实现自动驾驶的愿景。这套一揽子方案可能在全社会引起怎样的反响?它会不会改变我们认为的理所当然的自由主义遗产呢?拟议中的转型能否被视为某种更大野心的象征?是谁的野心?

当放弃了方向盘,我们失去了什么　WHY WE DRIVE

智慧城市

《平板计算机》(*Tablet*)杂志资深撰稿人雅各布·西格尔(Jacob Siegel)在该杂志上撰文指出:"民主政府认为,他们可以把本应由他们提供的基础服务出租,从而有效地将管理城市和提供市政服务的日常职能外包出去。他们确实可以这样做,但这样也会让人们知道他们是可有可无的,而且从长远来看,他们会失去工作。"鉴于民主政府经常会出现功能异常的情况,那么请科技企业来接管就确实显得很有吸引力。西格尔写到,有很多人愿意放弃一部分民主来换取一点良性的独裁主义,只要能让火车准点开就行。做出这样的权衡,其代价是失去对我们必须依循的制度的权利,这非常合理。

因此,问题就在于最高权力。

谷歌正在加拿大多伦多建设一座示范城市,它是未来的一个缩影,其构想也贯彻了其他示范城市的精神,意在动摇精英阶层的意见,如同给俄国女皇叶卡捷琳娜二世留下深刻印象的波坦金村(Potemkin's Village)①。整座实体工厂中会嵌入用来探知居民活动的传感器,随后由尖端的数据科学技术进行处理。很显然,这是希望建立一门深入、专有

---

① 波坦金指俄国陆军元帅亚历山德罗维奇·波坦金(Aleksandrovich Potemkin)。1787年,为迎接前来视察的叶卡捷琳娜二世,波坦金在通往克里米亚的沿途用纸板和画布搭建了一些虚假的村落以制造出繁荣的假象,这些村庄被称为"波坦金村"。——译者注

298

的社会科学。这样的科学可以真正改善城市管理的质量，例如能够预测城市对热力和电力的需求、根据需要对街道容量的分配进行管理、自动处理垃圾等。但要注意的是，囤积收集到的数据并以军事机密的级别加以保护是整个概念的关键，因为如果没有这些数据，商业理由就无从谈起。外界把智慧城市称为大型科技企业的下一个万亿美元的前沿领域。

考虑到谷歌意图占据统治地位的抱负，再看一看詹姆斯·斯科特于1998年出版的《国家的视角》一书，可能会有所启发。斯科特追溯了现代国家的发展过程，认为这是一个使其居民的生活更加"清晰"的过程。前现代国家在很多方面都是盲目的，它对自己的臣民，包括他们的财富、他们持有的土地和创造的财富、他们的位置、他们的身份，都知之甚少。它缺乏关于其地形及国民的一切类似详细地图的东西。由于缺乏全面的视角，因此着实限制了集权控制的愿望，国家的干预往往十分粗暴，而且会弄巧成拙。18世纪出现了一种更加笼统的行政机构，使得改善服务和保存记录成为可能，其目的主要是征税和征兵。辨识度的增强也催生出一种审视社会的新方式，将其作为一个智力上可以理解的系统。因此，它吸引了有远见卓识的人的目光，并邀请他们进行干预。从奥斯曼男爵拆除巴黎以创建一种更清晰的秩序，即从中心向外辐射的街道，到勒·柯布西耶选择一个无人居住的丛林当作巴西利亚理性主义乌托邦的所在地。由此可见，愿景越是缜密，那些认同它的人被它激发出来的信心就越强大，也就越需要减少干预，为各种高招创造施展的空间。

一位智慧城市规划专家和风险投资家对《纽约时报》的记者说："人类目前生活的城市好比翻盖手机。"我们需要理解这个比喻背后的不耐烦情绪，那种浪费的感觉，还有完全缺乏优化的不适感。另一位投资家兼城市规划专家许先生表示："我们没有影响基础设施和社会的基本构成要素。"《纽约时报》的记者写到，许先生对着他的笔记本电脑比画着说："我们已经把这个弄得更好了。我们已经把新东西弄得更好了。但我们没有让旧东西变得更好。"在一处很有用的注解中，这名记者指出，在考虑如何让旧事物变得更好时，"科技界人士看重'第一原则'，这一概念表明，历史意识和传统的专业知识可能会阻碍创新理念的出现"。

在这里，我们看到现代主义的旧戏码再次上演。白板般的城市让我们想起英国哲学家托马斯·霍布斯有多么厌恶习惯法（或者叫普通法），那套常规和惯例规范着英国人的生活，然而在他看来，那是承自先人的东西。对于霍布斯来说，生活需要由法律来管理，这些法律要由他根据明确的原则从头制订，而不能由非正式的惯例和理解来胡乱堆积。[11] 霍布斯智慧城市的拥趸没有去寻找我们未经思考的惯常做法背后潜藏的原因，也没有尝试从中逆向设计城市的逻辑，就像简·雅各布斯所做的那样，而是笃信他们自己的先验理由。

让城市变得更像智能手机意味着什么呢？我们推测这类城市将是这样的：采用前沿设计的玻璃外墙后面，是大量根据我们的需要量身订制的应用程序，通过我们完全不知道的机制，以最高的效率和最小的付出来满足我们的需求。这是我们在汽车设计的背景下探讨过的轨迹，但由于算法决策的作用越来越大，它在机构生活中的地位也变得突出。智慧城市以及我们在其中的活动可能会分担一部分这方面的困难。

算法治理和政治合法性

马里兰大学法学教授弗兰克·帕斯夸莱（Frank Pasquale）在《黑盒子社会》（*The Black Box Society*）一书中极为详尽地阐述了其他人所谓的"平台资本主义"，强调了它所具有的单向镜的性质。我们生活的各个方面——我们在空间中的移动、我们的消费模式、我们的社会关系、我们的思维习惯和政治倾向、我们的语言模式、我们对各种说辞的敏感性、我们遇到小纠纷时让步的意愿、我们的性取向和对我们当前婚姻状况的推断、每时每刻我们的面部表情反映出来的情绪状态，都被企业作为数据收集了起来，而企业自身则以军事级别的保密措施来保护这些算法。在算法的帮助下，这些企业使用这些信息来推动和引导我们的行为。你个人的情况以这种方式被了解或组成后，各种电子设备今后便会以收集到的你的情况来呈现给你世界的样子。几十年来一直流传着这样的经典故事：有人试图纠正某家信用评级机构的错误，却发现评级的过程完全不透明，那些机构也很不负责任。这些故事暗示我们信用评级的情况可能会变得多么不堪。你的信用评级可能会对你的人格做出误导性判断，并会给你的生活造成决定性影响。以更为全面的角度来看，你即将生活在一个根据自己的数据量身订制的世界，而你对这一过程无能为力，它是为拥有算法的人的利益服务的。

由于技术本身的原因，这种对公民不负责任的情况无法通过善意的努力来克服，而这种努力旨在实现"透明化"。人工智能得出结论的逻辑往往晦涩难懂，即使对那些开发人工智能的人来说也是如此，因为它十分复杂。[12]

当法庭做出判决时，法官会出具一份通常长达数页的意见书来解释自己的推理过程。法官依照法律、先例、常识以及他认为必须阐明和捍卫的原则来做出裁决。正是这种做法将判决从单纯的命令转变为政治上合法、能够使得到自由之人赞同的东西，它构成了简单权力与权威之间的区别。现代自由社会的一个显著特征是，权威应该具备这种理性的特质，而不是诉诸例如祭司占卜的特殊才能之类的东西。这是我们启蒙运动的遗产。

我们看到了问题所在。无法保证其自身合法性的制度权力变得站不住脚。如果这种合法性不能建立在我们共同的理性之上，不能建立在可以阐明、质询与辩护的理由之上，那么它就一定会建立在其他基础之上。这样的基础是什么已经渐渐为人们所知，它与祭司占卜有着惊人的相似之处：数据科学神秘莫测的奥秘，通过它，新的知识阶层向现实中一个隐藏的层面窥视，而这个层面只能由一个自我学习的人工智能程序揭示出来，其逻辑超出了人类的认知范围。

过去几年里，经常能听到正统知识分子抱怨"民粹主义"是对启蒙主义理想的背弃。但我们也可以说，民粹主义是对民主和作为其基础的启蒙运动原则的重申，是对祭司权威的反对。从根本上说，我们的政治已经成为一场认识论上的争吵，而我一点也不清楚，在这场争吵中，充分资本化的、制度性的主张在要求获得合法性外衣时，是否有更加坚实的基础——如果我们坚持认为合法性必须建立在合理性和论证的基础之上的话。

我们或许可以接受技术统治论作为一种合法统治方式的能力，即便它难以捉摸。然而这样一来，我们做出的就只能是信任的姿态，这将偏离自由主义最初的观点——权力腐败。

鉴于人们逐渐理解了技术统治能力和善意承诺背后惯有的商业逻辑，这种向信任的靠拢似乎就不大可能了。让我们看一看近年来几个"智慧"道路基础设施发展的案例吧。

美国堪萨斯城拆除主干道、安装无轨电车线时，思科公司说服市政厅官员，这是一个安装各种传感器和光缆来监测交通状况的绝好机会。思科的说辞是，这样做不会增加多少额外开支，还能帮助市政当局了解城市的运作情况。堪萨斯城照做了，并在无轨电车沿线建造了25个服务亭，并提供了公共无线网络，还在路灯上安装了监控摄像头。为此，该市不得不贷了一部分款，不过大部分费用由思科公司和斯普林特公司承担，后者负责管理无线网络。《纽约时报》报道称："现在，堪萨斯城中心这段3.5千米道路上的一切，包括汽车、行人和停车位，几乎都处在监控之下。目前已有270万人使用过那里的无线网络。"

我们能否将诸如这样的项目理解为这些企业公民精神和善行的集中体现呢？当我们了解到"斯普林特公司从登录无线网络的用户那里收集他们的家庭邮政编码、互联网搜索记录和位置等数据"时，其动机就变得不那么模糊了，"其中一些信息——包括电话号码和其他潜在的身份识别信息，即使用户没有登录无线网络，他们也能获得"。斯普林特公司拒绝讨论这些数据以及他们如何使用这些数据，不过该公司负责提出新兴解决方案的总监断言："人们已经准备好接受智能事物了。"

与此同时，出于一种公民意识，优步在匹兹堡布局了自动驾驶汽车，汽车会在到处行驶的过程中收集交通数据。这次，公司在游说时表示，这类信息会帮助该市管理交通事务。但实际上，优步拒绝分享这些数据，而且在其布局自动驾驶汽车的地区，情况都是如此。匹兹堡的管理者表示："我们错失了一个机会。"他可能一开始就误会了这个机会是什么。

我们可能想说，一个城市越愚蠢，就越渴望成为智慧城市。这种说法毫无问题，前提是只要我们所说的"愚蠢"指的不是真正的认知障碍，而是在自作聪明的政治经济方面水平低下。

由于在经济上受到过去几十年发展的冲击，飞速发展的国家决心要具备前瞻性的思维。堪萨斯城已经宣布自己是美国"最智慧的城市"，并通过主办国际会议表明了这一点。该市的技术权威鲍勃·贝内特（Bob Bennett）用一段"完美"的说辞在这一地区引发了人们的焦虑:"今天不拥抱技术、不拥抱数据驱动方法的城市,将在 20 年后处于数字锈带。"[13]

在新自由主义经济的讨论中贝内特借用了"锈带"这个说法,意味着一个地方未能适应不可避免的情况,因而走向衰落并最终灭亡。错误的历史观是社会达尔文主义的进阶版本,两者都援引了不可阻挡的自然过程,从某个角度塑造了政治失败者的形象。科技公司不断在声明中营造出一种不可避免的感觉,这似乎是一种有意为之的策略,无论政治反对派在哪里出现,都要打击其士气,以此来应对某些新的入侵行为。

但假如我们直接把智慧城市看作又一个骗局,我觉得我们很可能会错过它的独特之处。斯普林特和思科的野心可能只是普通企业黑客的野心,而谷歌狡猾的经营者却代表着更阴险的东西。在谷歌运营的城市里,我们可能会被引向某些目标。为了解这些目标,我们需要看一看谷歌幕后的情况,并考虑一下谷歌的承诺以及它追求这些承诺的方式,正如其核心的搜索业务所揭示的那样。有推测表明,它将把类似的风气带到城市管理中。

通过基础设施进行托管

在所有提供平台服务的公司里,谷歌一家独大。它在全球搜索市场中占较大份额,因而能够操控人们的思想。谷歌还越来越多地公开宣称操控思想是它独特的责任。这家公司以"不作恶"的原则而闻名，此后又根据自己的标准积极承担起做善事的使命。

美国法学教授亚当·怀特（Adam J. White）在一篇题为《谷歌政府》（Google .gov）的重要文章中写到，谷歌视"当今社会的挑战为社会工程学问题"，并渴望"重塑美国人的信息环境，确保我们只根据公司认为正确的事实做出选择，同时否认这种做法可能隐含任何价值或政治利益"。良好的治理意味着让人们有权在知情的情况下进行选择，这与根据人们内心的偏好，给予他们认为自己想要的东西不同。在知情的情况下进行选择，是在精心策划的信息环境里做出的有意义的选择。当这种监督的本质精神被获准在实体世界里协调我们的行动时，会是什么样子呢？本章我们将详细讨论这个问题。现在让我们先再多花一点时间，讨论一下至此所揭示的这家公司的性质。

了解一点近代思想文化史，对理解培育出谷歌的精神世界很重要。在过去20年里，社会科学领域出现了新的思潮，它强调人类缺乏认知能力。在过去半个世纪里，人类行为中"理性行为者"的模型这个过分简单化的前提一直支持着市场一方，如今被心理学知识更为丰富的行为经济学学派推翻。这告诉我们，如果我们希望做理性的事情，就需要以外部"推动"和认知架构的形式获得所有帮助。此处有两件事需要注意：首先，这是我们对思维运作方式的理解所做的必要修正；其次，这是与开明的社会工程项目完美吻合的哲学，它还重新助长了技术统治论的专制统治倾向。

在2004年首次公开募股时的创始人信中，谷歌联合创始人拉里·佩奇（Larry Page）和谢尔盖·布林（Sergey Brin）表示，他们的目标是"让你准确得到你想要的，哪怕你不确定你想要什么"。完美的搜索引擎能让用户"不费吹灰之力"就做到这一点。正如谷歌前首席执行官埃里克·施密特（Eric Schmidt）对《华尔街日报》所说的那样："我们有一个很好的想法，即越来越多的搜索任务是不需要你去输入文字就可以代替你完成的。实际上，我认为大部分人不希望谷歌来回答他们的问题，而是希望谷歌能告诉他们接下来应该做什么。"

山景城所表现的理想是，我们会毫不费力地把谷歌的服务融入自己的生活，而给我们带来诸多便利的谷歌在生活中发挥的指导作用非常普遍却又不显眼，因此我们的自我和谷歌之间的界限将变得模糊。谷歌会为我们提供一种精神支撑，通过塑造我们的信息环境来引导我们的想法。这种做法就是借用了托管的理念，并把它安装在思想的基础建设中。

据推测，智慧城市会把同样的指导原则输出到虚拟世界之外并安装到实体世界中，指导我们的身体活动。到那时，拔掉电子产品的插头也无济于事了。此外，这个类似城市的地方也会更容易驾驭，它与城市相似，却没有会发生在自由公民之间的那些讨厌的摩擦和碰撞。这样一个优化后的"陆地动物饲养所"最终可能会孵化出一门真正的行为管理科学。

鉴于谷歌在每件事情上展现出的能力，我们可以非常有信心地认为，它一定会保证火车准点运行。这一点以及其他类似的益处将切实改善城市生活。而我们要付出的代价是更加无形的东西。我们会成为行为数据的提供者，依照不同的目的，无论是为了营利还是为了实施一些开明的社会工程，这些数据都将被用来引导我们的行为。

现在让我们来问一问，它对驾车可能会产生什么影响。

如果谷歌造车

早在 1997 年 11 月的国际综合性计算机产品展示会上，微软公司创始人比尔·盖茨就对比了计算机行业与汽车行业。他在谈到计算机行业时说："它的开放性、创新性，的确无与伦比。一辆中型汽车的价格大约是以前的两倍……按照这个标准，假如汽车的价格像个人计算机行业的价格趋势一样，又会是多少呢？答案应该是大约 27 美元。"正如城市传说中所美化的那样，盖茨接着又说："如果通用汽车像计算机行业那样跟上技术的发展，我们就都能开上售价为 25 美元的汽车，并且每升汽油能跑 400 千米左右。"据传言，通用汽车公司发布了一份新闻稿作为回应，表示如果通用汽车像微软一样开发新技术，我们开的车就会具有如下特征：

04 我们如何看待自动驾驶

- 你的车每天会无缘无故地崩溃两次。
- 每当他们在道路上重画标线，你就得买一辆新车。
- 你的车偶尔会在高速公路上抛锚。你得把车停在路边，然后关上所有车窗、熄火、重新启动，最后重新打开车窗才能继续开。你可能还需要重新安装发动机。然而，你只能默默接受这一切。
- 苹果公司会制造太阳能动力汽车，它很可靠，速度比其他的车快 4 倍，驾驶也非常方便，但只有 5% 的道路可以行驶这种车。
- 油、水温与交流发电机警告灯消失了，取而代之的是一个"一般汽车默认"警告灯。
- 新的汽车座椅将要求所有人的臀部尺寸一样大。
- 安全气囊弹出前会问："你确定吗？"
- 有时候，你的车会毫无理由地把你锁在外面，拒绝让你进去，你必须同时抬起门把手、转动钥匙并抓住收音机天线才行。
- 麦金塔①车主需要花费高昂的价钱把他们的车升级为微软系统，但这会让他们的汽车速度变慢。
- 通用汽车会要求所有购车者同时购买一套 Rand-McNally（通用汽车的一家子公司）的高档道路地图，尽管他们不

---

① 麦金塔是苹果公司从 1984 年起推出的个人计算机系列，拥有图形用户界面、内置屏幕与鼠标。——译者注

309

需要也不想要。若要删除这个选项，汽车的性能将立刻降低 50% 或更多。
- 需要按下"启动"按钮来关闭发动机。

在比尔·盖茨心目中，汽车的发展代表着停滞不前，是工业发展中遗留下来的沉重负担。不知为什么，汽车在发挥作用这一事实并没有纳入他的考量。令人惊讶的是，我们迫不及待地想要放弃这一评估标准，但我们仍然认为，如果一种产品带着前瞻性的光环，或者它是强加给我们的，那么我们就可以接受。

我从废弃的鸡舍上拆下那根标准的建材木料，然后用尽全身力气把它弄下来，砸在鸡舍的棚顶上。这根建材木料朽烂得厉害，断成了两半。我又用残存的木桩继续敲棚屋顶，看着波纹状的塑料材料碎裂开来。我上身打着赤膊，被划伤了，血顺着铁丝网围栏淌下来。我抓起整个棚顶，把它推到铰链上，从鸡舍上扯下来，然后扔到树林里。但我还需要再破坏几样东西。于是我用一把往复式锯砍倒了我家后院的一棵小树（好吧，那是一棵树苗），然后拿来汽油和火柴，点燃了一些破烂。这场火有镇静的效果。此时我几乎陷入了冥想，我从口袋里掏出手机，开始购买 AK-47 自动步枪，只要花上大约 850 美元就能买到一把非常好的 AK-47。

我花了 7 小时想把新买的微软 Office 2016 软件安装在新买的 MacBook Air 上。我没有从网上不靠谱的商家那里花 66 美元购买这款软件，而是在微软的官方网站支付了149美元，这样我就不会遇到任何问题了。

我应该不需要讲述这场磨难的细节了，因为这是当代生活中大家都会不时出现的普遍经历。"技术"带来的挫败感与其他物质的东西带来的挫败感不一样，当我们想要把汽车变成一种"设备"时就要考虑到这一点。这种设备需要定期添加燃料，并计划好何时应该淘汰它。而它所要求的不仅仅是金钱和时间，它还需要更多的东西，具体是什么却很难说，不过让我们注意一下这样的模式：除了那些通宵排队购买最新版的傻瓜"早期用户"以外，在每次升级或更新的时候，大多数人都会对计算机感到怒不可遏，最后又不得已妥协了。日积月累，这种模式就完成了对我们的一种教育，其结果便是我们都没脾气了。

我们不会用"技术"这个词来指称牙刷或螺丝刀之类的东西，而是用它来形容由芯片和诸如此类的东西制成的物件。但实际上，我们指的不是任何物质的东西，相反，使一种设备成为"技术"的原因是，它是通往官僚制度的门户。如果不与大型机构打交道就无法使用它们，这些大型机构都在各自的领域处于准垄断地位。微软公司有一款全世界都使用的产品，它让我能在自己的计算机上进行文字处理。但不管出于什么原因，在购买这款产品后，我必须充当一名不拿薪水的官僚，因为我得努力将该公司杂乱无章、相互矛盾的过时技术建议与我从他们网站上下载的软件进行核对。

我一丝不苟地坚持着，并深入到该组织内部，找到一个"与人交谈"的机会。结果发现这不过是"逗你玩"。机器人承诺，72分钟内会有人给我打电话，但当电话从美国华盛顿州贝尔维尤打来的时候，已经是大约5小时以后了，而我已经睡了。我最终设法与该公司一个名叫"克里斯蒂安·E."的类似于人类的实体进行了交流。他远程控制了我的笔记本电脑，然后用了36分钟把它修复好。我的光标自己动来动去的时候，我们在一个文本框中交流。当你与一个真实的人沟通，而他却要表现得像是没有面孔的样子时，你只会对他感到同情，敌意也会减少。

在这种情况下，展现出人类的团结姿态有时能取得不错的效果，我觉得值得一试。我输入文字："我希望你雇主的监控软件能给你打个高分，因为这件事你处理得很快。"在这样的情况下，克里斯蒂安·E.绝不会打破脚本的要求。他向我推荐了一些我可能想要的微软服务——"您能花更少的钱买到更多的东西。您想多了解一下这项服务吗？"我觉得这是他用一键生成发出的问询，是例行公事。我写道："没关系，我知道是机器人在说话。"我希望他能眨眨眼，或提出一个善意的假设，表明他的灵魂还没有受到这份工作的影响，这或许能让他吐露一些真实的东西。他答道："我可能需要一些时间来重新考虑您这项提议。"

可怜的克里斯蒂安·E.。我改变策略，写道："我要给微软寄去一份账单，让他们每小时付给我158美元，一共是7小时。"他回答说："感谢您成为微软的一员。"

04 我们如何看待自动驾驶

我确实觉得自己是微软的一员,是像他一样的员工。"β 团队。"我写道。我的意思是,他和我正在进行 β 测试,也就是调试过程。但我刚一打出这几个字,就担心对方也许会理解成我称他为 β,也就是非主流男性。这可能会让人不悦,因为他的工作以及我的"用户体验"要求我和克里斯蒂安·E. 都采取一种具有讽刺意味的态度,来面对任何一方可能想要提出的主张,即不应该以这种方式遭到戏弄。

我向我的朋友马特·菲尼(Matt Feeney)讲了这件事,他指出,你对用户体验看得越清楚,你的体验就越差。所以,如果不去进行批判性思考的话,你会更适应。整个交流的前提是,你愿意放弃那些构成自尊心基础的能力和性情。这种无可奈何的挫败感只会持续一小段时间,之后你就会变得麻木。

面对这番操作的功能异常和人力浪费,你可能很难相信自己的经验,仅仅是因为它与我们所讲述的关于我们自己的故事不符:我们是一个"自由市场"社会。也就是说,你可以自由地挪动你的脚步,去别的地方。你对自己的银行不满意吗?你的结算单上是不是列满了反复出现的神秘费用,并且没人能解释清楚?那么,你要做的就是在其他银行开一个账户(这很简单),然后与每月从你的银行账户自动扣款的 12 个实体联系(每个实体都有自己的官僚制度——你需要那些个人身份识别码)。接下来,和你们公司的工资管理部门的人谈谈,让他们把你的存款也转到这个账户上。所以,如果你愿意成为一个不拿工资的全职官僚,就可以对窃取你钱财的银行、有线电视公司、手机供应商、健康 /

313

汽车/家庭保险公司横挑鼻子竖挑眼了。显然，这就是自由市场意义上的自由。但是谁有那个时间？相反，我们很愤怒，这就是我们达成的交易。这是一个奴隶的仇富情绪，它源于人们客观存在的弱势地位和对复仇的幻想，以及弱者不可避免的自我厌恶。

我认为，如果"退出成本"足够高，就不需要用实际的垄断来实现垄断行为。而且每件事之间的联系越紧密，它们越是"天衣无缝"地协同运作，那么将自己从整个机构中解脱出来的成本就越高——如果可以这么做的话。

让我们思考一个问题：在我们考虑将机动性移交给一个追求万物互联的科技公司垄断联盟时，我们不是坐在车里从一处移动到另一处，而是坐在一个设备里，也就是在一个通往重叠的官僚机构的传送门中，我们想要这样吗？我们会不会欣然接受"天衣无缝的用户体验"的幻想？而那些呼叫中心里的可怜人在处理与你的问题毫不相干的脚本时，必须重复这个幻想。我们想要把身体在空间中移动这种基本的动物自由交由大型机构，由他们施展能力来决定吗？

现在，通用汽车也是一家大型机构，也生产一种极为复杂的产品。此外，无论在何种天气下，这种产品始终在户外承受着燃烧产生的热量、没完没了的振动以及残酷的腐蚀，而在经历了这些之后它多半仍在工作。如果你喜欢这种说法的话，这就是"天衣无缝"。汽车是一种物品，而不是我们在这里探讨的那种设备。它就是它呈现出来的样子：一种遵循物理学定律的无生命的机器。无须和某个秘密基地一座人满为患的办公大楼扯上关系，你就可以使用它。

如果汽车被重新定义为一种设备，我们就希望知道那座人满为患的办公大楼的一些情况了。他们想要什么？他们的商业模式是什么？

如果说通用汽车是工业时代的典范企业，微软是软件时代的典范企业，那么谷歌所代表的依然是不同的东西。虽然谷歌从事的是硬件和软件生意，它主要通过收购生产这些产品的公司来实现，但只是因为这些工具服务于它的核心业务——广告。

美国小说家T.克拉格森·博伊尔（T. Coraghessan Boyle）在《纽约客》杂志上发表了一篇短篇小说，描绘了自动驾驶未来可能出现的场景：

> 汽车对她说："辛迪，听着，我知道你得在14：00前赶到霍利斯特大街1133号，与泰勒、莱文和罗德里格斯有限责任合伙公司的罗丝·泰勒（Rose Taylor）会面，不过你听没听说勒博塞斯商场正在搞七折促销？那里还有你喜欢的皮卡德系列的全套产品，尤其是你上周看中的那款可爱的紫红色斜挎包，商场的库存只有两件了。"

他们行驶着，速度刚刚超过限速，这是她给汽车设定的程序，好尽量挤出每一分钟，同时还得注意不要违章。她瞥了一眼手机，现在是13：15，她也许会买个三明治在车里吃，除此之外她不打算停车，但卡利（这是她给自己的操作系统起的名字）一提到促销，她就开始想象交易的过程——一进一出。但上周她看了看自己的钱包，最终认为他们要价太高。一进一出，仅此而已。而卡利会在路边等她。

"我看到你看了手机。"

"我只是想知道我们的时间够不够……"

"只要你不磨磨蹭蹭的就行。你知道你想要什么，对吧？别弄得就像你还没选好似的。那可是你自己告诉我的。"此时，卡利循环播放他们上周的谈话录音，辛迪听到自己的声音说："我喜欢它，太喜欢它了，它和我的新高跟鞋太搭了。"

"好吧。"她说，心里盘算着不去买三明治了，"但我们动作要快。"

"我这里显示没有堵车，也没有任何形式的障碍。"

"很好。"她说道，然后向后靠在椅子上，闭上了眼睛。

04　我们如何看待自动驾驶

博伊尔想象着有一支车队在街上漫无目的地开着，人们可以招呼它们过来，免费搭乘。但"并不是真的免费，你得留出富余的时间听它唠叨，还要说上大约60遍'不'，不过最终你还是能到达你想去的地方"。

此处描述的经历与摆弄微软Office软件时遇到的挫折有什么区别呢？Office软件是一种产品，是你花钱购买的东西，你因此而成为消费者。尽管Office由于缺乏竞争而走了样，但不管怎么说这仍是在市场框架内可以理解的直接交换。谷歌希望你依然能记得这些熟悉的概念，而且希望你纯属出于期望的惯性，接受自动驾驶汽车是对普通汽车的提升这一理念——你愿意为这种改进付钱，例如自动变速器或混合动力系统，然而他们想要的是与市场交换完全不同的东西。自动驾驶汽车的某些用途可能真的对你有用，但他们的目的不是让汽车对你来说更好用，也不是希望你为此付钱。自动驾驶汽车也许能提升交通的效率和安全性，但它们的发展并不是由这种公益性的考虑驱动的。要理解自动驾驶革命背后的力量，我们就必须认真对待世界上真正的新事物，那就是监视资本主义的兴起。

自动驾驶汽车和监视资本主义

简而言之，汽车制造商开始把他们的汽车变成数据真空吸尘器，吸走大量与你在世界各地移动的相关数据，还有你日常行为的数据，于是汽车就成了手机的竞争对手，因为它可以提供原材料，谷歌宣称这些原材料归它自己所有。[14] 汽车工业需要被接管以保护供应路线。

详细来说的话，就要绕个大弯。首先，我们要了解位置数据在用来推断一个人的情况时作用有多强大。这称为"生活模式分析"，是一项最先由军事情报部门开发的技术。正如普林斯顿大学的两位计算机科学家所言："目前已知还没有有效的方法来隐藏位置数据，也没有证据表明人们可以有意识地将其实现。"[15]《纽约时报》针对智能手机应用程序的位置跟踪技术进行了独立研究，分析了据称已经匿名的数据。这篇文章值得详细加以引用，因为它很好地说明，通过跟踪一个人的行踪可以了解这个人的哪些信息，以及对这个人的身份了解到何种程度。

> 一条路径追踪到一个人从美国纽瓦克市郊的家来到附近的计划生育中心，在那里逗留了一个多小时……另一个人在早上七点离开美国纽约州北部的一栋房子，前往20多千米以外的一所中学，他在每个教学日都会在学校待到下午晚些时候。有一个人的行踪是这样的：这款应用程序追踪到46岁的数学老师丽莎·马格林（Lisa Magrin）去参加了减肥机构慧俪轻体（Weight Watchers）的一次会议，又到皮肤科医生那里做了一个小手术。接着马格林带着狗一起去远足，并在她前男友家留宿……

> 《纽约时报》审查了数据库，所揭示出的人们出行的细节令人震惊，其精确度达到几米之内，在部分情况下，数据库一

天的更新量超过 14 000 次……美国俄勒冈州民主党参议员罗恩·怀登（Ron Wyden）表示："位置信息可以揭示出一个人生活中的某些最隐秘的细节，例如你是否看过精神科医生、是否参加过嗜酒者互诫会、可能和谁约会。"[16]

同许多对此感兴趣的市民一样，在过去的 25 年里，我一直在阅读对硅谷的分析和评判报告，甚至还发表过自己的一些看法。但只有在读到美国社会心理学家和哲学家肖莎娜·朱波夫于 2018 年出版的杰作《监视资本主义时代》（*The Age of Surveillance Capitalism*）时，我才看到重点。下面我要说的内容无论是从细节还是从大的框架上都受到了她这部作品的极大影响。

那么，首先让我们谈一谈监视资本主义的重点和一些定义，然后再讨论以互联网为媒介的流动性所受的影响。朱波夫是哈佛大学商学院的名誉教授。她写道：

> 监视资本主义单方面要求将人类的经历作为免费的原材料，然后用以转化为行为数据。虽然有部分数据被用于改进产品或服务，但其余数据被宣布为专有的"行为盈余"，输入名为"机器智能"的先进制造程序中，编制成预测产品，预测你现在、不久后和将来都会做什么。最后，这些预测产品在一种新型的行为预测市场上进行交易，我把这种市场称为行为期货市场……[17]

要被转化为预测产品的原材料包括我们的声音、情绪、性格和我们在这个世界上的运动模式。不仅如此，行为期货市场的参与者之间的竞争促使他们去寻找那些更"优于"预测的东西：如果有人能进行干预，哄骗和驱赶人们，并大幅度地塑造我们的行为，那才是真正的优势。就像朱波夫说的那样："仅仅把关于我们的信息流自动化已经不够了，他们现在的目标是把我们自动化。"

这听上去是不是挺让人恼火的？为什么会有人想把人类自动化？市场是一个系统，在这个系统中，投资的回报与承担的风险挂钩。风险是具有不确定性的，任何能减少不确定性的东西都可以用来让这种平衡向有利于自己的方向倾斜。这种格局由于"大数据"的兴起而改变，因此营销人员不再满足于以毫无针对性的方式对待潜在顾客，同微观定向的方法相比，它的效率极低。定向的价值可以解释为对确定性的追求，因为营销人员最终要权衡的是推销的"预期价值"，而这是可能性的功能之一。对每一位消费者来说，传统广告的预期价值是几分之一便士。但是，假设你可以借助传统广告向单个消费者进行推销，你需要了解他的生理状态、情绪状态、综合的社会压力、过去的购买历史、不安全感、渴望、何时会收到节日礼金、收到节日礼金时的面部表情等相关信息，机器学习能否告诉我们，其中哪种与接收的情绪高度相关？甚至就在这个时刻开启时，如果能对人类经验中所有这些混乱的因素进行统计回归，得出一个极为可靠的预测，用于预测某种干预手段成功的可能性有多大时，那将会怎样呢？在某种情况下，当购买的可能性趋近于1时，推销的预期价值就会趋近于该产品或服务的利润率。在这种极端情况下，位于行为数据流顶端并将其分析解读为预测产品的公司，应该可以要求获得接近 100% 的利润份额。渴望获得这种地位的公司会采取收购公司的商业策略，开发获取行为数据的新渠道。就比如我们的驾驶模式。

戴姆勒公司（梅赛德斯－奔驰汽车制造商）首席执行官以德国人特有的温和态度表示："谷歌试图做到从早到晚与人们形影不离，并生成数据，然后利用这些数据获取经济利益。正是在这一点上，我们与谷歌的冲突似乎是预先设定好的。"[18] 与其说是持续的冲突，倒不如说是汽车公司会接受自己作为谷歌预测产品的原材料（主要是位置数据）分包供应商这个角色，因为它们无法指望自己与谷歌在机器学习和数据分析方面的强大实力相匹敌。谷歌的市值（在我撰写本书时是 8 490 亿美元）已经超过通用汽车、福特、菲亚特－克莱斯勒、丰田、本田、大众汽车、日产、戴姆勒、宝马以及特斯拉的总和，是所有这些公司市值的 1.4 倍。

无论自动驾驶汽车可能取得的其他成就是好是坏，都将被"智能"设备的经济逻辑所驾驭。让我们思考一下这是怎么回事。假如你仍然睡在一个不会说话的床垫上而非智能家居用品制造商 Sleep Number 的智能床上，你就无法了解自己的"睡眠智商"，"睡眠智商"根据你的心率、呼吸、夜间动作以及传送到智能手机的其他数据汇编而成。最好让附带的应用程序访问你的健身追踪器和联网的恒温器，以便获得智能床的全部好处。可智能床的创造能给谁带来好处？要知道，你真的需要花上一点时间阅读 Sleep Number 智能床的 12 页隐私政策，你会读到第三方共享、谷歌分析、定向广告以及其他很多内容。正如朱波夫援引的说法，在协议中，哪怕"在停用或删除智能服务以及你的 Sleep Number 账户或用户资料后"，这家公司仍然可以分享或利用你的个人信息。你最终被单方面告知，公司不遵守你设定的"不准跟踪"的要求。

这张床还会记录你卧室里的所有音频信号（这可不是我编的）。这对暴露狂来说可能是一大好处。但也可能让你有新的理由担心你的伴侣在装模作样——如果不是为了取悦大众（第三方）的话，那么可能就是为了拥有"健康的伴侣关系"，从而享受保险折扣。

第一次听说有"联网的直肠体温计"这个东西时，你可能会暗想，直肠体温计为什么需要联网？答案当然是"不需要"。但互联网需要知道你直肠内的温度。如果你觉得这很讨厌，或者与你购买体温计的目的没有什么关系，就说明你可能还没准备好接受自动驾驶汽车。给自己一段适应期吧。随着时间的推移，你的期望可能会膨胀，慢慢你就能适应你这个新朋友什么都想一窥究竟的风格了。

Nest 是一家生产家用"智能"温控器的公司，它由谷歌孵化而来，归谷歌的母公司 Alphabet 所有。在分析客户使用 Nest 温控器及其应用程序和设备的生态系统时同意的所有条款后，法律学者得出结论：要想在知情的情况下同意这些条款，客户就需要审阅近千份独立的合同。当然了，几乎没有人阅读哪怕一份这样的合同，而这正中他们的下怀。朱波夫写到，如果客户拒绝同意全部条款，"服务条款表明，温控器本身的功能性和安全性将受到严重影响……其后果可能包括水管结冻、烟雾报警器失灵、家庭内部系统轻易遭到黑客攻击。简而言之，产品的有效性和安全性被厚颜无耻地利用，用来迫使其所有者为了他人的利益而服从数据的宣判。"[19]

如果你有一个 iRobot 公司研发的 Roomba 真空扫地机器人，就应该知道它正忙着给你家绘制平面图，好卖给出价最高的人。由所有这些智能设备组成的物联网表明，"数据提取的操作从虚拟世界蔓延到了我们实际生活的'真实'世界。"朱波夫写道。[20]

这些不只是我喜欢称之为"仲盛世界商城资本主义"的例子，即花费巨资去解决根本不存在的问题，关键在于，资本主义正以我们完全不熟悉的形式得以发展，而这将改变我们的驾驶体验。朱波夫清楚地表明了这一点："如今，在这个新的产品体系中，我们所追求的简单的产品功能无可救药地陷入了软件、服务和网络交织的混乱泥潭。作为经济交换坚实基础的实用、有效、买得起的产品或服务的理念正在消亡。"

为什么会这样呢？原因在于发现行为盈余后释放出来的竞争压力，是一种争夺免费资源的竞争，也就是说，它没有受到法律的保护。与免费相比，脚踏实地生产一款实用的好产品所带来的麻烦和费用，根本不是一种可行的商业策略。"整个团队群情激昂地热衷于'智能'的东西，因为他们可以转而投身于获得'监视收入'。由于选择权遭到剥夺，我们只能被迫购买自己永远也无法拥有的东西，而我们支付的费用为自己受到的监视和胁迫提供了资金。"[21]

随着人们认识到新的现实,"哑巴"物品很可能会成为奢侈品,相较于"智能"物品,它必须额外加价才能买到。抛开监视收入的逻辑不谈,它们需要纯粹从自身优点出发来证明自己的成本是合理的,而满足这个市场定位将是一种高端操作。据推测,监视资本主义的头领在自己的生活中会使用那些"哑巴"用品,就像他们现在把自己的孩子送到特殊的学校一样,那里严格禁用电子设备,以免影响自己后代的成长。

但是别着急,朱波夫谈到了"监视和胁迫"。监视是有的,可胁迫是从哪里来的?而且为什么会担心被人知道呢?现在并没有使用拇指夹(旧时的一种刑具)这种酷刑。人们必须知道的是,20世纪的集权主义政权都十分业余,他们只能依赖暴力这种粗暴的手段达到目的。而在如今的版本中,人类行为的整体格局会被集体推向可营利的渠道,在理想情况下,这最好是在人们还没有意识到的情况下发生。羊群效应越彻底,预测就越接近观察结果,且行为期货市场就越趋于确定。"最可靠的预测行为的方法是在其源头干预并塑造它。"朱波夫写道。

现在,发展自动驾驶汽车的逻辑必要性变得清晰起来了。似乎有可能以实时拍卖的形式来决定你的谷歌汽车该走哪条路线,所以你在路上就可以做出授权选择。这称为"生活模式营销"。一名营销人员坦承:"其目标就是要在人们的日常生活中,用品牌和促销信息对他们进行围追堵截。"[22]

在未来的自动驾驶汽车时代，我想象谢尔盖·布林和拉里·佩奇开着"哑巴"老式法拉利在半岛上兜风，车上有6个臭烘烘的意大利化油器以及肮脏的离心提前配电器，它里面还有一组点火点。他们的中层管理人员收入为七位数，他们会把剩余的大功率高速中型汽车和老式大众汽车买下来，把他们在旧金山湾区的房地产市场做过的事情在旧车市场再做一遍：让底层民众无法购买。这些哑巴汽车有助于确保头领们的大脑在通勤途中不受干扰，能够进行深度思考。

2016年夏天，在世界各地的城市中可以看到大群人手拿智能手机，步调一致地走动。他们在玩《宝可梦GO》(*Pokémon Go!*)，这是一款"增强现实"游戏，让人们在寻宝游戏中（即在现实世界里）四处奔走，寻找插入场景中的卡通人物，它通过玩家的智能手机摄像头来观看。这是"谷歌地图"业务副总裁、"街景"背后的推手约翰·汉克构思的一项社会实验。在谷歌内部，汉克创立了Niantic工作室来开发这款游戏。2017年初，在西班牙巴塞罗那召开的一次手机游戏会议上，他阐释了《宝可梦GO》的意义。

这款游戏拥有最健康的动机："多锻炼身体、到户外去、变得更积极，而它真正的内核是有机会出去交际，和别人一起做些有趣的事情，并通过游戏认识其他人。"汉克的团队正在学习"如何鼓励人们到外面去走一走、如何举办活动、如何在现实世界中创造一个社交游戏社区、哪些地方很酷"。

帮助人们了解哪些地方很酷这一点似乎是《宝可梦 GO》的核心，因为这就是将游戏变现的方式。Niantic 与企业合作，允许他们为一个地点提供赞助并产生人流量，"吸引玩家来到星巴克和斯普林特商店之类的地方"。[23] 不可否认，这些地方都太酷了！

在这一点上，游戏名称中的祈使语气"GO"变得似乎相当合宜。游戏化已经被"说服式设计"的实践者认定为一种极为有效的工程行为手段。我们喜欢与他人竞争，并获得胜利的小奖励。我们还可能被拖入一个准闭环，把自己交给机器自身的促进和反应逻辑，例如老虎机和视频扑克游戏终端。[24] 这种奖励——在这个游戏中，是要求收集 151 个宝可梦角色，成为操作性条件反射的杠杆点，这是美国心理学家、新行为主义教育的主要代表人物斯金纳开创的经典行为矫正手段。

在朱波夫的分析中，她认为《宝可梦 GO》是研究监视资本主义下一阶段的一种概念验证实验，实验中无处不在的计算——物质世界中充斥着数码设备，不只是为进行行为预测而收集行为数据，还要让这种预测变得没有必要。这款游戏取得了巨大成功，"它提供了新鲜的数据，用于详细绘制内部、外部、私人和公共空间的地图。最重要的是，它为大规模的远程激励提供了一个活的实验室，因为游戏的所有者学会了如何自动控制和引导集体行为，将其引向实时的行为期货市场，所有这些成就都是在个人几近无意识的情况下完成的。"[25]

还是这群人，他们想卖给你一辆自动驾驶的谷歌汽车，减轻你在这个世界上自己找路的负担。

能够不受限制地四处移动，是我们作为有形生物所拥有的最基本的自由之一。从滑板和自行车到摩托车和汽车，机器增强了我们的移动性，强化了这种自由，但这只是因为它们不受远程控制。此外，出门转转而不用向任何人交代自己的行踪或下落，是从成年人生活中不断收紧的责任网里暂时解脱的一个微妙机会。

或许一个更加规范的远程管理的移动机制是一项值得达成的交易，由此来获得提高安全性和效率的承诺。对此，人们可以得出各种合理的结论。问题在于：谁来做决定？

归根结底，这是最高权力的问题。

WHY WE DRIVE
结 语

道路上的最高权力

我们似乎正在面临重新洗牌。人们的活力和独立判断能力等曾经被珍视的品质开始出现功能异常。如果我们的机器要以最佳状态运行,就要求我们服从它。也许它要求的是调整人类精神,使其更顺利地与一个将由机器组成的官僚机构管理的世界兼容。又或者,我们应该把那个机构烧掉。

硅谷最大的几家科技公司用低调的白色旅游大巴将员工从美国旧金山的时尚住宅区送到旧金山半岛,大巴上写着 MV——代表谷歌总部所在地山景城,或 LG——代表奈飞总部所在地洛斯加多斯。这些大巴的路线和时间表是保密的,以防遭到攻击。在谷歌班车的深色悬窗后面,我们的头领们专注凝视着笔记本电脑屏幕上变化的数据,在车外传来的噪声中找寻数学之美。我们在道路上相互迁就,所遵循的是非正式的规范，靠的是我们相互预测的能力，这是我们身为社会人所共有的才能，而这种能力将由机器执行的东西取而代之。自动化将代替人们之间的信任与合作，而我们被告知，这是为了安全和效率，也是为了确定性。正如我们所知，这种确定性会转为负责算法的人的目的。鉴于目前存在的各种力量，这就意味着开发《宝可梦 GO》的那些人帮助我们发现了很酷的地方，比如斯普林特商店。

当然，我们也可以想象国家等其他一些实体负责这些算法，并将其用于公益目的。迄今为止，在闯红灯摄像头和光电雷达测速执法方面的经验应该告知我们对这个项目的执行是否有其他形式的选择，即用远程控制取代个人判断。[1] 我们最好让自己定期重新认识自由主义传统的基本观点：权力会腐败，尤其是当它被置于一个黑盒子里、不受公众压力影响的时候。

然而质疑背后的道德规范，努力寻求揭开权力运作（无论是企业还是国家）的面具，只能让我们走到这一步。在事物的发展趋势中，有一些更基本的东西在起作用，也就是某种特别被人们遵循的思维习惯。根据这种思维模式，世界呈现出的样子是一系列要解决的问题。

站在这种基本立场上看待世界，其实世界已经取得了许多不错的成果。实际上，它已经解决了许多问题，例如在医学、桥梁建设、水处理以及汽车安全方面。但同时，它也带来了一连串的问题，如果我们在本书前述关于驾驶的内容中追踪这些问题，我想我们会更好地理解政治的

结　语　道路上的最高权力

核心问题：最高权力。这是因为解决问题的实质要求每个领域都归最高权力所有。任何存在的东西都可以视为需要解决的问题，因此，最高权力被转移到解决问题的骨干人员手中。那么这些人是谁？

他们是本书中提到过的诸多人物：将现有城市比作可悲的翻盖手机的智慧城市空谈者；推动将防白痴作为汽车设计任务的好心人；那些将你的旧车拆解来"解决"（也就是逃避）他们自己的不相关问题的人；那些要为所有汽车安装超级计算机、以期能重现旧世界交叉路口的那种效率的人；那些要把性能车变成游乐园的娱乐设施、让我们免受自身局限性困扰的人；那些打着秩序的旗号压制游戏精神的人；以及我们遇到过的所有挥舞着罚单的人。

看到一个问题有待解决，往往是因为我们没有看到依靠普通人的技能和智慧已经实现的解决方案。例如，两轮交通工具钻车缝的做法是大幅提高交通效率的免费资源，是全球各个城市都在使用的屡试不爽的便捷手段。[2] 让我们使它在美国合法化吧。如果你愿意，可以把它看作一种不受管理的"拥堵定价"的形式，它考虑到我们每个人都有一项"风险预算"。换句话说，我们接受风险并不是因为我们胆大妄为，而是因为我们有事情要做、有地方要去，而完成这些事情对我们来说是有意义的。我们当中有些人更愿意留意我们周围的车辆，愿意在交通社区中身体力行，为所有相关人员节省时间。

当红绿灯在风暴中熄灭时，我们有时感觉自己就像是从漫长的沉睡中醒来。我们意识到,只要对彼此有一点信心,我们就能为自己解决问题。记得教皇方济各把罗马那些行事谨慎的司机称作"为公众利益服务的工匠",他们动作敏捷又小心翼翼地在城市中穿行,以此来"具体地表达他们对这座城市的热爱"。公众利益或许可以这样理解:它是那些由特定的完全清醒的人制订的东西。或者也可以理解为在我们不知情的情况下,通过精心策划的集体行为来实现的东西,这种方式就使得谨慎和其他性格特征变得没有意义了。正如奥地利哲学家伊凡·伊里奇所说的那样,我们要做的就是优雅地让位,并以这种方式共同推动"为无生命的人优化大型工具的输出"的进程。

想想电影《末路狂花》(*Thelma and Louise*)中那些角色拼命驾车狂奔的重要性吧。那是一个关于逃跑的寓言,其特征是一辆在风中飞驰的敞篷车,与英俊的布拉德·皮特的不期而遇,以及一个激动人心的、自我毁灭的可怕时刻:让我们试着开着你的 Waymo 车冲下悬崖,结束整个糟糕透顶的表演吧。

举自杀的例子可能不太恰当,所以我们换一个。仅凭自己高超的技术和对客机的直接了解,萨利机长[①]驾驶客机迫降在哈得孙河上。我

[①] 指"哈得孙河上的奇迹"事件。2009 年 1 月 15 日,前美国空军飞行员切斯利·萨伦伯格(Chesley B. Sullenberger)驾驶的全美航空 1549 号航班在空中遭到加拿大黑雁撞击,导致客机发动机失灵。萨利机长将飞机成功迫降在哈得孙河面上,挽救了机上 155 名乘客和机组人员的生命。——译者注

想，整个美国之所以为之震动，是因为这一事件与已经为我们制定的理想背道而驰。这是一个"瞧！这个人"（ecce homo）这种带有极度轻蔑意味的时刻：但这次是一个人凭一己之力扭转乾坤。

开车就是让人自由自在地施展技能，当我们手握方向盘时会不由自主地感受到这一点。这似乎是一项值得保留的技能。

WHY WE DRIVE
后 记

通往拉洪达的路

把完整的书稿交给出版商后,我就收拾行李搬到了加州。在距离住处几分钟路程的圣克鲁兹山区有不少令人惊叹的道路。我做起了白日梦,幻想着等书出版后,开着我改装的甲壳虫行驶在这些道路上。与此同时,我一直骑着大功率雅马哈摩托车探路,我在峡谷中穿行,并越来越有信心。在一处左转弯处,我以很高的速度转了过去。我尽量倾斜身体,控制好自己的行驶线路。摩托车脚蹬内侧的"感受器"在路面上摩擦,振动先是通过我的靴子传到脚上,再继续向上蔓延至腿部。我的双眼不停地转动,四下观察,提前锁定下一个弯道,接着我的身体离开了车座,我站在脚蹬上,身体向右侧偏移。"手感顺滑。"我大喊。我的头朝向转弯处,把车甩向右边,身体移到内侧,然后坐回座位上。右侧脚蹬摩擦着地面,我又有了另一项收获——剧烈摩擦带来的刺痛感,我踩着油门驶过了弯道。随着发动机的转速急剧增加,声音也变得令人陶醉。在这段笔直的道路上，我的注意力短暂地分散了一下，我哼唱起美国说唱歌手史努比·狗狗——小卡尔文·科多扎尔·布罗德斯（Cordozar Calvin Broadus Jr.）的一句歌词，歌声在我的头盔里回荡："我躺在伤口上，控制着自己。"对我来说，这是一种值得效仿的态度，它告诫人们不要紧张，也不要操之过急。我觉得史努比·狗狗的意思就是爵士乐鼓手们说的那样，要让音乐比节拍略微慢一点，让歌曲自然而然地自己跟上来。从音乐的角度讲，这是一种很酷的姿态，是那种非常适合在中午11点骑着摩托车在道路上听的爵士乐，乐声飘荡在时间变慢的远方。

特别是有那么一天，在从爱丽丝餐馆前往加州拉洪达的路上，一切都完美地凑在了一起。那条路穿过一片红杉，平整的黑色柏油路面上洒满斑驳的阳光。我骑着摩托车费力地从一个弯道转出来，前轮离地。这条路上有几处蛇形路段，一眼就能看到整段路上的3个弯道，什么也藏不住。这些弯道有着与人体相协调的节奏感，快速通过时感觉妙不可言。我从来都不是什么优秀的运动员，我只能钦佩那些动作自然优雅的人。但在峡谷中的道路上骑着运动型摩托车，有那么一瞬间，我觉得自己从天生的平庸中得到了超脱。这是一部机器帮我做到的，这真是个奇迹！

WHY WE DRIVE
致 谢

我要感谢弗里斯特·王,他驾驶 D 级方程式赛车,带着我在弗吉尼亚国际赛车场漂移,我从未有过这么棒的乘车体验。戴夫·亨德里克森热情地请我坐在沙漠赛车的副驾驶座位上,同他一起参加卡连特 250 沙漠竞速赛,我因而有机会与赛车手乔尔妮·理查森和维多利亚·黑泽尔伍德促膝长谈,那次交谈非常有趣,我也要向她们两个人表示感谢。巴伦·赖特(Barron Wright)让我知道了在美国弗吉尼亚州中部举办的极限越野摩托车拉力赛,一天深夜,刚下完大雪,他骑着越野摩托车来到我家,他的小儿子坐在车后拖着的雪橇上。我要感谢马特·林科斯(Matt Linkous)和达里尔·艾伦(Darryl Allen),在我多次骑车穿越蓝岭山脉时,他们经常停下来等我。

感谢查尔斯·马丁(Charles Martin),在我十几岁的时候,他便开始带我进入了机械师丰富多彩的世界。在这个过程中,他让我接触到了一种价值排序,这比主流的价值排序更让我感兴趣。我所了解的关于大众汽车风冷式发动机的知识,大部分都是由 Shop Talk 在线论坛的会员传授的，感谢大家分享自己来之不易的知识。

特种设备制造商协会提供了让我探索"车辆定制心理学"的平台。感谢赞恩·克拉克（Zane Clark）邀请我在2017年的特种设备制造商协会展会上发表演讲。在远离美国拉斯维加斯的法国巴黎，马蒂厄·弗洛诺（Mathieu Flonneau）邀请我在法国索邦大学做了主题为《交通管理：理性的3个对立版本》（Managing Traffic: Three Rival Versions of Rationality）的演讲。我要感谢弗洛诺、让－皮埃尔·迪皮伊和其他与会者在其后的研讨会上发表的评论。该研讨会由LabEx EHNE赞助，于2018年4月在巴黎国际社会科学理事会上举行。我在加拿大蒙特利尔的"国际交通、运输和流动史学会"的一次会议上陈述了同样的内容，感谢与会者提出的宝贵意见。加州大学圣巴巴拉分校的人文与社会变革中心举办了一场讲座和两场研讨会，本书中的观点在会上提出后，受到了不同学科研究人员的审查。感谢汤姆·卡尔森（Tom Carlson）做此安排，以及他以严谨的态度参与本书的出版。

一直以来，弗吉尼亚大学的高级文化研究所都在源源不断地为学术研究者提供支持，它是一个难得的真正的探索空间。他们主办了一次研讨会，在这个项目开展初期对它进行了讨论。我要感谢美国国家科学院交通研究委员会技术活动主任安·布拉赫（Ann Brach），她专程从华盛顿驱车前来参加此次研讨会，并提出了宝贵的意见。在这次研讨会上，杰克逊·里尔斯（Jackson Lears）提醒我，在考虑风险价值时，"活力论传统"是一个有用的导向点。乔·戴维斯、彼得·诺顿、杰伊·托尔森（Jay

致 谢

Tolson）、阿里·舒尔曼（Ari Schulman）和加内特·卡多根也给了我十分有用的建议。

马特·菲尼和马特·弗罗斯特（Matt Frost）与我一样喜欢发短信，他们帮我继续保持对思考的热忱。感谢伊丽莎白·克劳福德教大鼠开车，感谢她就身体在认知中的作用与我进行过的无数次精彩的讨论，感谢她在我撰写本书和前几本书的漫长过程中的陪伴。感谢马里奥和路易吉，"水果环"有时放置得近在咫尺，有时又遥不可及，但它们从未放弃。

我要感谢在那个寂静的夜晚，我在美国加州的乡下抛锚时，给我的水壶装满水的人，还有第二天用了50美元买下我那辆该死的吉普斯特的人，我用这笔钱买到了回家的火车票。感谢在我童年时代令我的左邻右舍胆战心惊的流氓特洛伊，他骑着BMX自行车尝试跳过10个垃圾桶。这一过程让我刷新了对人类能力的认知，并重新认识了人类在尝试中可能愿意冒怎样的风险。感谢我的父亲弗兰克·克劳福德（Frank S. Crawford），他开着福特Fairlane敞篷车，浑身上下都散发着怪异的气息，追赶偷自行车的窃贼，并出色地进行了一次私自执法。感谢英国伦敦博学且彬彬有礼的出租车司机，感谢在圣克鲁兹山区铺设了9号公路的人，感谢我的女儿G和J，她们坚决要求我在接她们从学前学校回家时绕远路，并且一路尖叫着"开快点"！

WHY WE DRIVE
注 释

引言 驾驶，一种亟待批判与人文主义探究的话题

1. 时任优步首席执行官特拉维斯·卡兰尼克（Travis Kalanick）被任命为美国总统的战略与政策论坛成员，总统特朗普推选赵小兰（Elaine Chao）担任交通部长。据美国《国会山报》（Hill）报道，自动驾驶汽车行业"对赵小兰在监管方面的宽松态度以及她对共享汽车经济的明确支持兴奋不已"。该行业发言人保罗·布鲁贝克（Paul Brubaker）表示："她敏锐地认识到，技术为创造新的出行模式带来了一个巨大的机会。" Melanie Zanona, "Driverless Car Industry Embraces Trump's Transportation Pick," *Hill*, December 4, 2016.

2. Neal E. Boudette, "Biggest Spike in Traffic Deaths in 50 Years? Blame Apps," *New York Times*, November 15, 2016.

3. "现代汽车的稳定性提高了,铺设的道路也更加平坦,这就容许司机把眼睛从道路上移开,双手也不必放在方向盘上了,减少驾驶操作成了一件司空见惯的事。有时开车不仅不需要驾驶员多加注意,还会诱使驾驶员分心。"斯蒂芬·卡斯纳、埃德温·哈钦斯和唐·诺曼认为,当代(但尚未实现自动驾驶的)汽车的这些问题为半自动驾驶汽车带来的困难提供了预演。"The Challenges of Partially Automated Driving," *Communications of the ACM* 59, no. 5 (May 2016), pp. 70–77.

4. 本田雅阁的历史很典型。20 世纪 80 年代初,它的重量还不到 998 千克,而其 2017 年的车型就超过了 1 633 千克。

5. 国际交通论坛发布的报告说:"在开阔的道路上驾车行驶,哪怕只是减除一项驾驶操作,也更易导致驾驶员昏昏欲睡、警觉性降低。" A. Dufour, "Driving Assistance Technologies and Vigilance: Impact of Speed Limiters and Cruise Control on Drivers' Vigilance," International Transport Forum (Paris, France, April 15, 2014), Casner et al., "The Challenges of Partially Automated Driving."

6. "Lyft Co-founder Says Human Drivers Could Soon Be Illegal in America," *Business Insider*, December 15, 2016. In November 2017 in *Automotive News*, 通用汽车的主管鲍勃·鲁茨(Bob Lutz)认为,20 年后,驾驶将会被禁止。Bob Lutz, "Kiss the Good Times Goodbye,"

Automotive News, November 5, 2017.

7. Ian Bogost, "Will Robocars Kick Humans off City Streets?" *Atlantic*, June 23, 2016.

8. A. M. Glenberg and J. Hayes, "Contribution of Embodiment to Solving the Riddle of Infantile Amnesia," *Frontiers in Psychology* 7 (2016), M. R. O'Connor, "For Kids, Learning Is Moving," *Nautilus*, September 22, 2016. 有实验表明，在患有严重运动障碍的婴儿中，那些能够坐在电动推车上探索周围环境的患儿，比那些无法自主活动的患儿的认知能力和语言能力发展得更快。M. A. Jones, I. R. McEwen, and B. R. Neas, "Effects of Power Wheelchairs on the Development and Function of Young Children with Severe Motor Impairments," *Pediatric Physical Therapy* 24 (2012), pp. 131–140, 引自 O'Connor, "For Kids." M. R. O'Connor, *Wayfinding: The Science and Mystery of How Humans Navigate the World* (New York: St. Martin's Press, 2019), 尤其是 "This Is Your Brain on GPS" 一章，pp. 261–276。

9. 关于交通工程和影响交通的各类社会科学精彩而深入的研究，参见：Tom Vanderbilt, *Traffic: Why We Drive the Way We Do (And What It Says About Us)* (New York: Penguin, 2008)。

10. 根据比利时的研究公司鲁汶公司于 2011 年做的一项"交通与移动"

研究，如果用摩托车取代 10% 的私家车，那么所有车辆总的通勤时间损失就会减少 40%。这是在考虑了需求弹性（也就是说，交通状况的改善会吸引更多的车辆上路）之后得出的结论。此外，"与普通私家车相比，新摩托车排放的污染物如氮氧化物、二氧化氮、PM2.5 和碳排放更少，但挥发性有机化合物排放较多。它们排放的二氧化碳也较少。新摩托车的外部排放总成本比普通私家车低 20% 以上。在比利时鲁汶和布鲁塞尔间的高速公路上，倘若有 10% 的私家车被摩托车取代，那么总的排放成本可减少 6%"。Griet De Ceuster, "Commuting by Motorcycle," Transport and Mobility Leuven.

11. 参见作者的书：*The World Beyond Your Head: On Becoming an Individual in an Age of Distraction* (New York: Farrar, Straus and Giroux, 2015)。

12. "对于许多人来说，限速这个主意简直是对男性气概的侮辱，就像是说我们在变得懦弱，我们在退化。"退休教授、高速公路历史专家埃哈德·舒茨（Erhard Schuz）说。《纽约时报》援引科恩布鲁姆（Kornblum）先生的话："德国对车速的管控十分严格，其原因与过去有关，人们害怕不确定性，害怕手足无措。但随后人们又会寻找属于自己的小小的自由空间，而高速公路便是其中之一。" Katrin Bennhold, *Impose a Speed Limit on the Autobahn? Not So Fast, Many Germans Say*, *New York Times*, February 3, 2019.

13. 就当局而言，他们有时也会默认这一点。在美国加州洛斯盖多斯，

注释

我看到一辆处理违章停车的警车上竖立着 6 个大号监控摄像头，有人的前臂那么大。也许它们的存在就是为了让你无法去给自己的违规行为找借口，因为你可能会就此争辩。也可能它们是为了记录愤怒的市民是怎样攻击处理违章停车的交警的。法国的抗议者总是会向警察投掷铺路石，这与法国大革命初期巴黎的巷战如出一辙。一名卡车司机在自己的黄马甲上写着："法国醒醒吧！别再做绵羊了。"

14. H. B. Creswell, *Architectural Review,* December 1958. 引自 Jane Jacobs, *The Death and Life of Great American Cities* (New York: Vintage, 1992), pp. 341–342。

15. James J. Flink, *The Automobile Age* (Cambridge: MIT Press, 1988), p. 364.

16. Dan Albert, *Are We There Yet? The American Automobile Past, Present, and Driverless* (New York: Norton, 2019), p. 100.

17. Flink, *The Automobile Age*, p. 364.

18. Albert, *Are We There Yet?,* pp. 102–103.

19. 根据 2019 年路透社 / 益普索的一项民意调查，一半的美国成年人认为自动驾驶汽车比由人驾驶的传统汽车更危险，而近 2/3 的受访者表示，他们不会购买全自动驾驶汽车。在这项民意调查中，约有 63% 的受访者称，他们不会多花钱为自己的汽车升级自动驾驶功能，其余的受访者中有 41% 表示，他们为这项功能花的钱不会超过 2 000 美元……这些发现与 2018 年路透社 / 益普索的民意调查结果相似，与皮尤研究中心、美国汽车协会和其他机构的调查结果一致。Paul Lienert and Maria Caspani, "Americans Still Don't Trust Self-Driving Cars, Reuters/Ipsos Poll Finds," Reuters, April 1, 2019. 其他与此一致的调查结果来自各行业团体、保险机构和消费者权益团体所做的民意调查。

20. Christopher Mele, "In a Retreat, Uber Ends Its Self-Driving Car Experiment in San Francisco," *New York Times*, December 22, 2016.

21. John Harris, "With Trump and Uber, the Driverless Future Could Turn into a Nightmare," *Guardian*, December 16, 2016.

22. Nicole Gelinas, "Why Uber's Investors May Lose Their Lunch," *New York Post*, December 26, 2017.

23. "Uber and Lyft Want to Replace Public Buses," New York Public Transit Association, August 16, 2016.

注 释

24. Hubert Horan, "Uber's Path of Destruction," *American Affairs* 3, no. 2 (Summer 2019).

25. Horan, "Uber's Path of Destruction." 霍兰列举了出租车市场固有的结构性问题，认为需要采取非市场的措施进行补救。例如，与所有的城市交通方式一样，人们对出租车的需求有"极端的时间和地理层面的高峰"，造成出租车运力在交通拥堵时段过剩，而在需求高峰期间不足。对应不同的用途时，这种需求也是两极分化的。当"前往餐馆和俱乐部的富人与在医院和仓库上夜班的工人争夺有限的出租车资源"时，就会产生冲突。他还指出："任何试图严格按照市场的条条框框来平衡供需的尝试，要么会把低收入的乘客逐出市场，要么会导致对富裕顾客收取的费用比他们可能愿意支付的数额低。"

26. 在美国纽约市，90%靠应用程序揽活的拼车司机都是新移民。霍兰称，优步在这些人中间招聘司机时一直在采用极大的欺骗手段，即将总薪酬（未减去车辆成本）虚报为净工资。"传统的出租车司机如果干得不开心，可以很容易转行干其他工作，但优步的司机被车辆债务牢牢拴住，当他们发现实际薪资和条件有多差时，想退出这个行业会困难得多。" 2015 年，优步报告称，其运营亏损有所扭转。事实证明，这并不是由于效率的提高，而是由于该公司单方面要求提高每笔车费的"份子钱"，从 20% 增加到了 25%～30%。Horan, "Uber's Path of Destruction," p. 113.

01 自力更生，当我们自己组装一辆车

1. 参见作者的书：*The World Beyond Your Head*, pp. 45–68。

2. 伊丽莎白发布了供大鼠驾驶的车辆的制造说明，这是她与凯利·兰伯特和萨德·马丁（Thad Martin）共同开发的最新设计方案。

3. 关于大鼠驾车的第一篇研究论文发表时，本书正在进行最后的审稿工作。L.E. Crawford et al, "Enriched Environment Exposure Accelerates Rodent Driving Skills," *Behavioral Brain Research* 378, January 27, 2020. 该论文发表之前被其他人发布在了网上，引起了轰动，甚至还出现在了讽刺媒体《洋葱报》上。

4. Kelly G. Lambert, "Rising Rates of Depression in Today's Society: Consideration of the Roles of Effort-Based Rewards and Enhanced Resilience in Day-to-Day Functioning," *Neuroscience and Biobehavioral Reviews* 30 (2006), pp. 497–510; Kelly G. Lambert, "Depressingly Easy," *Scientific American Mind* (August–September 2008); Kelly G. Lambert, *Well-Grounded: The Neurobiology of Rational Decisions* (New Haven: Yale University Press, 2018).

5. Peter Egan, "Side Glances," *Road and Track,* November 1988, p. 24, David N. Lucsko. 引自 *Junkyards, Gearheads, and Rust: Salvaging the*

Auto- motive Past (Baltimore: Johns Hopkins University Press, 2016), p. 128。

6. David Freiburger,"Patina," *Hot Rod Magazine,* April 2007, p. 61, Lucsko. 引自 *Junkyards, Gearheads, and Rust*, p. 128。

7. 2017 年的雷克萨斯 NX 混合动力汽车在城市 / 高速公路上的总油耗为每升 11 千米，建议零售价为 39 720 元。

8. Lucsko, *Junkyards, Gearheads, and Rust*, p. 133.

9. 塞尔达·布朗斯坦（Zelda Bronstein）展示了轻工业是如何在进步城市主义的旗号下被逐出城市的。花费很长时间才发展起来的整个工业技术生态系统被摧毁，取而代之的是热衷于"生活方式"消费、艺术画廊和其他种种的城市景观。Zelda Bronstein, "Industry and the Smart City", *Dissent*, Summer 2009. 布朗斯坦是我的朋友，她已年过七旬，是典型的老一辈左派人物：她同情生产端而非消费端，同情劳动者而非食利者。在这一点上，她发现自己与如今的一些进步人士格格不入。那些进步人士似乎对贵族化感到忧心忡忡，但他们不是因为关注对生产活动空间的保护，而是为了阻止他们所认为的邪恶力量对无辜者的侵犯，这是一出站在种族的角度才能理解的道德大戏。

10. Lucsko, *Junkyards, Gearheads, and Rust*, p. 134.

11. Michael Oakeshott, "On Being Conservative," *Rationalism in Politics* (Indianapolis: Liberty Fund Press, 1991), p. 414.

12. Lucsko, *Junkyards, Gearheads, and Rust*, p. 136.

13. Lucsko, *Junkyards, Gearheads, and Rust*, p. 164.

14. Nancy Fraser, *The Old Is Dying and the New Cannot Be Born: From Progressive Neoliberalism to Trump and Beyond* (New York: Verso, 2019), p. 13.

15. Lucsko, *Junkyards, Gearheads, and Rust*, p. 163.

16. Lucsko, *Junkyards, Gearheads, and Rust*, pp. 162–163.

17. 正如我们在引言中所了解到的,通勤需求的急剧增加对于土地的使用和发展规划而言是一场悲剧,对于公共投资优先指向汽车而非公共交通而言亦是如此。促使这种情况发生的一个因素是父母越来越多地插手,安排孩子参加在很远的地方举办的活动。另一个因素是日益严重的收入不平等和廉价的信贷,促成了一种住房市场的产生,在这种市场里,人们可以用较长的通勤时间来换取较低的按揭贷款，由此可以购买位置较远但较大的房子。"开车，直到你有资格购买市中心的房子"是房地产商对这种情况的惯用说法。自动驾驶汽车可以让人们利用通勤时间从事其他活动，这肯定会导致通勤时间变得更长，使近几十年来的土地使用问题和由此产生的拥堵和污染问题加剧。

18. Lucsko, *Junkyards, Gearheads, and Rust*, p. 164.

19. Lucsko, *Junkyards, Gearheads, and Rust*, pp. 166, 170.

20. 在风冷式大众汽车的世界里，SPG 滚子轴承曲轴、贾德增压器、任何吉恩·伯格（Gene Berg）碰过的东西，以及任何由德国公司 Okrasa（据称，其发动机套件能将 0～60 秒的加速时间缩短 12 秒）制造的东西，都需要花钱购买，但这钱花得很荒谬。没错，这款 1956 年生产的惹是生非的甲壳虫从 36 马力提升到了惊人的 48 马力。如果 Okrasa 公司关于其发动机套件的说法仍然成立，我就会在我的车上安装一套，把我的 0～60 秒的加速时间减少到 -7 秒左右，理论上我就可以穿越回去了。来到 1956 年后，我打算购买一大堆这种零件，回来时就是富翁了。

21. 就在本书即将完成之际，巴黎圣母院大教堂被烧毁。哈佛大学建筑历史学家帕特里西奥·德尔·雷亚尔（Patricio del Real）捕捉到了某种高级破坏者的心态，他说："这座建筑物承载的历史太厚重了，它被烧毁，感觉就像是一种解放行动。"E. J. Dickson. 引自 "How Should France Rebuild Notre Dame?" *Rolling Stone*, April 16, 2019。

22. Joe Mayall, "Curbside," *Street Scene* (May 1981), p. 6. 引自 Lucsko, p. 67。

23. 正念模式是指"通过清除司机可能不需要看到的数据，从而引入冥想和正念理论，即通过适时地将精神集中在一个元素上或集中于一个时刻来保持心理健康的治疗技术"。"No Place Like 'Oommm,'" Ford, March 27, 2019。

24. "NHTSA's Implausible Safety Claim for Tesla's Autosteer Driver Assistance System," Safety Research & Strategies, February 8, 2019. 美国国家公路交通安全管理局的原始报告已从政府网站上撤下。

25. Neal E. Boudette, "Tesla's Self-Driving System Cleared in Deadly Crash," *New York Times*, January 19, 2017; Tom Randall, "Tesla's Autopilot Vindicated with 40% Drop in Crashes," Bloomberg, January 19, 2017; Andrew J. Hawkins, "Tesla's Crash Rate Dropped 40 Percent After Autopilot Was Installed, Feds Say," *Verge*, January 19, 2017; Elon Musk (@elonmusk-Twitter), "Report highlight: 'The data show that the Tesla vehicles crash rate dropped by almost 40 percent after Autosteer installation,'" Twitter, January 29, 2017; Chris Mills, "Report Finds

Tesla's Autopilot Makes Driving Much Safer," BGR, January 19, 2017.

26. 在关于此事的报告中，该公司表示，其在特斯拉以及其竞争对手或其他任何与自动驾驶汽车和辅助驾驶系统技术有关联的利益集团中，均没有经济利益。

27. "美国国家公路交通安全管理局发现，如果有更多安装 Autosteer 后汽车的里程数据缺失，那么特斯拉的安全气囊展开碰撞率在安装了 Autosteer 后出现下降，就会更加引人注目。该机构在计算暴露里程时，将缺失或未上报的里程数据视为不存在，这是不合理的。此问题会影响一半以上的数据集。" "NHTSA's Implausible Safety Claim."

28. "我们发现，在美国国家公路交通安全管理局所研究的车辆中，似乎只有不到一半的车辆上报了安装 Autosteer 软件后的实际里程数。对那些在安装了该软件之前和之后都明显准确地测量了暴露里程的车辆而言，与 Autosteer 相关的碰撞率的变化与美国国家公路交通安全管理局宣称的变化正好相反（如果这些数据可信的话）。

对于数据集的其余部分，美国国家公路交通安全管理局忽视了那些不能被归类为安装了 Autosteer 之前或之后的暴露里程。我们表明，这种未被计算在内的暴露里程绝大多数集中在'安装 Autosteer 之前'暴露里程最少的车辆中。因此，美国国家公路交通安全管理局的报告中所称的汽车在安装 Autosteer 后碰撞率总体降低了 40%，是该机构处理里程信息时臆造的结论，而实际上，基础数据集并不包含这些信息。""NHTSA's Implausible Safety Claim."

29. Timothy B. Lee, "In 2017, the Feds Said Tesla Autopilot Cut Crashes 40%—That Was Bogus," *Ars Technica*, February 13, 2019. Timothy B. Lee, "Sorry Elon Musk, There's No Clear Evidence Autopilot Saves Lives," *Ars Technica*, May 4, 2018.

30. Sam Peltzman, *Regulation of Automobile Safety* (Washington, DC: American Enterprise Institute for Public Policy Research, 1975), p. 4.

31. 根据美国国家公路交通安全管理局的死亡分析报告系统的统计，2000 年，仅安全带一项措施就在碰撞事故中有效地降低了 48% 的死亡率（12 岁以上人士），而这些事故原本是致命的。安全带与安全气囊相结合，其有效性估计约为 54%。这一数据源自美国国家公路交通安全管理局国家统计和分析中心的唐娜·格拉斯布伦纳（Donna Glassbrenner）发表于 2011 年的论文。

32. NHTSA, *Estimating Lives Saved by Electronic Stability Control, 2008–2012, DOT HS 812 042* (Washington, DC: National Highway Traffic Safety Administration, 2014).

33. "The Role of Language in Acquiring Skill Under Conditions of Risk", "Embodied Perception" 一章，*The World Beyond Your Head*。

34. 强制系统还会使用 GPS 和路标摄像头来判断你是否超速。如果你超速了，系统就会降低发动机的功率。制定这一规则并将此方案提交给欧盟委员会的欧洲运输安全委员会称，为了让公众有时间适应这个系统，在系统刚推出时，它会喋喋不休地提示驾驶员，而不是立即加以干预。"如果驾驶员继续超速行驶数秒，该系统就会响起几秒钟的警告，并发出视觉警告信号，直至车辆降到限速或低于限速行驶。"

35. Edward N. Luttwak, "Why the Trump Dynasty Will Last Sixteen Years," *Times Literary Supplement*, July 25, 2017.

36. 我们看到了新的金融工具的涌现能够归拢汽车贷款并将其证券化，还看到了汽车贷款信贷泡沫的增加与导致金融危机的房产泡沫完全并行。Rodriguez Aldort, "What If the Auto Loan Securitization Market Crashes?" *Law* 360, August 13, 2018.

彭博社 2019 年的报道称："尽管在去年年底，至少 3 个月未偿还的汽车贷款已超过 700 万美元，是纽约联邦储备银行自 20 年前开始追踪该数据以来的最高值，然而汽车风险债券的价格却在上涨。" Adam Tempkin, "Subprime Auto Bond Market Is Unmoved by

Record Late Loan Payments," Bloomberg, February 14, 2019.

37. 这是我最近才了解到的关于摩托车骑行方面的事情。有差不多 18 年的时间，我几乎每天都要骑摩托车，后来我买了第一辆带防抱死刹车的摩托车。只要一点点捏下前轮刹车，在大约 1 秒的时间内，就可以使刹车力度平稳地提升到最大，使重量有时间转移到前轮胎上。其结果是防抱死刹车系统没有干预，前轮也没有锁死。相反，前轮陷进了地里，我使出全身的力气把车停下来时，后车轮可能已经离地 15 厘米了。假如我猛地捏下刹车，依赖摩托车的防抱死刹车系统制动，我就无法产生如此大的制动力。该系统在重量发生转移之前就进行了干预，且没有松开，在启动刹车时的那一刻就阻断了牵引力。

38. 2004 年，美国国家公路交通安全管理局公布了一项在美国进行的实地调查的结果，即电子稳定控制技术的有效性，结论是该技术可使交通事故减少 35%。

39. "Embodied Perception" in *The World Beyond Your Head*, pp. 53–68.

40. Casner, Hutchins, and Norman, "The Challenges of Partially Automated Driving," pp. 70–77.

41. David L. Strayer, Joel M. Cooper, Jonna Turrill, James R. Coleman,

and Rachel J. Hopman, "Measuring Cognitive Distraction in the Automobile III: A Comparison of Ten 2015 In-Vehicle Information Systems," AAA Foundation for Traffic Safety, October 2015.

42. 卡斯纳等人说："在这种情况下，驾驶员倾向于减少主动参与，只是去服从自动化。已经有充分的证据表明，当通过自动化系统的程序设定好路线时，驾驶员就不再自己认路了。" G. Leshed et al., "In-Car GPS Navigation: Engagement with and Disengagement from the Environment," in *Proceedings of the ACM Conference on Human Factors in Computing Systems* (Florence, Italy, Apr. 5–10, 2008) (New York: ACM Press, 2008), pp. 1675–1684.

43. 卡斯纳等人引自：K. A. Hoff, M. Bashir, "Trust in Automation: Integrating Empirical Evidence on Factors That Influence Trust," *Human Factors* 57, no. 3 (2014), pp. 407–434。

44. 这与早前的研究是一致的，即如果带上一个乘客，也很有可能提高我们对道路共同的注意力，这一理念的根据是两双眼睛要比一双好。J. Forlizzi, W. C. Barley, and T. Seder, "Where Should I Turn?: Moving from Individual to Collaborative Navigation Strategies to Inform the Interaction Design of Future Navigation Systems," *Proceedings of the ACM Conference on Human Factors in Computing Systems* (Atlanta, GA, Apr. 10–15, 2010) (New York: ACM Press,

2010), pp. 1261–1270, Casner et al. 引自 "The Challenges of Partially Automated Driving"。

45. C. Gold et al., "Take Over! How Long Does It Take to Get the Driver Back into the Loop?" *Proceedings of the Human Factors and Ergonomics Society Annual Meeting* (San Diego, CA, Sept. 30–Oct. 4) (Santa Monica, CA: Human Factors and Ergonomics Society, 2013), pp. 1938–1942, Casner et al. 引自 "The Challenges of Partially Automated Driving"。

46. MacArthur Job, *Air Disaster*, vol. 3 (Australia: Aerospace Publications, 1998), p. 155.

47. Nicholas Carr, *The Glass Cage: Automation and Us* (New York: Norton, 2014), pp. 90–91. 引自 Mark S. Young and Neville A. Stanton, "Attention and Automation: New Perspectives on Mental Overload and Performance," *Theoretical Issues in Ergonomics Science* 3, no. 2 (2002)，以及 Robert M. Yerkes 和 John D. Dodson 的经典心理学著作 "The Relation of Strength of Stimulus to Rapidity of Habit-Formation," *Journal of Comparative Neurology and Psychology* 18 (1908)。

48. Henry Petroski, *The Road Taken* (New York: Bloomsbury, 2017)。"2014年夏天，美国交通部宣布了一项计划，要求在不远的将来，所有的

新旧汽车和卡车上都要安装车对车通信技术。预计在2020年，为车辆安装发射器将使每辆新车的成本增加约350美元，现有的汽车也可加装一个同样的设备。"

49. "零死亡愿景"（Vision Zero）指交通事故零伤亡，是一场始于瑞典的交通安全运动，并已传播开来。其主旨是"生命和健康永远不能用社会中的其他利益来交换"，意在对无情的成本效益分析原则发出高尚的谴责。但汽车制造商考虑的只是金钱成本。我们在这些章节中关注的是那些更难以看到和评判的成本，这些成本来源于人类生态环境的转变，即人类智能行为空间的缩小。

50. 卡斯纳等人写道："鉴于目前的交通形势仍然存在许多障碍，以及全世界道路上的汽车的更换率，对于大多数公众来说，要转而使用全自动驾驶汽车将需要数十年。半自动驾驶汽车带来的挑战将十分巨大，至少就目前来看，其严重程度被低估了……我们在航空领域的经验可以说明，对于一群技术粗糙的驾驶员来说，在一个生死只在毫秒之间的环境里，这种转变不会一帆风顺。驾驶员会期待自己的汽车自动化系统使用起来能像广告中宣传的那样，大多数时候，这些系统也确实是这样的。在自动驾驶居主导地位的情况下，驾驶员将会明白，他们可以越来越多地从事驾驶汽车以外的活动。他们会逐渐相信，自动化系统会在他们做其他事情时关照他们。他们将依赖自动警告提醒他们何时需要注意。当有意外出现，需要司机注意，却几乎或根本没有警告来提醒他们时，可能就会出现一种新型事故，而且数量会很大。"然而，"我们可以看到，与驾驶员共享控制回路的自动化系统（比如制动辅助系统和车道保持辅助系统），尤其是那些将控制权从好斗、容易分心或醉酒的驾驶员手中夺走的系统，能够极大地提高安全性。这类事故减少的数量完全有可能与自动化的其他意外问题导致的事故增加量相当，甚至比后者还要多"。

51. Nadine Sarter, "Multiple-Resource Theory as a Basis for Multimodal Interface Design: Success Stories, Qualifications, and Research Needs," *Attention: From Theory to Practice*, ed. Arthur F. Kramer, Douglas A. Wiegmann, and Alex Kirlik (Oxford: Oxford University Press, 2007).

52. Rodney A. Brooks, "Intelligence Without Representation," *Artificial Intelligence* 47 (1991), pp. 139–159.

53. 正如前面的注释中所提到的，本田雅阁的历史很典型。这款车的重量在 20 世纪 80 年代初还不到 998 千克，而其 2017 年的车型超过了 1633 千克。

54. David Sax, *The Revenge of Analog: Real Things and Why They Matter* (New York: PublicAffairs, 2016).

55. 就在我通过公关公司与保时捷公司交流后不久，我的出版商在常见的出版行业期刊上宣布买下了本书英文版的版权。大约一年后，保时捷公司发起了一个广告宣传活动，活动口号是"我们为什么这样驾驶"（Why We Drive）。或许我是自鸣得意了，不过我愿意把这想象成在保时捷的内部争吵中，败下阵来的一方在向我致意。

56. 尼采称英国的功利主义"完全是一种不可能的文学，除非你知道如何给它加上一些恶意的味道。如果你必须读它们，你就必须带着别有用心的想法去读"，这些"沉重的社畜，带着不安的良心"。Friedrich Nietzsche, *Beyond Good and Evil*, section 225.

57. 早期的几代计算机科学家往往接受过更广泛的教育，因此他们在评估计算机是否适合模拟人类时会有一些独立的观点。人工智能先驱约瑟夫·魏岑鲍姆（Joseph Weizenbaum）写道："计算机已经把人即机器这个观点的合理性带到了一个新的水平。"他对这种合理性感到担忧，因为他本人对"人即机器"这个暗喻持保留态度。人是创造自己形象的动物，然而人类接着又变得与自己所创造的这些形象相似，比如爱尔兰作家艾丽丝·默多克（Iris Murdoch）。

58. Edmond Awad et al., "The Moral Machine Experiment," *Nature*, October 24, 2018.

59. M. D. Matthews, "Stress Among UAV Operators: Posttraumatic Stress Disorder, Existential Crisis, or Moral Injury?" *Ethics and Armed*

Forces: Controversies in Military Ethics and Security Policy 1 (2014), pp. 53–57. R. E. Meagher and D. A. Pryer, eds., *War and Moral Injury: A Reader* (Eugene, OR: Cascade Books, 2018).

60. Sophie-Grace Chappell, "Bernard Williams," *Stanford Encyclopedia of Philosophy*.

61. William Hasselberger, "Ethics Beyond Computation: Why We Can't (and Shouldn't) Replace Human Moral Judgment with Algorithms," *Social Research*, 86, no. 4 (Winter 2019).

62. 这些是美国国家公路交通安全管理局对2013年发生在美国旧金山的韩亚航空公司航班坠机事件的调查结果。"韩亚航空的自动化政策强调飞行员应充分使用所有的自动化功能，且不鼓励在航班飞行期间进行人工操作。"

63. 《纽约时报》报道："近年来，随着飞机自动化程度的提高，加之全球飞行员短缺迫使航空公司起用经验不足的飞行员，这个问题变得愈加尖锐，特别是在新兴市场，情况尤甚。"在美国，同样的问题也变得越来越严重，因为"大型航空公司长期仰赖的军队飞行员正在减少。经验最丰富的飞行员正在从这个行业退休，因为在美国，他们的退休年龄是65岁，许多人说，他们的接班人可能不知道该如何处理突发事件"。

64. 《纽约时报》在同一篇报道中写道："在本周发生的埃塞俄比亚航空公司航班坠机事件中，其中一名飞行员的飞行时长仅为 200 小时，不足美国联邦航空管理局对客机驾驶员要求的一般时长的 1/7。"美国航空公司机长、该公司飞行员工会发言人丹尼斯·塔耶尔（Dennis Tajer）表示，波音公司和空中客车公司向航空公司推销自己的飞机时，称其可以由未经过多少训练的飞行员驾驶，借此来鼓励飞行员对这种自动化的依赖。"我们已经看到了下作的飞机营销手段，就是为了迎合经验不足甚至级别较低的飞行员。"他说这话时带着一种训练有素的专业人士的愤慨，但可以肯定的是，站在谋求省钱的航空公司的角度来看，他所说的去技能化是一个特点而非漏洞。

65. 正如《华盛顿邮报》的报道，根据美国众议院运输委员会主席彼得·德法西奥（Peter A. Defazio）的说法，波音公司的内部沟通"描绘了一幅令人颇为不安的画面，波音公司显然愿意不惜一切代价逃避监管机构、空勤人员和乘客的审查，甚至置自己员工在内部发出的警告于不顾"。

66. 2018 年 3 月，优步的一辆自动驾驶汽车在美国亚利桑那州坦佩撞死了一名行人，美国国家运输安全委员会展开了历时 20 个月的调查。调查结果显示，优步的自动驾驶系统没有设置识别过马路时走在人行横道外面的行人的程序。设置这样的程序会增加工程挑战的难度，而解决这样的挑战需要时间。但若是考虑到优步的"平台"

或"网络效应"经济学,其目标是尽早实现垄断并压制竞争对手,那么率先进入市场就是一个压倒性的商业考量。

67. Günther Anders, "On Promethean Shame," in Christopher John Müller, *Prometheanism: Technology, Digital Culture and Human Obsolescence* (London: Rowman and Littlefield, 2016), p. 30.

68. Anders, "On Promethean Shame," p. 31.

69. 1942年8月,马克斯·霍克海默(Max Horkheimer)和西奥多·阿多诺(Theodor Adorno)在美国洛杉矶召集了这次研讨会,关于研讨会的记述以及我在这里引用的这句话,均选自克里斯托弗·约翰·米勒(Christopher John Müller)撰写的解读安德斯的文章:"Better than Human: Promethean Shame and the (Trans) humanist Project,"*Prometheanism*, p.100。

70. Jonathan Waldman, *Rust: The Longest War* (New York: Simon and Schuster, 2016).

71. 假设在32.2万千米的行程中,我的发动机平均转速为每分钟2 500转,车辆的平均时速为48千米。

72. 可以说,建筑艺术配得上"终极百科全书"这个称号,因为它们已历经了数千年的实践和完善。然而建筑艺术也有被遗忘的时候。古埃及人用巨型石块建造大金字塔时，精度竟可以达到毫米级，这令今天的工程师们百思不得其解；罗马拱门的结构优势在欧洲失传了，只得重新恢复；再回到美国，南北战争前，美国南方民居的家里都有着深长的前廊和高高的天花板，热效率很高，而这样的房屋在 20 世纪就被弃用了。与之形成对比的是，内燃机的发展完全发生在大众普遍接受教育、交流频繁的时代，或许这就是它能够更加持久地发展进步的原因，而口口相传和一对一的学徒传统很容易因社会动荡而消失。

73. Sir Harry R. Ricardo, *The High-Speed Internal-Combustion Engine,* 4th ed. (London: Blackie and Son, 1953), p. 1.

74. O. G. W. Fersen, "The People's Car," *Autocar,* May 1, 1969 (VW Supplement), 再次发表于：Bill Fisher, *How to Hot Rod Volkswagen Engines* (New York: HP Books, 1970), pp. 4–6。

75. Edward Eves, "Beetle Power," *Autocar,* May 1, 1969 (VW Supplement). 再次发表于：Fisher, *How to Hot Rod Volkswagen Engines,* pp. 1–4。

76. 近东（今叙利亚）研制的大马士革钢，以其非同寻常的可塑性（不易碎裂）以及能够始终保持锋利的刀锋，在整个地中海地区乃至北欧颇具知名度。传说这种钢能够斩断枪管、削铁如泥。尽管现代合金的性能优于它,但并未能完全成功地复制大马士革钢的性能。2006年,德国的研究人员在一把古老的大马士革剑上发现了碳纳米管和纳米线。钢的质量取决于特定的杂质——少量的杂质至关重要,它们是制造大马士革钢的特殊矿石所具备的一种功能,也是熔炼大马士革钢的燃料;淬火、回火、退火的生产过程中的热循环;各种冷加工方法,例如在芯轴上拉制;在锻造过程中,铁匠对半熔融状态的钢进行的折叠和锤打,还有其他许多因素。这些因素共同决定了金属中的晶体结构和"晶粒生长"。此种工艺技巧难以言传,因为其中一些只能凭个人经验进行判断,例如,能够根据金属的火色和敲击金属时发出的声音来判断它的状态。这样的学问由师傅传给学徒,如果传授的过程中断,只需一代人的光景这种工艺就会失传,1750年左右,大马士革钢就是这样失传的。大马士革钢冶炼技艺的前身似乎是从印度通过波斯和阿拉伯传播过去的。但直到21世纪,印度钢才再次变得有竞争力(有人猜测,这门技艺是当年的英国统治者故意封锁的),接近工业时代德国、日本和美国钢的质量。现代钢的高超品质源自19世纪主要发生在英格兰的创新运动。对如今的印度钢的这个最后判断是我自己不科学的直觉,是基于过去10年间我在装配工作中使用它的经验,与我在20世纪80年代购买的堪称垃圾的手工制造印度钢工具对比之后做出的。哪怕只是对开口扳手稍微施加一点扭矩,其平面就会轻松分开。与之形成对比的是,我准备把自己的生命托付给我正在制作的一个防滚架,这个防滚架是用印度的芯轴钢管做的。

77. Ricardo, *The High-Speed Internal-Combustion Engine,* p. 5.

78. Ricardo, *The High-Speed Internal-Combustion Engine,* p. 27.

79. Ricardo, *The High-Speed Internal-Combustion Engine,* p. 88.

80. 更确切地说，它们就像是中世纪表现争辩场面的漫画。争论有助于维持我们现代风范的自我形象，却很难捕捉到中世纪生活的真实面貌，就像约翰·赫伊津哈在其著作中所阐述的那样。

02　赛车运动和游戏精神

1. 这个赛季，弗里斯特跑了 600 马力而不是 1 000 马力，这是一个实验，目的是尽量保全轮胎和变速箱。

2. Johan Huizinga, *Homo Ludens: A Study of the Play-Element in Culture* (New York: Roy Publishers, 1950), p. 63.

3. Huizinga, *Homo Ludens,* p. 50.

4. 这就形成了一个游戏圈子，他们相互竞争，但彼此也会互相认可对方的玩家身份。这种游戏并不适合所有人，这个圈子是封闭的。因此，游戏社区受到了周遭社会的质疑：他们觉得自己比我们其他人强吗？他们到底在俱乐部里做些什么？这样的联系看起来具有潜在的煽动性。实际上，在政治历史的进程中，我们常能看到这些情况。例如，古罗马皇帝图拉真禁止在东罗马帝国组建消防队，尽管消防队的作用显而易见，但图拉真担心他们会涉足政治。他们能扑灭大火，他们为此感到骄傲。认识到这个问题后，托马斯·霍布斯把利维坦称为"骄傲之王"，意思是如果一个国家要建立并维持权力垄断，就必须进行道德再教育，也就是要驯服充满竞争性和男性气概的游戏精神。我的博士论文就探讨了古代世界中的这种现象：

"Life in the Greek Cities Under Roman Rule" Matthew B. Crawford, *Eros Under a New Sky: Greek Reassessments of Politics, Philosophy and Sexuality in Light of Roman Hegemony* (Ph.D. diss., University of Chicago Department of Political Science, 2000).

5. 赫伊津哈转述了葛兰言（Marcel Granet）[①]在人类学研究中的发现，葛兰言曾重新恢复了中国古代的郊祀歌。"在古代中国，几乎每项活动都要以正式比赛的形式进行，过河、爬山、伐木和采花，无不如此。"葛兰言写道："竞争精神促进了男性社交群体的形成，并使他们之间的关系更紧密，在冬季节庆活动上的舞蹈和歌曲比赛中

---

① 马塞尔·葛兰言是法国社会学家、汉学家与史学家，法国年鉴社会学派的重要成员，用社会学方法进行中国研究的第一人。——译者注

激励他们相互竞争，在国家的形式和制度开始形成之时，就会出现这种精神。" Marcel Granet, *Civilization*, 由 Huizinga 引用：*Homo Ludens*, p. 55。

6. 父亲往往代表着外在的现实，他给人的感觉像是一种威胁，即对母亲与孩子之间表达爱意的威胁。他是超我的通道，超我是普遍需求与共同规范的结合点。按照弗洛伊德的说法［由霍华德·施瓦茨（Howard S. Schwartz）引述］，"父亲的任务是向孩子传达冷漠的外人对他们的印象"。*The Revolt of the Primitive: On the Origins of Political Correctness* (New York: Routledge, 2017).

7. Huizinga, *Homo Ludens,* p. 48.

8. Winston Churchill, *My Early Life: 1874–1904* (New York, Touchstone, 1996), p. 64.

9. 这段话出自："Ace for the Ages: World War I Fighter Pilot Manfred von Richthofen"。Richtofen, "The Red Air Fighter," in Jon E. Lewis, ed., *Fighter Pilots: Eyewitness Accounts of Air Combat from the Red Baron to Today's Top Guns* (New York: MJF Books, 2002), pp. 37–59.

10. "Ace for the Ages."

11. 作为一种排他性的竞赛，战争假定对手是有人性的。然而与之相矛盾的是，含义宽泛的"人性"的概念和相应的一般性人权原则（例如《日内瓦公约》）在确保对战争实行人道限制方面的记录很少。而由人道主义原则引发的战争似乎都很残酷。在战场上，人们对于对手的态度是，不仅要将其当成政治仇敌，也要将其理解为人性的敌人，并采取相应的处置手段。正是美国使用核武器将两座城市化为灰烬，它现在还使用坐在计算机屏幕后操控的无人机袭击婚礼现场。高尚的人权概念有着未被承认的黑暗面：正是由于它的不加区别，因此似乎与"全面战争"的概念十分贴合。它不允许在"我们"和"他们"之间进行类似游戏的政治区分（这种区分与我们的普遍原则相冲突），而代之以善与恶、开明与落后这种道德上的区分，这就将每一场冲突都变成了代表"人性"的圣战。这就是卡尔·施密特（Carl Schmitt）在其著作中，对自由主义提出的批评之一：*The Concept of the Political*（Chicago: University Press. 1996）。

12. 4天后，丘吉尔将在英国议会下议院发表演讲，经过修改的这句话会为他的这场演讲增添异彩。这句话的修改过程颇为有趣。1954年，还是这位陪同丘吉尔前往英国皇家空军地堡的将军黑斯廷斯·伊斯梅（绰号帕格）说，那件事之后没多久，他和丘吉尔一起乘车，丘吉尔在排练演讲，说到那句现在很有名的话时，伊斯梅打断他说："耶稣和他的门徒呢？""不错啊，老帕格。"丘吉尔说，他立刻把措辞改成了"在人类历史上，从来没有如此少的人对如此多的人做出过如此巨大的牺牲"。

13. 1936年，随着英国皇家空军志愿者后备队的建立，英国皇家空军选拔候选人的流程向所有社会阶层的男性开放。它"就是要吸引年轻人，并且在选拔时不存在任何阶级差别"。John Terraine, *The Right of the Line: The Royal Air Force in the European War, 1939–45* (London: Hodder & Stroughton, 1985), pp. 44–45.

14. Marilyn Simon, "#NotMe: On Harassment, Empowerment, and Feminine Virtue," *Quillette*, April 4, 2019.

15. 塞克斯顿曾长期在《国家报》(*Nation*) 担任编辑，作为工人阶级家庭出身的左翼人士，她关注教育环境中男性的女性化现象。此种教育环境越来越不遗余力地推动每个人都从事白领工作，并遵循非犹太人的办公室规范。

16. 这其中有许多"在形式上是联邦政府的写照：地方分会选举代表去参加州一级的集会，而州一级又派代表去参加全国集会……行政官员对立法议会负责，独立的司法机构确保双方都遵守规则"。Yoni Appelbaum, "Americans Aren't Practicing Democracy Anymore," *Atlantic*, October 2018.

17. 汤普森在同一本书中写到，他对自己20世纪60年代中期在旧金山湾区生活的最深刻记忆是，晚上，他离开菲尔莫尔：

疯疯癫癫地，没有回家，而是以每小时 161 千米的速度，驾驶着庞大的 650 闪电摩托车穿过海湾大桥，身上穿着 L. L. Bean 短裤和 Butte 夹克衫……我总是在收费站转来转去，摸索着找零钱，这种时候我都会心情不畅，无法保持平和。但我十分确定，不管走哪条路，总会走到一个地方，那里的人和我一样兴奋而狂野：这一点毋庸置疑，任何地方、任何时刻都有疯狂的事情……有一种奇妙的普遍感觉，那就是无论我们做什么都是对的，我们正在赢得胜利。我想，这就是它的处理方法，即我们必然会战胜古老和邪恶力量的感觉……

彼时和现在一样，在一个世代的文化战争中赢得胜利的那种兴奋之感（这是不可避免的）被那些分享这种感觉的人用来授权报道某种新闻，这其中的重点是推动向前发展的叙事，而不是关注社会现实。

汤普森常被拿来与汤姆·沃尔夫（Tom Wolfe）相提并论，他们两人都是新新闻主义的先锋。沃尔夫也主要关注着一个问题——不是文化的反抗，而是多种形式的彰显地位的游戏，特别是在男性当中。但在这种情况下，世界上没有什么新鲜的、需要引入的东西，也没有将信徒围拢在它周围的必要。这或许有助于解释为什么在阅读沃尔夫的作品时，你会觉得自己在了解这个世界本来的样子。

汤普森的长处在于他的游戏精神——他关于如何对付交警的绝

妙馊主意是无价的，他让这种精神操控自己的代沟议程。他对衰落或历史悲剧（你也可以把它叫作怀旧）也有感触。就在上面引用的这段话之后，他把自己理想中的 20 世纪 60 年代的旧金山湾区描述为"最终破碎并退去"的海浪留下的"高水位线"。这挽回了早前颇具讽刺意味的关于必然性和胜利闹出的小笑话，如今读来像是对年轻人思维模式的评论。这条评论来自一个拼命想要抓住青春的人。

03　自治，或不自治

1. Andy Medici, "The District Raked in a Record $199M in Fines Last Year. It's Almost All from Traffic," *Washington Business Journal*, January 6, 2017.

2. 在其他研究的支持下，一项由得克萨斯农工大学交通研究所开展的历时 10 年的研究发现，黄灯时间只要增加半秒，交通事故就会减少 25%，闯红灯的现象也会减少 40%。David Kidwell, "Ex- perts: Chicago's Short Yellow Light Times, Red Light Cameras a Risky Mix," *Chicago Tribune,* December 23, 2014.

3. 这项研究还包括了一个对照组，对照组是从未安装过摄像头的相似路口。数据整理完毕之后，学术研究人员借助一个复杂的数学公式，剔除了其他所有可能导致撞车事故率发生变化的因素。随后，他们对安装摄像头之前和之后的撞车事故率进行了比较。

该研究得出的结论在很大程度上印证了全美其他规模较小的项目的研究结果。总的来说，造成人员伤亡的更危险的T骨事故[①]减少了15%，但造成人员伤亡的追尾事故增加了22%。

也许更为重要的是，该项研究得出结论，在安装那些摄像头之前，每年发生车祸的数量少于4次的交叉路口，摄像头并没能减少T骨事故。而缺乏安全保障可能意味着，追尾事故的增加使这些交叉路口对芝加哥的驾驶员来说更加危险。

《芝加哥论坛报》在全市找到了73个符合这一标准的安装了摄像头的交叉路口。自从该项目启动以来，这些摄像头已经为该市带来了超过1.7亿美元的交通罚款收入。

David Kidwell and Abraham Epton, "Red Light Verdict Casts Harsh Light on Rationale for Cameras," *Chicago Tribune*, January 30, 2016.

[①] T骨事故指一辆车垂直撞上另一辆车的侧面，由于两车组合在一起的形状类似于英文字母T而得名。——译者注

4. David Kidwell, "Red Light Camera Trial Offers Rare Insight into City Hall Intrigue," *Chicago Tribune*, January 22, 2016.

5. 华盛顿哥伦比亚特区政策中心主任耶希姆·泰勒（Yeshim Taylor）表示："如果自动交通执法的收入减少，我们可以通过增加组合税收来弥补。但高税收确实会让我们执着于收入本身，而极难基于安全的考虑做出改变。" Andy Medici, "These D.C. Speed, Red Light Cameras Generate the Most Revenue," *Washington Business Journal*, April 10, 2017.

6. 数据源自首席财务官在华盛顿哥伦比亚特区的办公室，如 Andy Medici 的报告中所述："Here's How Much the District Plans to Collect in Traffic Fines over the Next Five Years," *Washington Business Journal*, March 9, 2017。

7. "Lane Width," Federal Highway Administration, U.S. Department of Transportation.

8. Matt Labash, "The Safety Myth," *Weekly Standard*, April 2, 2002.

9. 执法部门和其他在冲突中成长壮大的机构之间有一个相似之处。可以说，政治正确已然成了一件工具，官僚机构利用它将自己的权限扩展到先前的自治领域，而人们原本在那些领域里能自主地解决问题。激进分子主张不合理的行为准则和言论禁忌，倘若人们未能满足这些要求，就会发生冲突，而这反过来又成了大学和公司管理者采取新举措的契机——米歇尔·福柯将这些人称为"给道德矫形的小公务员"。例如，哈佛大学的员工中就有50多名《第九修正案》的行政人员。他们给出的理由通常是避免损伤。就像引入机械化的交通执法一样，这个社会机构必须把人们描述成孩子一般脆弱，世界上到处都是危险，都需要监管。还有一个相似之处是，实际上，这个系统一定会导致发生更多事故，因此就需要更多的干预。我们的社会黄灯时间趋近于0。

10. 美国众议院监督和政府改革委员会前主席贾森·查菲茨（Jason Chaffetz）在其著作《深州》（The Deep State）中，详细叙述了机场安检室的种种荒谬之处。在当代美国，国会的主要作用似乎就是充当商业交易的中介，利用其监督行政国家（即客户）预算的权力，以竞选捐款的形式从供应商那里收取中介费，并利用文化战争分散选民的注意力。与此同时，文化战争背后实质性的政治争端会通过法院和行政部门的法令，在其他地方解决。

11. 克莱尔·伯林斯基在2019年1月写道："据警方称，到目前为止，有1 700名抗议者和1 000名执法人员受重伤。"

12. 据CNN在 Newsweek 上的报道：Brendan Cole, "Yellow Vest Protesters Vandalized or Destroyed 60 Percent of France's Speed-Camera

Network," *Newsweek*, January 11, 2019。

13. Matt Labash, "Getting Rear-Ended by the Law," *Weekly Standard*, April 3, 2002.

14. NHTSA, "Traffic Safety Facts, 2016 Data: Speeding," p. 1.

15. 人们只能利用自定义回归来查询数据，了解这些相关因素之间的交互情况。例如，超速和冲出马路无疑是相互关联的。值得称道的是，无论价值如何（再次考虑到其来源），美国国家公路交通安全管理局也提供了相关数据。据《名车志》报道，根据美国国家公路交通安全管理局 2007 年的数据，超速驾驶只是 3.1% 的致命车祸事故中的"唯一相关因素"。

16. Labash, "The Safety Myth."

17. Bennhold, "Impose a Speed Limit on the Autobahn?"

18. Max Smith, "Going 11 Miles over the Speed Limit in Va. May No Longer Land You in Jail," WTOP, February 13, 2016.

19. 需要注意的是，在城市之间进行比较，方法十分复杂棘手。根据城市流动指数，意大利罗马的拥堵指数为 4.6——这是将交通高峰时段的交通流量与交通畅通率进行比较后得到的结果，在高峰期，每行驶 100 千米还要额外增加 30 分钟，且有 10.95% 的道路拥堵。相比之下，美国华盛顿哥伦比亚特区因大量使用闯红灯摄像头和超速摄像头而得到 5.9 分，延误时间为 37 分钟，并有 15.47% 的道路拥堵。

20. 例如，只是把一个国家的交通死亡人数相加，再除以该国的车辆数，并不能说明贫穷国家对汽车的使用量，比每家拥有多辆汽车的国家的使用量更大。此外，世界卫生组织统计的死亡率的一些差异，可以归因于该国家能否及时提供创伤治疗及治疗质量、汽车的保养状况和道路状况的差异。

21. 弗洛伊德写道："文明在多大程度上建立在对本能的放弃之上，对强大本能的不满足——通过抑止、压制或其他一些手段的预测准确度又有多高？这是不可能忽视的。这种'文化挫折'主导了人类社会关系的很大一部分领域。我们知道，它是产生敌对的原因，是所有文明都必须对抗的。" *Civilization and Its Discontents,* trans and ed. James Strachey (New York: Norton, 1962), p. 44.

22. 得克萨斯大学的研究人员在一个录制视频中表述了他们的观点。

23. John R. Quain, "Cars Will Have to Get Faster, on the Inside," *New York Times,* August 17, 2018, p. B5. "自动驾驶汽车每小时会产生 4 万亿

字节数据。"一家自动驾驶汽车计算机芯片供应商的高级主管说："他们认为我们需要 300 万亿次浮点运算的计算能力。"奎恩写道："万亿次浮点运算就是每秒计算 1 万亿次,这就意味着每辆车都是一部行驶的超级计算机。"

24. Jack Katz, "Pissed Off in L.A.," in *How Emotions Work* (1999); 再次发表于:*The Urban Ethnography Reader*, ed。Mitchel Duneier, Philip Kasinitz and Alexandra K. Murphy (New York: Oxford University Press, 2014), pp. 215–216.

25. Katz, "Pissed Off in L.A.," p. 220.

26. Katz, "Pissed Off in L.A.," pp. 220–222.

27. Katz, "Pissed Off in L.A.," p. 223.

28. 一篇综述文章汇总了该项研究的结果:Hazel Rose Markus and Shinobu Kitayama, "Culture and the Self: Implications for Cognition, Emotion, and Motivation," *Psychological Review* 98 no. 2 (1991), pp. 224–253。

29. 卡茨正确地摒弃了理性和情感完全不相干这一观点。把情绪带入意识,"在身体的媒介中,先前默认做出了承诺"("Pissed Off in L.

A." p.227）。但他仍坚持认为"这种自我反省并不是以思考的形式进行的"。他说这是感官和审美上的事情，是"通过一种浪漫诗歌的形式，而不是以散乱无章的理性的形式"完成的。我觉得最后一点不太对。确切地说，愤怒本来就是散乱无章的。我们向他人展示自己，而这个人往往是不存在的，或只是我们想象出来的。然而愤怒想要发泄出来并且被人听到。在柏拉图眼中的苏格拉底看来，激愤——灵魂中情绪激烈的部分，即容易发怒的部分，是灵魂中理性部分的天然盟友。换句话说，愤怒可以扭曲人的思维，没错，但它也源于思维并激发思维。

30. Andy Clark, *Surfing Uncertainty: Prediction, Action and the Embodied Mind* (New York: Oxford University Press, 2014).

31. 克拉克的这些建议为"'镜像神经元'和（更普遍的说法）'镜像系统'的发展和布局提供了进化上的逻辑依据：神经资源牵涉行为的执行和对他人执行'相同'行为的观察"。Clark, *Surfing Uncertainty,* pp. 139–140.

32. Clark, *Surfing Uncertainty,* p. 285.

33. Clark, *Surfing Uncertainty,* p. 73.

34. 最后这几句话是我根据 Clark (*Surfing Uncertainty,* p. 286) 的说法推

断出来的，引用 M. Columbo, "Explaining Social Norm Compliance: A Plea for Neural Representations," *Phenomenology and the Cognitive Sciences* 13, no. 2 (June 2014).

35. Robert D. Putnam, "E Pluribus Unum: Diversity and Community in the Twenty-first Century, The 2006 Johan Skytte Prize Lecture," Nordic Political Science Association (Oxford, UK: Blackwell Publishing, 2007).

36. 2016 年，也就是我能从世界卫生组织那里找到数据的最后时段，德国的交通死亡率是每 10 万辆机动车 6.8 人。与此同时，东地中海国家的交通死亡率是每 10 万辆机动车 139 人，是德国的 20 多倍；而非洲国家则是 574 人，是德国的 84 倍。

更好的衡量标准应该是汽车每行驶 1.6 千米的死亡人数，但大多数国家都没有这个数字。据推测，在贫穷国家，每辆汽车的使用率要多于每个家庭拥有多辆汽车的国家。此外，世界卫生组织统计的死亡率的一些差异，可以归因于该国家能否及时提供创伤治疗及治疗质量、汽车的保养状况和道路状况的差异。但死亡率的差异并不全由上述因素决定。

37. Bernhard Rieger, *The People's Car: A Global History of the Volkswagen Beetle* (Cambridge, MA: Harvard University Press, 2013), p. 53.

04　我们如何看待自动驾驶

1. Alistair Jamieson, "Google Will Carry On with Camera Cars Despite Privacy Complaints over Street Views," *Telegraph*, April 9, 2009.(《泰晤士报》的一次采访报道。)

2. Shoshanna Zuboff, *The Age of Surveillance Capitalism*: *The Fight for a Human Future at the New Frontier of Power* (New York: Public Affairs, 2018), p. 44.

3. Zuboff, *Age of Surveillance Capitalism*, p. 48.

4. Zuboff, *Age of Surveillance Capitalism*, pp. 146–50.

5. James C. Scott, *Seeing Like a State* (New Haven: Yale University Press, 1998), p. 53.

6. 斯科特举出了一些历史上的例子，在外人看来地理条件起到了此种防御的作用，这实在是不可思议。阿尔及利亚首都阿尔及尔老城区是抵抗法国人的根据地；在伊朗，人们正是从保留在集市中的政治空间开始，发起了对沙①统治的挑战；种族隔离时期的南非黑人城

---

① 沙（Shah）是旧时对伊朗国王的称号。——译者注

镇是另外一个例子，那些城镇的管理权归属不清不楚，使其无法管理；在法国巴黎，18 世纪和 19 世纪的起义都发生在最古老、最混乱的地段，19 世纪上半叶末期，起义者 9 次筑起街垒，在 1830 年和 1848 年，革命全面爆发。1851 年，路易·拿破仑在政变中夺取政权后，授权塞纳河总督奥斯曼男爵对巴黎进行彻底重建，这次重建需要大规模拆迁。正如斯科特所写的那样，这样才能"综合把握全局"。这样做的原因很多：可以让城市更易管理、更健康，也更能体现皇权的威仪。1860 年，发生起义的郊区被并入巴黎。奥斯曼形容这些地区为"郊区密布，需要交给 20 个不同的行政机构管辖，而行政机构随意建造，形成了一个由狭窄而迂回曲折的公共道路、小巷和死胡同构成的牢不可破的网络。这里的流动人口得不到任何有效的监控，数量却以惊人的速度增加"。

7. "怎样绘制一份地图，把美国的每一条道路都展示出来，包括每个停车标志、所有车道标线、每个出口匝道和每个红绿灯的精确位置，并在交通因施工和事故而改道时进行实时更新？'如果我们想让自动驾驶汽车遍布各地，就必须让数字地图无处不在。'Mobileye 公司首席技术官阿姆农·沙苏阿（Amnon Shashua）表示，Mobileye 是以色列一家生产先进的汽车视觉系统的公司。" Neal E. Boudette, "Building a Road Map for the Self-Driving Car," *New York Times*, March 2, 2017.

8. Jody Rosen, "The Knowledge, London's Legendary Taxi-Driver Test,

Puts Up a Fight in the Age of GPS," *New York Times Style Magazine*, November 10.

9. 在许多评论和报道中，有几项毫不相干的开发成果被混为一谈：自动驾驶汽车、电动汽车和网约车服务。我相信这种混淆是有意为之的，因为它为网约车公司增添了一圈技术进步的光环，而它们的核心业务其实是劳动套利。它们的创新不过是利用 GPS 的去技能化效果来达到这个目的。人们弥合劳动套利主要差别的途径是在城市里居住的时间，这与他们不依赖 GPS 而独立掌握的知识相呼应。移民持续大量涌入确保了个人学识梯度的持续稳定，可根据该梯度实施劳动套利。Horan, "Uber's Path of Destruction," pp. 109-110.

10. Zuboff, *Age of Surveillance Capitalism*, p. 152.

11. 在这里，我依照的是托马斯·施罗克（Thomas S. Schrock）一份未发表的手稿，施罗克分析了霍布斯坚持"三段论统治"的不合理之处。施罗克的观点会产生的一个后果是，掌握权力的一方会因此滥用由习俗所确保的那种轻松、习惯性的遵纪守法。"我们遵守习惯法，不是因为害怕，而是因为它们就存在于我们当中，它是我们自己的，是我们的一部分。"但靠三段论来统治需要耗费大量的警力。

12. 在机器学习中，一组变量被输入深度分层的神经网络，模仿动物大脑中的启动／不启动突触连接。大规模迭代（有些版本说的是无人监管的）训练制度使用了大量数据。由于各层内部和层与层之间的逻辑节点间的连接强度如同神经通路一样，具有高度可塑性，因此机器通过试错得到训练，能够得出类似于知识的东西。也就是说，它建立起来的联系与世界上的规律相符。就像人类一样，这些联系也是不完美的。区别在于，人类能够说明自己的推理过程。当然，人类有时会自欺欺人，给出错误的合理化解释等。但我们可以向这些推理发起挑战，因为它们都是民主政治的产物。

13. Timothy Williams, "In High-Tech Cities, No More Potholes, but What About Privacy?" *New York Times*, January 1, 2019.

14. "驾驶员可能并没有意识到，美国有数千万辆汽车正处于监控之下……专家表示，几乎每租出或售出一辆新车，这个数字就会增加。其结果就是，汽车制造商往往在车主不知情的情况下开放了珍贵的个人数据，使得汽车从协助我们出行的机器变成了带轮子的复杂计算机，甚至比智能手机更了解我们的个人习惯和行为。" Peter Holley, "Big Brother on Wheels: Why Your Car Company May Know More About You Than Your Spouse," *Washington Post*, January 15, 2018.

15. Arvind Narayanan and Edward W. Felten, "No Silver Bullet: De-identification Still Doesn't Work," July 9, 2014, Arvind Narayanan——Princeton Zuboff. 引自：*Age of Surveillance Capitalism*, p. 245。

16. Jennifer Valentino-deVries et al., "Your Apps Know Where You Were Last Night, and They're Not Keeping It Secret," *New York Times*, December 10, 2018.

17. Zuboff, *Age of Surveillance Capitalism*, p. 8.

18. Zuboff, *Age of Surveillance Capitalism*, pp. 217–218.

19. Zuboff, *Age of Surveillance Capitalism*, p. 238.

20. Zuboff, *Age of Surveillance Capitalism*, p. 201.

21. Zuboff, *Age of Surveillance Capitalism*, p. 240.

22. Monte Zweben, "Life-Pattern Marketing: Intercept People in Their Daily Routines," SeeSaw Networks, March 2009, Zuboff. 引自：*Age of Surveillance Capitalism*, p. 243。

23. Dyani Sabin, "The Secret History of 'Pokémon GO,' as Told by Creator John Hanke," *Inverse*, February 28, 2017.

24. Natasha Dow Schull, *Addiction by Design: Machine Gambling in Las Vegas* (Princeton, NJ: Princeton University Press, 2012), 以及作者的书

注 释

The World Beyond Your Head "Autism as a Design Principle"一章。

25. 许多记者真的亲自阅读了《宝可梦 GO》长达数页的隐私政策和数据收集方法，发现它不仅要求你授权它访问你的手机摄像头，还要允许它获取你的联系人并寻找你手机上的其他账户，从而生成一个"基于位置的详细社交图谱"。Joseph Bernstein, "You Should Probably Check Your Pokémon Go Privacy Settings," *Buzzfeed*, July 11, 2016, Zuboff. 引自：*Age of Surveillance Capitalism*, p. 317。

结语　道路上的最高权力

1. 此外，你可能已经注意到了，那些数字路标上安装了车牌识读器，创建了一个由政府机构共享的数据库，由此可以绘制出一个人的行动画像。

这种做法始于美国缉毒局，现在已被越来越多地使用。例如，美国圣迭戈警察局与大约 900 个联邦、州和地方机构共享车牌识读器收集的数据。"Data Sharing Report San Diego Police Department," DocumentCloud。

2. 让我们回顾一下本书引言中注释 10 提到的比利时的那项研究，该研究发现，如果 10% 的汽车驾驶员改为驾驶摩托车，那么剩下的汽车驾驶员浪费在堵车上的时间将会减少40%。欲了解世界各地不同城市的交通流量对比,包括摩托车街道容量使用情况与其他交通工具的使用情况对比,参见:Alain Bertaud, *Order Without Design: How Markets Shape Cities* (Cambridge, MA: MIT Press, 2018),第5章。

未来，属于终身学习者

我们正在亲历前所未有的变革——互联网改变了信息传递的方式，指数级技术快速发展并颠覆商业世界，人工智能正在侵占越来越多的人类领地。

面对这些变化，我们需要问自己：未来需要什么样的人才？

答案是，成为终身学习者。终身学习意味着具备全面的知识结构、强大的逻辑思考能力和敏锐的感知力。这是一套能够在不断变化中随时重建、更新认知体系的能力。阅读，无疑是帮助我们整合这些能力的最佳途径。

在充满不确定性的时代，答案并不总是简单地出现在书本之中。"读万卷书"不仅要亲自阅读、广泛阅读，也需要我们深入探索好书的内部世界，让知识不再局限于书本之中。

湛庐阅读 App: 与最聪明的人共同进化

我们现在推出全新的湛庐阅读 App，它将成为您在书本之外，践行终身学习的场所。

- 不用考虑"读什么"。这里汇集了湛庐所有纸质书、电子书、有声书和各种阅读服务。
- 可以学习"怎么读"。我们提供包括课程、精读班和讲书在内的全方位阅读解决方案。
- 谁来领读？您能最先了解到作者、译者、专家等大咖的前沿洞见，他们是高质量思想的源泉。
- 与谁共读？您将加入到优秀的读者和终身学习者的行列，他们对阅读和学习具有持久的热情和源源不断的动力。

在湛庐阅读 App 首页，编辑为您精选了经典书目和优质音视频内容，每天早、中、晚更新，满足您不间断的阅读需求。

【特别专题】【主题书单】【人物特写】等原创专栏，提供专业、深度的解读和选书参考，回应社会议题，是您了解湛庐近千位重要作者思想的独家渠道。

在每本图书的详情页，您将通过深度导读栏目【专家视点】【深度访谈】和【书评】读懂、读透一本好书。

通过这个不设限的学习平台，您在任何时间、任何地点都能获得有价值的思想，并通过阅读实现终身学习。我们邀您共建一个与最聪明的人共同进化的社区，使其成为先进思想交汇的聚集地，这正是我们的使命和价值所在。

CHEERS

湛庐阅读 App
使用指南

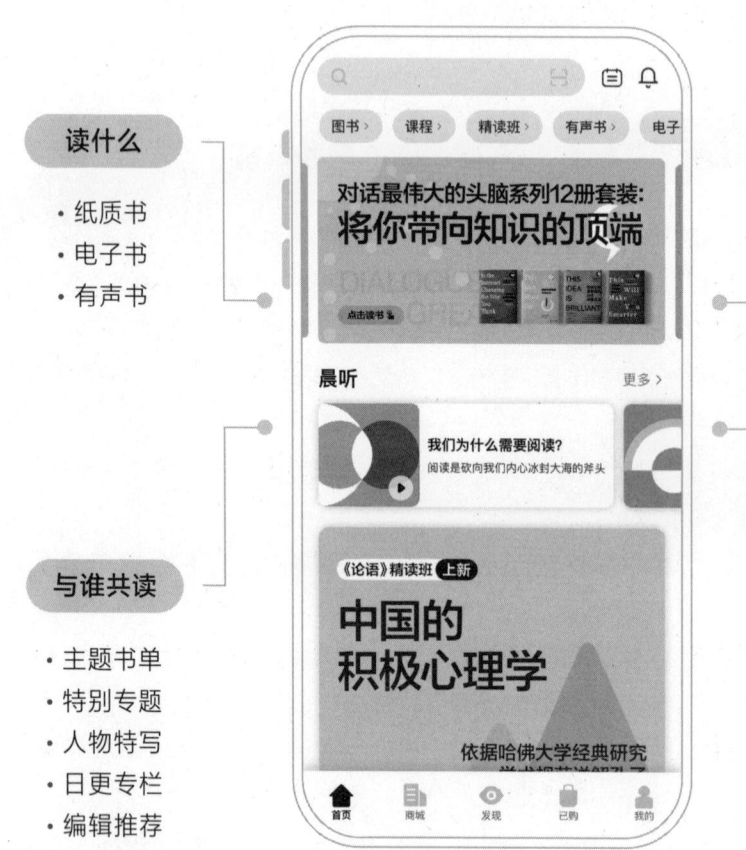

读什么
- 纸质书
- 电子书
- 有声书

怎么读
- 课程
- 精读班
- 讲书
- 测一测
- 参考文献
- 图片资料

与谁共读
- 主题书单
- 特别专题
- 人物特写
- 日更专栏
- 编辑推荐

谁来领读
- 专家视点
- 深度访谈
- 书评
- 精彩视频

HERE COMES EVERYBODY

下载湛庐阅读 App
一站获取阅读服务

Why We Drive. Copyright © 2020 by Matthew B. Crawford.
All rights reserved.

本书中文简体字版经授权在中华人民共和国境内独家出版发行。未经出版者书面许可，不得以任何方式抄袭、复制或节录本书中的任何部分。

版权所有，侵权必究。

图书在版编目（CIP）数据

当放弃了方向盘，我们失去了什么 /（美）马修·克劳福德（Matthew B. Crawford）著；徐姗，蒋楠译. —— 杭州：浙江教育出版社，2023.6
ISBN 978-7-5722-5858-9

Ⅰ. ①当… Ⅱ. ①马… ②徐… ③蒋… Ⅲ. ①驾驶术－通俗读物 Ⅳ. ①U268-49

中国国家版本馆CIP数据核字（2023）第084982号

浙江省版权局
著作权合同登记号
图字：11-2023-089号

上架指导：商业趋势/技术哲学

版权所有，侵权必究
本书法律顾问　北京市盈科律师事务所　崔爽律师

当放弃了方向盘，我们失去了什么
DANG FANGQI LE FANGXIANGPAN, WOMEN SHIQU LE SHENME

[美] 马修·克劳福德（Matthew B. Crawford）　著
徐姗　蒋楠　译

责任编辑：洪　滔	
美术编辑：韩　波	
责任校对：江　雷	
责任印务：陈　沁	
封面设计：ablackcover.com	
出版发行	浙江教育出版社（杭州市天目山路40号　电话：0571-85170300-80928）
印　　刷	唐山富达印务有限公司
开　　本	710mm×965mm　1/16
插　　页	1
印　　张	25.25
字　　数	301千字
版　　次	2023年6月第1版
印　　次	2023年6月第1次印刷
书　　号	ISBN 978-7-5722-5858-9
定　　价	129.90元

如发现印装质量问题，影响阅读，请致电010-56676359联系调换。